中公新書 2067

笈川博一著

物語 エルサレムの歴史

旧約聖書以前からパレスチナ和平まで

中央公論新社刊

目次

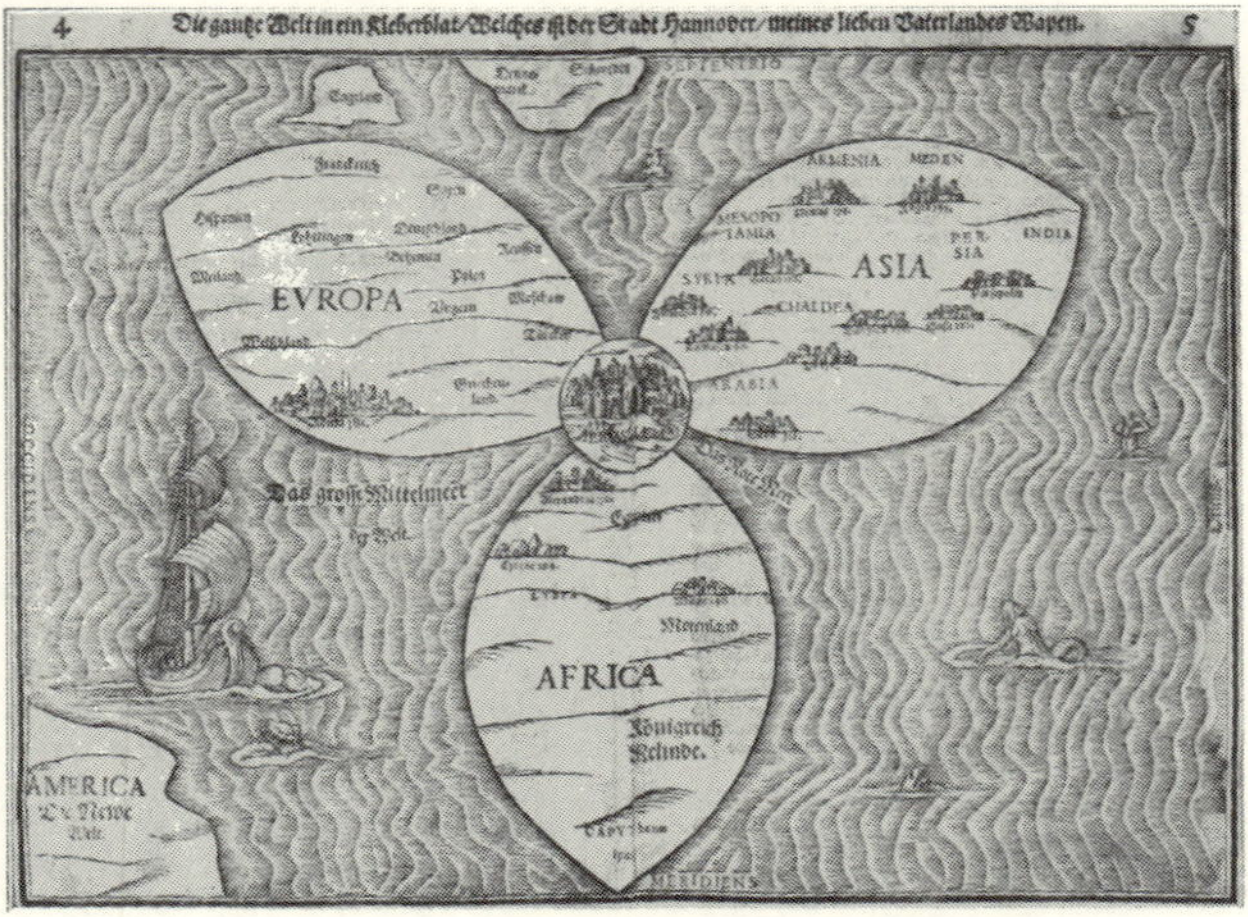

エルサレムを中心とした世界地図（ドイツ、1581年）

第Ⅰ部　諸王国の興亡

もしわたしがお前、エルサレムを忘れるなら、
我が右腕は（その能力を）忘れてしまえ。
我が舌は上顎《うわあご》にはり付け、
もしわたしがお前を思い出さないなら。
もしエルサレムを
最大の喜びと想起しないなら。（詩篇一三七篇五 - 六節）

史料としての聖書

〝エルサレム〟という名前はどこから来たのだろうか。どうやらこれは、シリアの神〝シャレム〟と関係があるらしい。のちにヘブライ語の、音は同じだが神名シャレムとはおそらく関係のない語根（šlm）が〝完全〟→〝平和〟を示すことから、〝平和の町〟などの解釈が行われたが、あまり意味があるとは思われない。

ヘブライ語には単数、双数、複数の三種類がある。もともとセム語にあったものだが、ヘブライ語では双数は形骸《けいがい》化しており、目、耳、歯（上下でそろい）、手、足、靴など本来二つのものだけに使う。双数は男性形だけにあり、〝……アイム〟という音を持つ。もっとも〝マイム〟（水）、〝シャマイム〟（天）のように、なぜ双数なのかわからないものもある。現在のヘブライ語でエルサレムは〝イェルーシャライム〟と双数になっており、これも意味不明だ。「双数？　そりゃそうだろう、ユダヤの西エルサレムとパレスチナの東エルサレムだよ」というのは悪い冗談である。

エルサレムが出てくる主な資料はもちろん旧・新約聖書であり、この町の歴史を再構成しようとすればそれに頼らざるを得ない。普通、歴史文書といわれるものは、オリジナルである。過去のある時代に書かれた石碑、パピルス、粘土板などが、何らかの理由で、失われる運命を免れて我々の目に触れたものだ。古い時代になればなるほど残されている文書は少ないから、それらの資料をつなぎ合わせて再構成する歴史像は曖昧《あいまい》なものにならざるを得ない。極度にピースの欠けた、原画のわからないジグソーパズルを〝完成〟させるようなものだ。しかも組み合わせて歴史を再構成しようとしている複数のピースは同じ時代のものではないかもしれない。とは言え、残っているピースは少なくとも本物である。

しかし宗教文書としての聖書は歴史資料としてかなりの問題を含んでいる。断片はともかく、全体を含む世界最古の旧約聖書は〝レニングラード写本〟とよばれており、サンクトペテルブルクのロシア国立図書館にある。今から一〇〇〇年近く前のものであるらしい。我々の持っている旧約聖書はこのレニングラード写本を底本としたものだ。エルサレムで、レニングラード写本より数十年古いと思われるアレッポ写本を底本とするテキスト作りが進んでいる。残念ながら、アレッポ写本にはかなり失われた部分がある。この二つとも鎌倉幕府が開かれる前のものだから、たしかに新しくはない。

ところが、旧約聖書に出てくる中心的な人物の一人である預言者イザヤは紀元前八世紀の人だ。もしかすると我々は、紀元前八世紀の人が書いたものを、それから一七〇〇年以上あとまで代々書き写されてきた写本で読むしか方法がないことになる。もっともイザヤは例外的で、死海写本群の中にほぼ完璧《かんぺき》なものが残っているから、レニングラード写本より一〇〇

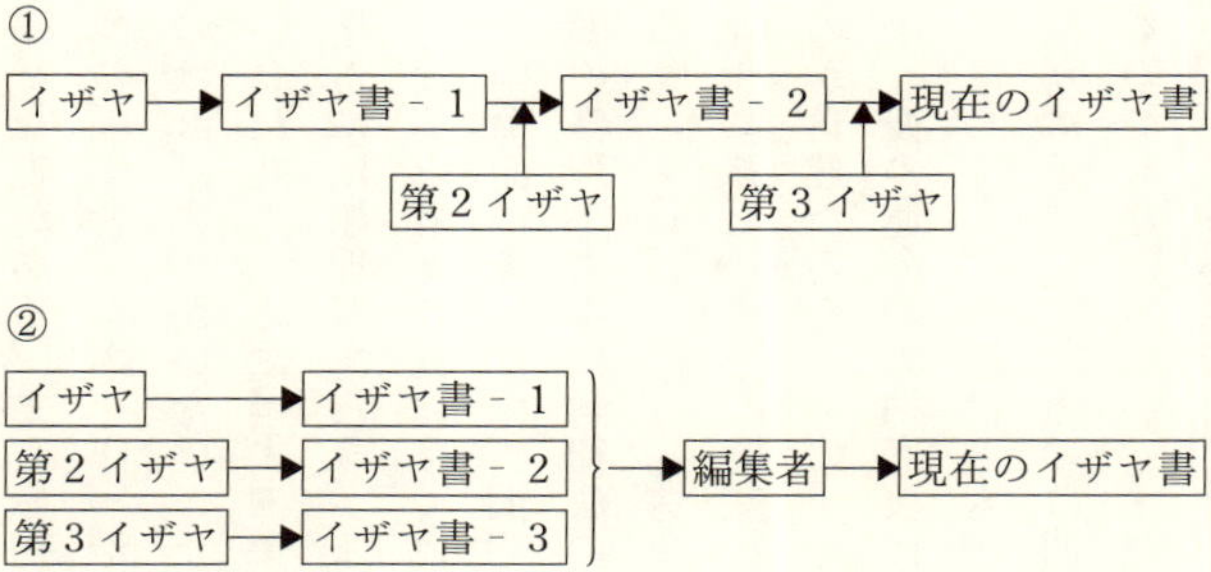

〇年も古いものを読むことができる。それですら、実際のイザヤからは七〇〇年以上も経っている。この七〇〇年の間に何が起こったのだろう。現在の聖書学は、イザヤ書が本来一つのものであったとは考えていない。二つ、多分三つの文書がまとめられて現在の形になったと考えられている。イザヤ本人のものと、その弟子と思われる無名の〝第二イザヤ〟、〝第三イザヤ〟の著作が七〇〇年の間に一つの文書にまとめられてしまったらしい。もしそんなことが可能だとしたら、本当にイザヤが書いたものはどのくらい残っているのだろうか。あるいはまるで換骨奪胎されてしまったのだろうか。その生成過程については、いくつもの仮説が提案されている。上に示したのはもっとも単純化したものだ。

イザヤ書に限らず、書いた時代が問題であり、書かれている時期が問題だ。言うまでもないが、創世記最初の創造物語がリアル・タイムで書かれたと考える者は昔にもいなかった。旧・新約聖書のそれぞれの書がいつ書かれたのかについては様々な説がある。また最初に書かれた時から現在我々に伝えられている形になるまでには幾多の編集者、写本を作った人たちの手を経ており、書き足したり、削ったりの歴史があったのはほぼまちがいない。たとえば歴代誌《れきだいし》のように、はるか後代に、国敗れた民族の士気を奮い立たせるために過去の栄光の時代を想起して書いたものを歴史再構成の確固たる土台と考えるには無理があろう。また創世記《そうせいき》から申命記《しんめいき》に至るいわゆる〝モーセ五書〟がモーセの手になると考える人は多くはない。

申命記の場合には、旧約聖書自身が紀元前七世紀前半のヨシア王の時代の記述の中で、神殿の修理工事中に「律法の書」が発見されたことを伝えている（列王記《れつおうき》下二二章、歴代誌下三四章）。これが〝申命記発見〟であったと考えられる。どうもヨシア王が政治・宗教改革を行うにあたってその権威付けのために〝偽書〟を作製した上で、それを発見させたと考えるのが自然だろう。その申命記がヨシアの〝発見〟時に現在の形であったとは思えない。その後、彼の運命の栄枯盛衰にしたがって書き足されていったらしい。より時代の新しい新約聖書にしても、書簡はともかく、福音書は問題が多い。あとに見るように、四つある福音書が相互に矛盾しているのは明らかだし、イエスと同時代はもちろん、その死後すぐに書かれたものでもないらしい。また普通の意味でのイエスの〝伝記〟でもない。

しかしほかに資料がないのであればしかたがない。旧・新約聖書に頼らざるを得ないだろう。ちなみにエルサレムは旧約に六八二回、新約には一四二回言及されている。新約の方が旧約に比べてかなり短いので、頻度からすると、新約における言及の方が旧約よりも五〇%くらい少ない。もしかすると、ユダヤ教の方がキリスト教よりもエルサレムに執心していた、と言えるかもしれない。これに比べると、イスラム教はこの町に比較的冷たい。少なくともその初期（コーラン、ハディース）にはほとんど言及がなく、メッカ、メディーナについで

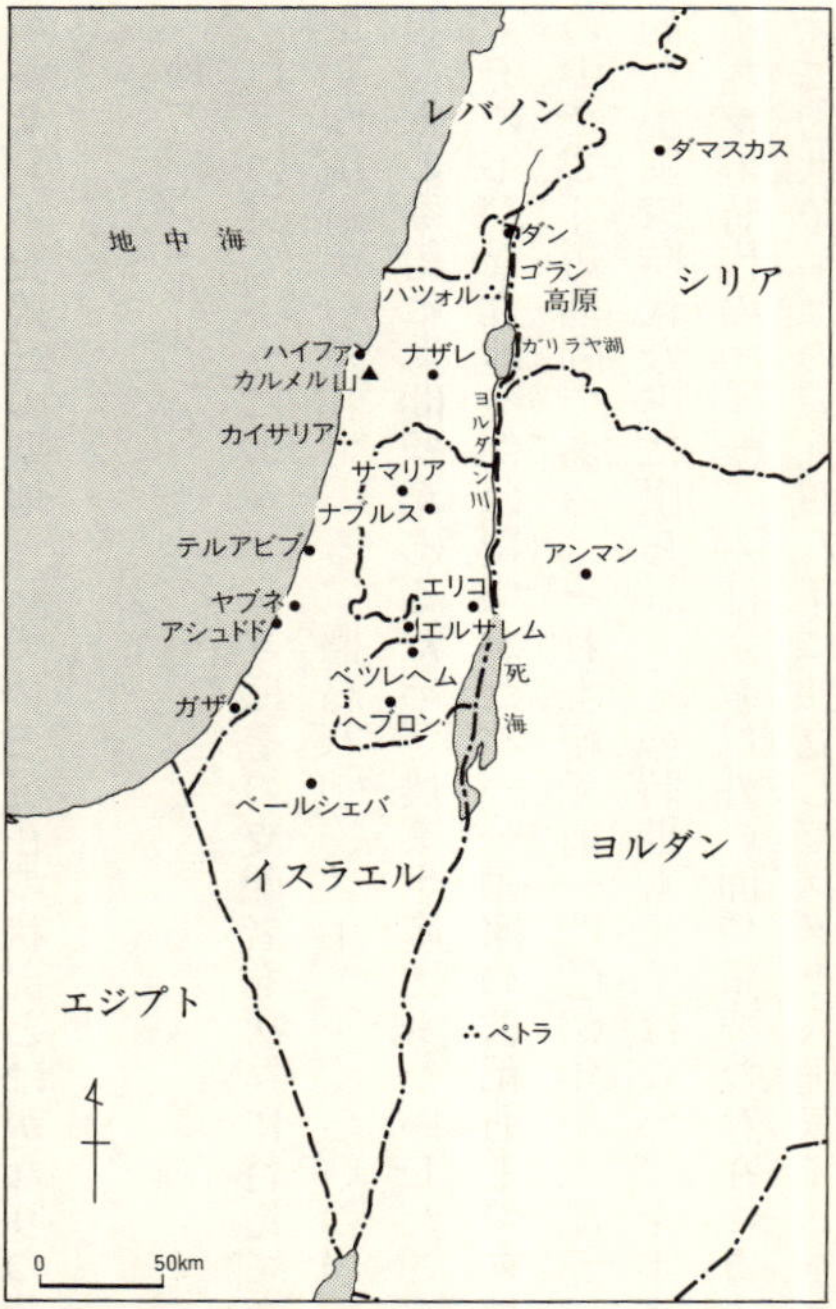

エルサレム周辺図

エルサレムを第三の聖地としている現在の状況とはかなりの落差がある。

地方都市エルサレム

以下に見るようにエルサレムはその支配者を次々に替えてきた。そのエルサレムは古代の重要な街道から外れている。標高八〇〇メートルくらいの岩だらけの丘陵地に広がっているし、水の供給にも問題があるため、農業生産力もたいしたことはない。地理的にも経済的にもその不利な立地条件は覆いがたく、一国家の首都としての地位を占めたのはその長い歴史の中でごく短期間である。それも紀元前一〇〇〇年紀や紀元一一世紀の十字軍といった地方的な小国家時代などに限られ、その時期も長くはない。十字軍時代を挟んで二期に分かれたイスラム時代のエルサレムは宗教以外の面で重要な存在になることはなかった。それ以外には二〇世紀半ばの一九四八年に独立したユダヤ人国家イスラエルがエルサレムを首都とした例があるが、その〝首都〟は日本をはじめとするほとんどの国に認められていない。つまりエルサレムは、歴史上大部分の時間、あまり重要ではない一地方都市にすぎなかった。

こうした重要都市としての実質に乏しいエルサレムを二一世紀の今日にも無視できない町にしているのは宗教である。エルサレムは少なくとも三〇〇〇年間にわたって、何にもまして〝聖地〟と定義され続けてきた。旧約聖書の宗教がユダヤ教に発展し、それがキリスト教を生み出したが、その二つの一神教の連鎖がエルサレムを中心にして起きた。アラビア半島で生まれたイスラム教にしても、ユダヤ教、キリスト教から強いインスピレーションを受けており、少なくともある時期には精神的にエルサレムを母胎としていたと考えられるし、現在は第三の聖地としているのは前述の通りである。

一神教元祖のユダヤ教は民族宗教にとどまったために影響力が小さい。ある時期を除いて、他民族への宣教にははなはだ不熱心で、信徒の広がりもたいしたものにならなかった。現在のユダヤ人人口は一三〇〇万人程度と考えられ、その四〇%がイスラエル国籍で、国別では一番多い。僅差《きんさ》の二番目がアメリカで、この二国だけで全体の八〇%になる。とは言え、世界人口の〇・二%にすぎない。しかしキリスト教とイスラム教はどちらも民族を越えて世界宗教になり、世界人口の過半が、自分はその二つの宗教のどちらかに属していると規定している。その上、この二つの宗教は、現在に至るまで競合しながら我々の持つ価値観のかなりの部分を作り出してきた。それもまたエルサレムの地盤を押し上げてきた要因であろう。一九九三年にアメリカの政治学雑誌、『フォーリン・アフェアーズ』に発表された論文「文明の衝突」（サミュエル・ハンチントン）の引き起こした論争がまさにそれを物語っている。〝衝突〟が本当に起こるのなら、エルサレムはその時に一定の役割を果たすことになるのかもしれない。

1　紀元前一〇〇〇年まで

呪詛文書に記されたエルサレム

エルサレムは紀元前一〇〇〇年頃にユダヤ人による王国の首都となった。旧約聖書によれば、ダビデ王の軍勢がそれ以前に居住していたエブス人の町を奪って首都としたものである。ダビデは町を陥落させたあと、「ダビデはこの要塞《ようさい》に住み、それを〝ダビデの町〟と呼んだ。そしてダビデはミロから内部へ周囲に城壁を築いた」(サムエル記下五：九)。もっとも、この町はエブス時代にも城壁に囲まれていたらしい。ダビデが「周囲に城壁を築いた」とあるのは、攻防戦で壊れた部分の修理にあたったのだろう。「ミロ」には〝満たす〟という意味があるので、エブス人の町を奪ったあと、北部に領域を広げてそれを城壁で囲んだのかもしれない。それとも、次の王ソロモンがダビデの町の北の丘の上に神殿と王宮を建てたあとで、その間を〝満たす〟地域としてあとからついた名称なのか。

ダビデの町は約五万平方メートル弱（標準的なサッカーのピッチにして七面くらい。あるいは国立競技場の敷地面積が七万一九四三平方メートルだから、それよりはだいぶ小さい）の大きさでしかなかった。これではどんなに詰め込んでも数千人の居住がせいぜいだったろう。ちなみに当時のダビデの町が東京都二三区の人口密度（一平方キロあたり一万三六七〇人、二〇一〇年）と同じだと仮定すると町の住人は六八四人にすぎない。パレスチナで人口密度が極端に高いと言われるガザ地区の人口密度をあてはめた場合は二五八人だ。この程度の町が広大な領土を持つ王国の首都として機能できたかに疑問を持つ者もある。

エルサレムには紀元前四〇〇〇年紀から人が住んでいた痕跡《こんせき》がある。したがって古い町ではあるが、世界でもっとも古い町というわけではない。イギリスの考古学者キャサリン・ケニヨンは、エルサレムの東で死海の北一五キロメートルにあるエリコを「世界最古の町」とよんだ。この町は紀元前九〇〇〇年紀からほぼ一貫して人間が居住しているらしい。

もっとも早い時期にエルサレムの記述があるのは、紀元前二〇〇〇年紀初めのエジプト文書だ。有名な三大ピラミッドのあるギザから車で二〇分ほど南東にあるサッカラで土器製の人形が見つかった。エジプトのセソストリス三世（紀元前一九世紀）時代のものと考えられる。それにはいくつもの都市国家とその支配者一人ないし支配階級の数人の名前が記されている。これは〝呪詛《じゅそ》文書《もんじょ》〟とよばれる魔術的なものだ。エジプト帝国に反乱を起こす可能性のある者の名前を書いておき、実際に反乱が起きた場合にはそれを砕く。そうすれば魔術的な力が働き、反乱勢力を弱体化させることができるというものだ。その一つにエルサレムが出てくる。

一九二五年、ルクソールでやはり土器製の皿や壺《つぼ》が発見された。再現してみるとこれもまた呪詛文書だった。ここにもエルサレムが出てくる。サッカラの人型文書よりもさらに古い紀元前二〇世紀のものだと考えられる。二〇世紀のものと一九世紀のものは基本的に同じなのだが、言及されている都市国家の有力者の数がちがう。一般的に古い方では人数が多い。この一〇〇年の間に部族の集合体から都市国家へと発展して、権力が少数者に掌握されていったものと考えられる。古い文書に出てくるエルサレムの支配者は〝シャスアン〟と〝ヤカルアム〟の二人である。紀元前一九世紀の、より新しい方には〝バ……〟という最初の音節しか残っていないが、記されているのは一人だけだったと思われる。四〇〇〇年前のエルサレムは、大エジプト帝国が反乱を心配しなければならない程度には有力だったのだろう。

四〇年ほど前、シリア北部にある古都アレッポの南五〇キロメートルにあるテル・マルディフで、それまでまったく知られていなかった都市国家、エブラが発見された。そこから一万五〇〇〇枚以上の粘土板が発掘されて世界が驚愕《きょうがく》した。当初、このくさび形文字で書かれた言語はヘブライ語やアラム語に近い〝エブラ語〟との情報も流れたが、古アッカド語であることが明らかになった。新しい言葉の発見ほどではないが、それまで資料の少なかった古アッカド語で書かれた大量の文書は貴重だった。発掘にあたったイタリアの学者ペティナートなどが、エブラ文書に旧約聖書に出てくるエルサレム、ソドム、ゴモラ、ハツォル、ハラン、ウルなどの地名のほか、アダム、エバ、サウル、ダビデ、ミカルなどの人名などが出てくると報告したことで、興奮はさらにました。これが本当なら、紀元前三〇〇〇年紀にエルサレムが言及されていたことになり、エジプトの呪詛文書をこえて最古の例になるはずだった。しかし現在では、ペティナートの早のみこみであったと見られている。

紀元前一八世紀以前に建てられたエルサレムの城壁と門の一部が発見された。土台の幅から見て高さが一〇メートルに達すると思われるこの城壁と門は、紀元前二〇〇〇年紀初期に作られ、ダビデ、ソロモンの時代（紀元前一〇世紀）に修復されて以来、紀元前五八六年にネブカドネツァルによって陥落するまで使われていたと考えられる。門はエルサレムでほとんど唯一の湧《わ》き水、ギホンの泉の真上にあることから、旧約聖書のネヘミヤ記に何回か出てくる「泉の門」ないし「水の門」にあたるものかもしれない。ネブカドネツァルによって破壊されたあと、エルサレムの再建に力を尽くしたネヘミヤは、門も城壁も元のものを生かす形をとったらしい。この門の場合は建て替えようにも場所がないから、さらに紀元後七〇年のローマ軍による破壊まで使われた可能性さえある。城壁や門の位置を変えるのは大変だ。土台から作り直さねばならないからだ。いくら破壊されても、土台までなくなってしまうことはないから、可能な限り再利用するのは当然のことだ。

アマルナ書簡

呪詛文書とちがって、内容を伴った最初の文書は紀元前一四世紀初めのアマルナ書簡だろう。これは一八八七年に中エジプトのアマルナで発見された約三八〇枚の粘土板に記された外交文書である。現在ではそのほとんどがヨーロッパ各地の博物館に所蔵されている。当時の強国であるミタンニやアッシリアからの文書もあるが、かなりの部分がカナン（現在のパレスチナ）の小都市国家からのもので、そのうち六通がエルサレムの王アブドゥ・ヘバ（あるいはヘパ）がエジプトのイクナトン王に出した書簡だ。この書簡群に見るように、同時代のエルサレムはエジプトの勢力圏にあった。アブドゥ・ヘバの手紙からも察せられるが、小規模のエジプト軍部隊が駐屯していたと見られる。その証拠としてエジプト語で書かれた石碑の一部などがエルサレムで出土している。

エジプトのファラオ、イクナトンはアトン神信仰のゆえに首都をテーベ（現在のルクソール）から北北西約二五〇キロほどのアマルナに移した。その当時、現在のパレスチナはエジプトの影響下にあり、同地にある複数の都市国家はエジプトを宗主国とする関係を結んでいた。イクナトン自身は宗教・文化・内政には興味があったものの、外交・外征にはあまり熱心でなかったらしい。同じ王朝で一二〇年ほど前のトトメス三世などが攻め取った領土をそのまま引き継いだにすぎず、さらに拡大しようとはしなかった。その往復書簡のうち、エジプトに宛《あ》てられたものがイクナトンの王室文書庫に残されていたのである。イクナトンの前任者アメンホテプ三世の晩年からイクナトンを経て次のスメンクカレ初期までの文書であるらしい。しかしアトン信仰はイクナトンの死後まもなく捨てられて首都もテーベに戻った。そのため、その後に送られた文書はテーベには届いたのだろうが、残念ながら残っていない。アマルナからテーベへの首都引っ越しは大事な外交文書も置いていってしまうほどにあわただしいものだったようだ。

　これらの外交書簡は当時の国際語だったアッカド語で書かれているが、書記の多くはアッカド語をあまりよく知らなかったらしい。文法の面でも語彙《ごい》の面でも〝お国言葉〟が入り込んでいる。アマルナでこれを受け取ったエジプト人の書記たちが十分理解できたのかが心配になるほどだ。エジプト人の書記がそれよりましなアッカド語を書いたのかは、残っている書簡がないのでわからない。

　書簡の内容は多岐にわたっているが、エルサレムの王アブドゥ・ヘバの六通の一部は「ハピル侵攻の撃退に苦労しているので、是非とも援軍を送ってほしい」という内容である。このハピルという民族がよくわからないが、ヘブルともよばれるユダヤ人のことではないかとの説もある。いずれにしても好戦的な遊牧民が小規模都市国家のエルサレムにとって頭痛の種であったことが見てとれる。

ついでに言えば、紀元前一三世紀のエジプト王メレンプタハの碑文の終わり頃二七行目には〝イスラエル〟の名が国家としてではなく、民族名として記されている。それが民族名であることは末尾に男と女が描かれており、その下に三本の線（複数のしるし）があることから見てとれる。つまり紀元前一三世紀には民族として認識はされていても、国家としてのま

メレンプタハの碑文（カイロ、エジプト博物館）と碑文に記された“イスラエル”の文字

とまりはなかったものと見られる。〝イスラエル〟の名のせいか、カイロのエジプト博物館では人気展示品の一つだ。ガイドが碑文の下の方にあるその部分にチョークで印を付けるらしく、見ればすぐにわかる。

東西大国の狭間で

当時の世界には東西に超大国が存在していた。東はティグリス、ユーフラテス流域のメソポタミアで興亡を繰り返した諸帝国であり、西の超大国はエジプトである。パレスチナはその中間にあって東が強ければ東になびき、西が強くなればその支配下に入るという従属の歴史を繰り返した。のちに触れるが、ダビデ、ソロモン親子によるイスラエルの黄金時代は、ちょうど東西超大国が同時に力をおとし、その間にあるカナンに影響を及ぼす余力をなくした時期にあたる。いわば力の真空状態期に、二超大国の間隙《かんげき》を縫うように成立したものであると考えられる。

古代のエルサレムに人が住み始めたのは、そこに水場があったという単純な理由によるものだろう。たしかに山は上の方にいるはずの神に近づく絶好の場所と考えられたようだ。だから山に恵まれないメソポタミアでは、ジグラートとよばれる巨大な塔＝神殿を生み出した。エルサレムの場合、海抜八〇〇メートルくらいだから山と言えないことはないが、すぐそばにはより高い山が存在する。とは言え、たまに訪れる聖地ならともかく、居住地としては水が必須《ひっす》条件である。そこにあるギホンの泉という、長く続く乾季にも絶えない水の供給源がエルサレム誕生に決定的な関係があると思われる。

紀元前一五世紀、それまで比較的平穏だったカナンの地に西からの手が伸びてくる。当時、アナトリア（小アジア）のヒッタイト帝国、フリ人が作り上げたメソポタミアのミタンニ王国が強力になったため、エジプトとしてはそれに対抗するために三国の中間に位置するカナンを抑える必要があったらしい。トトメス三世は、カナンに広範囲に広がった反乱を紀元前一五世紀初めに鎮圧したものの、同地にある多くの都市国家と宗主権条約を結ぶにとどまり、直接統治はしなかった。当時のエジプトには、大軍と官僚団を送って直接統治する余裕がなかったためだろう。前述のアマルナ書簡はこの時代より少しあとのものであるが、それによるとエジプトの宗主権はひどくゆるやかなもので、カナンの中でエジプトを宗主国と仰ぐ都市国家間で戦争があっても、エジプトが介入することはなかったようだ。アマルナ書簡二八〇番を見ると、エジプトはヘブロンの王シュワルダタとエルサレムの王アブドゥ・ヘバの争いに中立を保った様子が見える。もっとも別の手紙では、シュワルダタとアブドゥ・ヘバがアッコのズラタなどと連携してハピルと戦っているから、エルサレムとヘブロンの敵対関係は一時的なものだったのかもしれない。エジプトとしては、東方の大国と事を構えなければならなくなった時にカナンを足場に使えればよかっただけで、それほど真面目に統治しようとはしていなかったように見える。

旧約の二つのエピソード

旧約聖書は、その最初の書である創世記の中にエルサレムに関する二つの事件を記している。二つとも創世記の中心人物でユダヤ民族の祖アブラハム（これは神の命令で改名後の名前。この段階の名前はアブラム）にかかわる。

一つは創世記一四章にあるかなりおもしろい記事だ。その話によると、その頃シリア・パレスチナの都市国家群が四ヵ国と五ヵ国の二つの連合勢力に分かれて戦争した。アブラハムとともにメソポタミアから移住して、死海南岸のソドムに住んでいた甥《おい》のロトがその戦争に巻き込まれ、家族・財産もろとも四ヵ国連合軍に捕らわれてしまった。脱走した男の知らせで凶報を知ったアブラハムは激怒し、家の子郎党と同盟関係にあった豪族の配下三一八人を引き連れて四ヵ国連合軍をダマスカスの北まで追撃して、ロトとその家族や財産はもとより、他の捕虜たちをも取り返した。当時アブラハムが住んでいたというヘブロンからダマスカスまでは直線距離でも二五〇キロメートルはあるのだから、三一八人の〝軍勢〟でその距離を追撃して四ヵ国連合軍を破ったというのはいささか眉唾《まゆつば》な話と言わねばならない。

凱旋《がいせん》したアブラハムは、甥ロトの件から偶然に味方した五ヵ国連合の盟主、ソドム王の歓迎を受けるが、戦勝の宴《うたげ》には、この戦争には参加しなかったらしいサレムの王メルキゼデクもいた。彼は「いと高き神」の祭司も兼ねていたというから、祭政一致の祭司王だったのだろう。アブラハムはメルキゼデクの祝福を受け、この追撃戦で獲得した戦利品の一〇分の一を彼に贈った。ちなみにエルサレムの別名だと考えられる〝サレム〟は創世記一四章と詩篇七六篇の二ヵ所にしか言及されていない。

二つ目のエピソードは、アブラハムが神の命令で、老年期に入って得た一人息子のイサク(「彼は笑う」という意味)をモリヤの地で犠牲に捧《ささ》げようとした事件だ(創世記二二章)。イサクはアブラハムが一〇〇歳の時、九〇歳の正妻サラが生んだ唯一の子だが、神はその子を犠牲として捧げることを要求したのである。それ以前(創世記一五章)に神はアブラハムと契約を結んでいた。アブラハムはこの神のみを神として、神はその反対給付としてアブラハムの子孫を繁栄させ、土地を与えることになっていた。一〇〇歳になってやっと生まれた子を殺せば、契約が成立しなくなってしまうが、アブラハムはそれにしたがった。あわやという時に天使がそれを止め、「子供に手を下すな。なにもするな。わたしは今こそ、おまえが神を畏《おそ》れ、たった一人の子を私に惜しまないのを知ったからだ」(創世記二二:一二)と語り、アブラハムの信仰を試したことを明かした。そばの藪《やぶ》に羊が角を取られて動けなくなっていた。アブラハムはこの羊を息子の代わりの犠牲とする。この〝モリヤの地〟がエルサレムと同定される。

このメルキゼデクとの出会い、イサクを犠牲に捧げようとした事件はいずれもエルサレムで起こったとされている。しかし、おそらくはダビデがエルサレムを首都と定めて王国の中心とした時に、その権威を高めるために、前からあった話の舞台をエルサレムに替えたのだろう。前者は、アブラハムの神が実はサレム＝エルサレムの「いと高き神」と同じであることを証明するためのものだったと考えられる。さもないと神と契約を結んだアブラハムが異教の神の祝福を受けたことになってしまい、ダビデがこの町を首都に選ぶのに支障が出ることになる。

神は、まだ子供のない頃で、アブラムと名乗っていた、のちのアブラハムと契約を結んだ。「その日、主はアブラムと契約を結んで言った。『お前の子孫にエジプトの川から大河ユーフラテルまでの土地を与えた』」（創世記一五：一八）。これがいつのことかはよくわからないが、紀元前二〇〇〇年紀にはちがいないのだから、ただの神話にすぎないと片付けられる性質のものだ。しかし宗教が〝生きている〟者にとって、これは単なる神話ではない。一九八〇年代、占領地のユダヤ人入植が強力に推進されていた頃のことだ。パレスチナ人がオスマン・トルコ時代（第一次大戦前）の土地台帳の写しを持ち出して、イスラエルに収用された土地の所有権を明らかにすると、ユダヤ人入植者は「わたしにはもっと古い契約書がある」と、この創世記一五章の物語を真顔で持ち出したものだ。紀元後一九世紀のオスマン・トルコの土地登記と紀元前二〇〇〇年紀の契約では勝負にならない。また「新しい契約の方が効力がある」という現在の常識は認められない。

一方一九七四年、パレスチナ解放機構（PLO）の故アラファト議長は、イスラエルのごく少額の一〇アゴラ貨幣の裏にある模様がアブラハム契約にある「エジプトの川から大河ユーフラテル」、つまりエジプトからパレスチナ、ヨルダン、レバノン、シリアを経てイラクに至るアラブ国家群を呑《の》み込む広大なユダヤ人国家を作ろうとする陰謀を示すものだと弾劾した。その舞台となったのは二〇世紀後半の国連総会である。壊れた古代貨幣に国章の七肢の燭台《しょくだい》が記されていたので、新しい硬貨のデザインとして使われただけのことが国連での弾劾演説になった。神話は生きている。

アブラハムのもう一人の息子

もっとも、アブラハムにはもう一人、年長の息子イシュマエル（「神は聞く」という意味）がいた。年老いた妻のサラは子供ができないのを悩んで、自分の女奴隷ハガルを夫の側室にした。その時アブラハムは八六歳だったが、ハガルは妊娠した。アブラハムの跡継ぎを身ごもったハガルは次第に態度が大きくなり、正妻サラとの間で軋轢《あつれき》が起こり、追い出されてしまった。

彼女が途方に暮れているところへ天使が現れて、サラとの仲を修復して従順に仕えるように諭した。その時天使は、やがて生まれてくる子供について「それをイシュマエルと名付けよ／主がお前の苦悩を聞いた。／彼は乱暴者になる。／彼は全員に手を上げ、／全員が彼に手を上げる。／彼は親族全員とは一緒に住まない」（創世記一六：一一－一二）と預言した。最初の二行はともかく、「乱暴者」以降はこれから生まれる子供の将来像としてはあまりうれしくないものだ。この時にはハガルはアブラハムの家に帰ってイシュマエルを出産する。ところが正妻のサラにイサクが生まれると、ハガルとイシュマエルは再び追放されてしまった。

このイシュマエルがアラブ人の祖先になる。イスラム最大の聖地メッカの大モスクの中心にあるカーバはイブラヒムとイシュマイル（アブラハムとイシュマエルのアラビア語風のよび方）の親子が建てたことになっている。

自分たちの先祖が奴隷出身の側女から生まれ、乱暴者であらゆる人々と敵対していたのでは具合が悪いと思うのだが、イスラム側は頓着《とんちゃく》しない。もっともムハンマドの旧・新約聖書に関する知識は、よく言ってもムラがあるから、イシュマエルがアブラハムの子であることを知ってはいても、母親の出自や天使の言葉は知らなかったのかもしれない。いずれにしても、ムハンマドの理解ではユダヤ教はモーセによって成立したものだったから、カーバの建設をモーセよりはるかに古いアブラハムとイシュマエルにさせることによって、イスラム教がユダヤ教よりも長い伝統を持つことを誇示したかったのはたしかだろう。

出エジプトとカナン征服

アブラハムの孫、ヤコブとその一族は、カナンを襲った飢饉《ききん》に追われてエジプトに移住した。はじめのうちはエジプト王家に厚遇されたものの、王朝が変わったのを機に奴隷状態におとされてしまった。神はヤコブの子孫たちの嘆きを聞き、助け出すためにモーセを選んだ。モーセはファラオとの困難な交渉を経て、出エジプトを果たし、約束の地カナンを目指して進んだ。その途中、シナイ山で神から二枚の石の板に刻んだ十戒を授けられる。旧約の宗教は、我々の考える宗教とはかなり性格のちがうもので、法律体系という面があるが、その〝憲法〟にあたるものがこの十戒である。

モーセは目的地のカナンを目の前にして現在のヨルダン西部で死んだ（申命記三四：五）。旧約聖書ではこの出エジプトは大事件として扱われている。ところがエジプト側にはその記録が一切ない。エジプト人たちは〝記録魔〟と言えるほどになんでも書いているのに、出エジプト記によると成人の男だけで六〇万人（出エジプト記一二：三七）が出国したこの事件の記載がないのはおかしいではないか。出エジプトがあったと考えられる紀元前一三世紀頃には、エジプトとカナンを結ぶシナイ半島北部の地中海岸を東西に走る街道は戦略的インフラだった。だから、行軍一日分を単位にして〝駅〟が作られ、出入国管理もしっかりしていた。明らかにセム語系と思われる名前（ṯpr〝鳥〟など）を入国者と記した出入国管理の記録も残っている。出エジプトの物語を書いた者はそれを知っていたのだろう。そこで管理のゆるい南部を通るルートを設定した。ところが南部は山地になっており、現在でもそこに住む者はごく少数の遊牧民にすぎない。とても大人数が通れる道ではない。

なにしろ当時の世界人口は一億―二億人と考えられるのだから、本当に六〇万人、女子供を含めれば少なくとも一〇〇万人が移動したのなら、大事件でないはずがない。まったくのフィクションでなければ、ごく地方的な事件で、ほんの少数の非エジプト人が奴隷状態から脱出したのを針小棒大に伝えたのだろう。

しかしこの話は新約聖書のイエス誕生物語に影響を与えた。マタイによる福音書二章には、生まれたばかりのイエスが難を逃れてエジプトに下る話がある。イスラエル民族の救済史がマタイの歴史観に影響を与えたと考えるのが自然だろう。ちょうど個体発生が種の発生を繰り返すように。その中でヤコブのエジプト下りと出エジプトが果たす役割は、マタイには無視できなかったと考えられる。マタイが対象としたのはユダヤ人出身のキリスト教徒だったと考えられるが、四つある福音書の中でマタイだけがそれに言及しているのはそのためであるかもしれない。イエスをユダヤ人の歴史と強く結びつけたい意向の表れであろう。

モーセは約束の地に入る直前に死亡して、ヨシュアを後継者とした。もしかしたらこのヨシュアに率いられた人々がアマルナ書簡に登場するハピルかもしれない。そのヨシュアの事績を記したヨシュア記一〇章にもエルサレムが出てくる。ここに記されているエルサレムはカナンに侵攻するイスラエルに敵対する勢力だ。ヨシュアに率いられたイスラエルがあちこちで戦勝を重ねると、エルサレムなど山地のアモリ人の五ヵ国が同盟を結んで対抗する。しかしこの同盟軍は簡単に敗れてしまって五人の王は殺された。ところが、あとの推移を見ると、エルサレムは依然として敵対勢力の手にあったらしいから、この戦勝記録は必ずしもそのまま信じるべきではないのかもしれない。アブラハムと関係のあったサレムの王がメルキゼデク（原音に近く表記すれば〝マルキ・ツェデク（我が王は義）〟）という名であり、ヨシュアに征服された時のエルサレムの王が〝アドニ・ツェデク（我が主は義）〟であるのを見ると、エルサレムの〝ツェデク〟王朝代々の王が〝……は義〟という名を名乗っていたのかもしれないと思えるではないか。ちなみにダビデが大祭司に選ぶのは〝ツァドク〟であるが、これが同じ〝義〟から来ている。

ヨシュア記によると、神はカナン侵入にあたってヨルダン川の流れを止めるという奇跡を起こして先住民族を完全に追い出すことを約束した（ヨシュア記三章）。しかしヨシュアのカナン征服が終わったあとであるはずの士師記《ししき》一章では一二部族の一つユダが再度エルサレムを攻撃し、火を放っている。この時のエルサレムの王もヨシュアの時の王アドニ・ツェデクによく似た〝アドニ・ベゼク〟であるらしい。戦場が〝ベゼク〟であるので、もしかしたら〝ツェデク〟が地名に惹《ひ》かれて〝ベゼク〟に変わってしまったのかもしれない。

さらに士師記一九章に出てくるエルサレムは、異国人であるエブス人の町で、日が暮れてもイスラエル人が泊まるべきではないところとして出てくる。側女に逃げられた男が、彼女の実家のあるベツレヘムへ迎えにいった帰り道、エルサレム近くで日が暮れかけた。しかし彼は異民族の町であるエルサレムには泊まらずに、同じイスラエル人の町ギブアまで足を伸ばした。ところがその町で側女がイスラエル人のならず者たちに襲われて、集団で暴行される目に遭《あ》った上に、それがもとで死んでしまった。男は自分の家に側女を連れ帰ったのち、一二の部分にバラバラにした死体をイスラエル全土に送りつける、といういささか凄惨《せいさん》な話である。あるいはその裏には、異民族の町でもエルサレムに泊まっていれば、そんな目には遭わなかったろうという意が隠されているのかもしれない。だとすれば、前述したアブラハムの二つのエピソードのように、物語のその後の展開を先取りして〝異教徒〟の町、エルサレムを賞賛している可能性もある。

ヨシュアに率いられたイスラエル人のカナン征服物語は大幅に誇張されているようだ。ヨシュア記一〇章のエルサレム王殺害と、士師記一章にある二回目のエルサレム征服は、同じ話が別のコンテキストで二回語られているのかもしれない。しかし両方とも、よく言っても針小棒大に戦勝が記録されていると言うべきだろう。エブス人の町エルサレムが出てくる士師記一九章の方がよほど信用できる。当時海岸地方には優れた文明を誇ったペリシテ人がおり、内陸部にもエルサレムをはじめ、城壁を備えた都市国家がいくつも存在した。そこへエジプトを逃げ出した難民たちが入ってきたところで、華々しい征服ができたとは考えにくい。

エルサレムの先住民、エブス人がいつごろからカナンにいたのかはよくわからない。ヨシュア記に出てくるアモリ人、カナン人、ペリジ人などとの関係も不明だ。ヒッタイトの末裔《まつえい》であるとの説もあるが、それも想像の域を出ない。ヒッタイトとの関係は、エゼキエル書一六章の「主は、エルサレムに言う。お前の出自、お前の生まれはカナンの地からであり、父はアモリ人、母はヘト人（ヒッタイト?）である」に示されているのかもしれない。創世記一〇、一一章の人類系統図によると、ヘトは方舟《はこぶね》で有名なノアの次男であるハムの四男であるカナンの次男ということになっている。一方、アブラハムはノアの長男、セムから九代目の子孫になる。神が大洪水を起こしたあとで生き残った人間はノア一家しかいなかったことになっているから、ユダヤ人とエブス人は共通の先祖につながっているしかない。しかし創世記よりあとに出てくるエブス人はあくまで殲滅《せんめつ》、追放される対象でしかない。ところが前述のように殲滅も追放もされなかった。

ヨシュアの〝征服〟後、イスラエル人たちはカナンの地での生活を始めた。それまでは小家畜放牧を主としていたであろう経済基盤も、カナン侵入後は、より生産性の高い農業に変わっていっただろう。出エジプト記の神は〝火〟、〝煙〟、〝大音響〟などに象徴されており、おそらくは火山の神だったと考えられる。しかし火山の神は農業生活にはあまり歓迎されない。カナンの神バアルは農業に不可欠な雨を司《つかさど》る嵐の神だったが、イスラエルの神はその属性を引き継いだようだ。

2　紀元前一〇〇〇年から九二五年まで
――ダビデ、ソロモンの統一王国時代

理想の王ダビデ

ユダヤの歴史とキリスト教の両方で理想の王とされるダビデが、紀元前一〇〇〇年頃に統一王国を打ち立てたらしい。この地に長年続いていた都市国家群に替わって領域国家ができた最初である。

ダビデ以前のイスラエルはヤコブの一二人の息子たちにちなむ一二部族のゆるい連合体であったようだ。その連合体が海岸地方を押さえていたペリシテ人や内陸部の諸都市国家群と対立した。どうしても勝てない対ペリシテ戦争にエルサレムから北にある聖地、シロに安置されていた神の契約の箱を戦場に持ち出して神の助力を得ようとしたこともある。この契約の箱は、出エジプトの途中、シナイ山で神に授けられた契約（十戒を刻んだ石の板）が入っ

たものである。ところがこの奥の手もなんの助けにもならず敗戦、契約の箱も奪われてしまった。ところが戦利品のこの箱がペリシテの神、ダゴンの神像を破壊したり、病気を蔓延《まんえん》させたりしたために、箱はイスラエルに土産つきで返された（サムエル記上四章以下）。

部族中心のゆるい連合体がサウルの登場で大きく変わる。彼が王となり、それまでのゆるい連合体が王国に変わったからである。先の敗戦に懲りた民衆は、敗戦の原因を王がいないという、周辺諸国とのちがいに求めたのである。イスラエルは〝普通の国〟になりたかったらしい。神は預言者サムエルを通じて、王が徴兵、徴用、畑の没収、税金を強いることになると警告するのだが、民衆はそれでも王を求めた。そこで美男子で長身のサウル（サムエル記上九：二）が選ばれ、王となった。

彼は周辺の敵と戦い続けざるを得なかった。サウルの率いた王国にとって最大の敵は海岸地方のペリシテ人だった。新興イスラエルにとって、経済的にも文化的にも、さらに重要なことだが軍事的にもペリシテは大敵だ。なにしろペリシテ人はユダヤ人が武装するのを怖れて鍛冶《かじ》の技術を伝えなかったからだ。農具の製作はもちろん、修理から研ぎまでペリシテ人に料金を払って頼まねばならなかった。ましてや剣や槍《やり》などの兵器は輸出禁止になっていたと見えて、はじめに軍を召集した時に、ちゃんと武装していたのは王のサウルと息子のヨナタンだけだったという（サムエル記上一三：二二）。彼は善戦するのだが、神の命令を遵守しなかったために、闘いに敗れて自殺した。王権はベツレヘム生まれのダビデに移る。

どうもここには二つのヴァージョンがあるようだ。一つはダビデがいきなり油を注がれて王になる話であり、もう一つはダビデがごく子供の時に始まるものであるらしい。後者のヴァージョンでのダビデの最初のエピソードはペリシテ人の豪傑、ゴリアテとの一騎打ちである。彼は、放牧している羊を襲うライオンやクマを撃退するのに使い慣れた石投げ紐《ひも》で石を飛ばして勝利した。湯上がりに左肩にタオルを掛けているように見えるミケランジェロのダビデ像がフィレンツェにあるが、この〝タオル〟が石投げ紐である。皮肉なことに一九八七年に始まったパレスチナ人の対イスラエル闘争、第一次インティファーダではこの石投げ紐でイスラエル軍の戦車に石を投げるパレスチナの少年たちが有名になった。ここでは強力なイスラエルがペリシテ人の英雄、ゴリアテになぞらえられたのである。

ダビデは、現在でいえば、鬱《うつ》病の気のあったサウル王を音楽の才能で慰めたが、彼の本当の才能は軍事にあった。それを嫉妬《しっと》したサウルは、ダビデ殺害を試みるが、皇太子のヨナタン、ダビデと結婚した娘のミカルの二人はダビデを愛し、難を逃れさせた。彼は山賊になったが、サウルの追求に耐えられず、敵のペリシテに身を寄せる。

ダビデの盟友だったヨナタンが父サウルとともにペリシテ人との闘いで戦死したあと、ダビデはヘブロンに移った。ここで油を注がれて王となる。ところが死んだサウルの息子、イシュ・ポシェトがサウルの軍司令官だったアブネルに擁立されて、南北二王朝時代が始まる。しかしこの状況は二年しか続かず、ダビデが全イスラエルの王と認知された。

七年半にわたってダビデの本拠地はエルサレムから約五〇キロ南のヘブロンだったが、この町はダビデの出身母体であるユダ部族に属していた。これでは南北二つに分かれた一二部族をまとめ上げる新しい国家の首都にはふさわしくない。そこで彼はどの部族にも属さない都市を首都とする必要に迫られた。その条件に当てはまるのがメルキゼデクの都市国家、前述のアマルナ書簡に出てくるアブドゥ・ヘバのエルサレムだった。生まれ故郷であるベツレヘムから一〇キロほどのところにあるエルサレムは、ダビデにとってはなじみのある町でもあったのだろう。

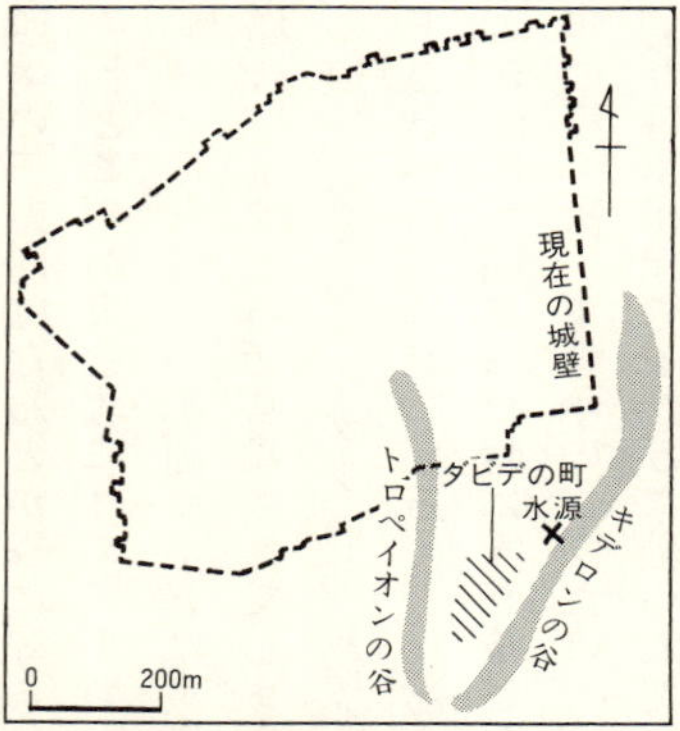

ダビデの町と現在の城壁

そう考えないと、なぜダビデがエルサレムを首都に選択したのか説明がつかない。農業が経済の基礎だった時代、ろくな水源もなく、山の上にあって本格的農業をする土壌にも貧しいエルサレムが経済的に自立するのは難しい。地形的に見ても問題がある。ダビデが攻略して王朝の基礎をおいたこの町は、東西南の三方向はなんとか谷に守られているにしても、北側にはまったく自然の要害がない。それどころか東と北にはダビデの町よりも高い丘があり、戦略的に非常に脆弱《ぜいじゃく》である。しかもほとんど唯一の水源ギホンは東側の谷の一番低いところにあり、戦争が起きて包囲された場合、水源から切り離されてしまう危険がある。通商の鍵となる主な街道は海岸地方の〝海の道〟、現在のヨルダン西部を南北に走っている〝王の道〟があったが、エルサレムはそのどちらからも外れている。どう考えても理想的な首都候補地とは言いがたい。現にエルサレムが敵に包囲された時に守り抜いたのは紀元八世紀にアッシリアに攻められた時と一九四八年の第一次中東戦争の二回だけで、あとは古代から一九六七年の第三次中東戦争まで、本格的な戦争が起きるたびに破られている。軍事的にも経済的にも際だって有利な点のないこの町をダビデが選択したのは、国内政治上の理由があったからだろう。前述したように、イスラエルの一二部族のどれにも属さないというエルサレムの属性が重要になってくる。また地理的に見て、新生イスラエルのほぼ中間にあるという点も考慮されたのかもしれない。

ダビデ時代の実像

ダビデによるエルサレム選択にもう一つの理由があるとすれば、それはアブラハムのエピソードに出てくる「いと高き神」との関係を考えるべきだろう。神には神殿が必要であり、それはどこでもいいというものではない。たいていは前の神がいたところが選ばれる。エルサレムは「いと高き神」が選んだ聖所であり、その神とイスラエル人のヤハウェが同じ神と認識されていたとすれば、それは自然な選択となろう。あるいは、ダビデが都に選んだあとで、「いと高き神」伝承がついてきたのだろうか。

ダビデが占領する前のエルサレムは、エブス人を中心とする多民族小都市国家であったらしい。ダビデから三〇〇年も前のアブドゥ・ヘバ時代の民族構成はよくわからないし、それ以来ダビデ時代までの数百年間にわたって同じ王朝、民族が続いていたのかどうかもわからない。アブラハムのエピソードとして出てくるメルキゼデクがアブドゥ・ヘバとどういう関係にあるかもわからない。

聖書の記述（サムエル記下五章）ではダビデがエルサレム攻略に成功してそこを首都と定めるが、その後の展開を見ると、この攻略は完全なものとはほど遠かったようだ。ダビデは、祭壇を立てるための用地を必要とした時、金を払って先住民のエブス人アラウナから土地を買っている（サムエル記下二四章）。征服者の王がほしい土地に金を払うことはないだろう。この話は歴代誌二一章にもあるが、この場合はダビデが交渉した相手はオルナンと似てはいるが、別の名前になっている。またダビデ自身が選んだ大祭司のツァドクがユダヤ人ではなかった可能性もある。もしかしたら「いと高き神」の祭司メルキゼデクの子孫だったのかもしれない。そうなれば、前述した〝サレムのいと高き神〟と十戒を与えた神が同定されることになる。カタカナにするとずいぶんちがうのだが、前述したように〝(メルキ)ゼデク〟と〝ツァドク〟は、もともと〝義〟という同じ言葉から出た同じ言葉だ。さらに不倫の結果ダビデの妻となり、その後継者ソロモンを生んだバトシェバの先夫で軍人だったウリヤもまたヘテ人で、ユダヤ人ではない。ダビデによる占領後も多くの非ユダヤ人が、必ずしも被征服民としてではなく居住していたのはまちがいない。

二〇〇五年夏、ダビデの町の北東部で行われていた発掘で厚い壁が発見され、まわりには紀元前一〇世紀のものと思われる土器片が散らばっていた。発見された壁の厚さから見ると、小さなダビデの町には不釣り合いなほど大きな屋敷であったらしい。発掘したヘブライ大学考古学科のマザル教授は、これこそダビデ王の館であると考えた。ところがテルアビブ大学のフィンケルシュタイン教授はこの解釈に異議を唱えた。

おもしろいことにエルサレムにあるヘブライ大学では多くの学者がダビデの王宮説に傾き、テルアビブ大学の学者はそれに懐疑的だ。そもそもヘブライ大学には旧約聖書は歴史書として信用できると考える人が多く、テルアビブ大学では〝おとぎ話〟と見たがる傾向がある。テルアビブには、ダビデの統一王朝どころか、ダビデの存在すら疑う学者もいるほどだ。これは二〇〇〇年近く続いている論争の継続である。マザルは、旧約聖書は実際の歴史を反映していると考え、フィンケルシュタインはそれがフィクションであると論じる。この論争は考古学や聖書学の分野だけにとどまってはいない。マザルが優勢になれば、エルサレムはユダヤ人と固く結びつくことになり、この町を来たるべき国家の首都としようとするパレスチナ人には不都合だ。マザルの発掘は、アメリカの裕福なユダヤ人の寄付に支えられるシャレム・センターの援助を受けて実現した。この一九九四年に設立されたセンターの目的は、〝ポスト・シオニズム〟とよばれる流れを阻止しようとすることにある。

一九八〇年代から主としてアカデミックな世界で出てきたこの流れは、モダニズムに対するポスト・モダンに並行するものだ。ポスト・シオニズムは、レバノン戦争（一九八二年）以降、シオニズムの帰結として成立したイスラエルの正当性を疑うことに始まった。いろいろな側面を持つが、その根底には二〇％を超えるアラブ人を国民としていながら、独立以前からの〝ユダヤ人国家〟としての性格を保つことに対する疑義がある。ユダヤ人国家である限り、民主主義国家にはなれない、との認識があろう。二〇〇八年に出版されてイスラエル国内で賛否両論を巻き起こしたテルアビブ大学教授シュロモー・サンドによる“*Matai ve'ech humtza ha'am hayehudi?*”（いつ、いかにユダヤ民族は発明されたか）（邦訳『ユダヤ人の起源　歴史はどのように創作されたのか』）では、民族としてのユダヤ人を否定し、パレスチナ人はイスラムに改宗したユダヤ人であるとしている。

エルサレムにあるパレスチナのアルクッツ大学考古学科教授のハニ・ヌール・エッディンの舌鋒は鋭い。彼によれば、イスラエル人考古学者は発見されたものすべてを旧約聖書に結びつけたがる。「ボタンを見つけたら、それに合うスーツをあつらえようとする」。

筆者の母校はヘブライ大学なので、テルアビブ大学の肩を持つわけではないが、のちの世から黄金時代と見られたダビデ、ソロモン時代も、実はたいしたことはなかったのかもしれない。前述のように、エルサレム周辺はそもそも農業生産力が低い。南北に走る山脈の稜線《りょうせん》に位置するエルサレムの東は砂漠の始まりで、農業には使えない。しかし問題は農業だけではない。エルサレム周辺だけでなく、カナン全土でよい材木が不足していたのはたしかだが、木工、石工など当時の先端技術者もいなかったようだ。

ダビデが自宅を建て、ソロモンが神殿を建てる際にフェニキア人国家、ティルスの王ヒラムから援助を受けている（サムエル記下五章、列王記上五章）。木材はもちろん、石工、大工などの技術者も送られてきた。ティルスは現在のレバノンの地中海岸にある都市国家で、古くからレバノン杉などよい材木の積出港として知られている。もっともヒラムの援助は、ダビデが共通の敵ペリシテ人と闘ってそれを撃退した（サムエル記下五章）ことに対する謝礼と考えることができるかもしれない。ダビデは援助の対価を払わなかったらしいが、その子ソロモンは同じような援助を受けた時に、食料で支払っている（列王記上五章）のがそれを示していると思われる。父親がティルスに与えた恩は息子には引き継がれなかったのだろう。

ダビデと契約の箱

ダビデは王宮を建設したあと、神の契約の板を入れた箱をエルサレムに運び込んだ。王朝を建てようとする意図があり、その権威付けに神が必要だったための行動だったのだろう。イスラエルが王国以前に一二部族のゆるい連合体であった頃、必要に応じて〝裁判官（日本語訳聖書では〝士師〟と訳されている）〟の人材プールから誰かが選ばれて国事に当たっていた。こうした者たちは、普段は地方的な裁判官として機能するが、外敵がある時には軍司令官として部族連合軍を率いた。もちろん常備軍はなく、危機があれば召集がかかって兵が集められたのである。そうした状況から脱却すべくイスラエル人が王を求めた時、神が最初これに反対したことは前述した。それでもなお民がそれを求めると、神はサウルを選んで王とした。しかしサウルが戦争に負けて自殺したあとに、その子を次の王にするという動きが起きたが、失敗したため、サウルは一代限りの王となった。一方、ダビデは王朝の祖となり、四〇〇年以上にわたってダビデ王朝が続いただけではなく、メシア（救世主）がダビデの子孫から出るはずだという考えを生んだ。そのためには神の後ろ盾が必要だったのだろう。その意図が成功したので、後世のイエスはダビデの子孫となり、ダビデの町であるユダ部族のベツレヘムで生まれなければならなかったのである。

メシア（英語では〝メサイア〟）という言葉はヘンデルのおかげで日本でも有名になった。ヘンデルで讃えられているのは救世主としてのイエスだ。しかし語源のヘブライ語（メシーアハ）では〝油を注がれた者〟という意味である。王など特別な職に就く者は頭に油をかけられた。有名なのはイスラエル初代の王となったサウルであり、神の代弁者を務めた預言者サムエルが油を注いだ。二代目の王ダビデは、二回油を注がれている。

キリスト教会にとってのメシアはもちろんイエスであるが、彼が油を注がれたという記述はない。マタイによる福音書二六章七節には「ある女が、極めて高価な香油の入ったアラバスター（の壺）を持って来て、（食事のために）横になっているイエスの頭に注ぎかけた」との記述がある。十字架につく直前のでき事であるが、イエスはこれを埋葬の準備と解釈しており、メシア性の証明とは見ていない。

また、ダビデがエルサレムに運び込んだ契約の箱は、出エジプト記に記述がある十戒が刻まれた石の板を収めたものである。シュナゴグ（ユダヤ会堂、〝一緒に行く〟という意味のギリシャ語から作られた。ヘブライ語では「入る家」といった意味の〝ベート・クネセト〟）に行くと、正面に戸棚が置いてある。これはモーセ五書（創世記から申命記まで、モーセが書いたという旧約最初の五つの書を写した巻物）を入れるための場所である。その扉には十戒が記されたという二枚の石の板を描いたものが多い。旧約全体の代表がモーセ五書であり、そのエッセンスが十戒だったにちがいない。ハリソン・フォード演じるインディ・ジョーンズ第一作には「失われたアーク」という副題が付いていたが、この〝アーク〟はヘブライ語で〝(契約の)箱〟を意味する言葉(アローン)の訳だ。

この箱には不思議な力があったらしく、箱が一時期置かれていた村が繁栄したり、不用意に触れたものが殺されたりする。ダビデの息子、ソロモンの時代にエルサレム神殿が築かれ、そこの一番奥の部屋、至聖所に安置された。この部屋には年に一度、大祭司一人だけが入ることができた。その時大祭司は神の名を三度唱えたという。出エジプト記二〇章七節に十戒の第四戒、「あなたの神、主の名を無意味に唱えるな。主はその名を無意味に唱える者を見逃さないからである」の唯一の例外と考えられていたらしい。この「主」はYHWHと四つの子音からなる神の固有名詞である。

ソロモンの神殿は紀元前五八六年に新バビロニア帝国の攻撃で破壊された。その五〇年後に再建されたのが第二神殿である。それが紀元前一世紀後半にヘロデ大王の大改修で壮麗なものに生まれ変わった。ところが紀元七〇年にローマ軍侵攻でイスラエルが滅亡し、この神殿も炎上してしまう。そのため大祭司の継承も絶たれ、神の固有名詞は忘れられてしまった。

現在、敬虔《けいけん》なユダヤ人は「アドナイ(我が主)」とか「ハッシェーム(定冠詞つきの

〝名〟）」とか言う例が多い。ヘブライ語の聖書では、神の固有名詞を表す四つの子音に「我が主（複数）」と母音符号がついている。「本塁打」と書いて「ホームラン」とルビを振るようなものだ。関根政雄などいくつかの訳では「ヤハウェ」とするものがあるが、これは失われた神の名のアカデミックな再構成である。ユダヤ教の国で、現在もヘブライ語が使われているイスラエルでは使われない読み方だ。「エホバの証人」というキリスト教のグループがあるが、この〝エホバ〟（Jehova）は神の固有名詞の子音に「我が主」の母音をつけて一緒にしたもので、まったく根拠がない。

後々の話になるが、インディ・ジョーンズが探したことでもわかるように、この十戒の板を入れた箱は失われてしまった。ところがそれがいつのことなのかわからない。神殿は二度にわたって破壊されているので、そのどちらかだろうと思われるのだが。

最初に神殿が破壊されたのは紀元前五八六年で、後述するように新バビロニア帝国のネブカドネツァルの攻撃によって炎上した。その数年前には新バビロニア軍によって神殿の宝物、備品が奪い去られたが、その戦利品の中に十戒の箱があったかどうかの記述はない。ユダ王国のエリートがバビロンに捕囚されてから五〇年後にペルシャがバビロンを征服し、そのキュロス王によって捕囚民は故国に返された。その際に新バビロニア帝国が戦利品として持っていった財宝が返還されているが、ここにも契約の箱への言及はない。契約の箱は再建された神殿には置かれていなかったらしい。

紀元七〇年にローマ軍の手で破壊された第二神殿には至聖所と思われる場所の記述はあるが、「そこには何もなかった」と、この戦争について詳細な記録を残したヨセフスが記している。その時の司令官ティトゥスはのちにローマ皇帝になり、フォロロマーノに凱旋門を残した。この凱旋門のレリーフでローマ兵が戦利品として担いでいるのはエルサレムの神殿にあった七肢の燭台で、現在はイスラエルの国章になっている。

ティトゥスの凱旋門のレリーフ

しかし燭台などとは比較にならないほど重要だったはずの契約の箱は描かれていない。もしかしたら紀元前六世紀、今から二五〇〇年以上前のネブカドネツァル時代にはすでに失われていたのかもしれない。その行き先はエチオピアだという説がある。少なくとも、一四世紀に古代エチオピア語、ゲエズで書かれた『王たちの栄光』という本によるとそうなる。

列王記上一〇章には、契約の箱を神殿に収めたソロモンに外国から客があったという記事がある。旧約聖書の記事は素っ気なく短いものだ。お堅いユダヤ教学者たちは、その客が女であるのを嫌い、「シバの女王」の母音を入れ替えて「シバ国」と読み替える努力をしている。『王たちの栄光』はこの短い記事を見事に潤色した。シバは現在のイエメンなのだが、この本は舞台をエチオピアに移している。

シバの女王が諜報員《ちょうほういん》の鳥からソロモンの智恵のすばらしさを聞いて、エルサレムを訪ねる。女王マケダは大変な美人だったので、父譲りで女好きのソロモンはなんとか彼女をものにしたいと智恵をめぐらせ、彼女の出発直前にやっと思いを果たす。ソロモンは別れるときにマケダに指輪を渡し、もし男の子が生まれたらこの指輪を持ってエルサレムを訪ねるようにと言った。マケダは帰国後、男子メネリクを出産した。成人したメネリクはソロモンを訪ねてエルサレムに滞在、その智恵を学んだ。ソロモンは、メネリクが学びを終えて帰国する際、多くの従者をつけてやった。その子孫がエチオピアのユダヤ人になったという。メネリクは、ダビデ、ソロモンの衣鉢を継ぐ直系は自分であり、イスラエルと神を結ぶ象徴である契約の箱は、自分が持っているべきだとの結論に達してそれを盗み出した。ソロモンの跡を継いだレハブアムの出来が悪く、そのために統一王国が南北に分裂してしまったことも関係しているのかもしれない。真のエルサレムは、契約の箱とともにカナンからエチオピアに移動した。

現在、この契約の箱はアクスムの聖マリアム・セヨン教会に置かれており、選ばれた少数者しかそこには入れない。この教会の近くでは、契約の箱のレプリカが売られているそうだ。

ダビデからソロモンへ

旧約聖書が伝えるダビデ王国の版図は、すさまじいほどに大きい。北は現在のレバノンとユーフラテス川までのシリア、東はヨルダン西部を含み、西はエジプト領のシナイ半島に食い込んでおり、現在のイスラエルとは比較にならない。例外は地中海岸南部で、現在のテルアビブ南部のヤッフォからガザまではペリシテ人の領土だった。このペリシテ領の取り残しを考慮に入れても、エドム、モアブ、アンモンなど異民族をしたがえた帝国と言うにたりよう。当時、ティグリス、ユーフラテス流域とエジプトに超大国が存在したのは事実だが、その中間には多くの小国家があるだけで、本格的な領域国家は存在しなかった。前述のマザルは、こうした旧約聖書の記述は歴史そのものであり、考古学者が行っている発掘はそれを裏付けていると主張する。それに対して、フィンケルシュタインはこうした記述はフィクションと決めつけている。フィンケルシュタインは、実際にイスラエルが広大な王国を作り上げたのは紀元前七世紀のことで、その事実をダビデ王朝の祖である紀元前一〇世紀に投影させたのが旧約聖書の記事だ、という。

フィンケルシュタイン説は、ジョージ・オーウェルの『一九八四年』が描く世界を思わせる。主人公で真理省勤務のウィンストン・スミスの仕事は歴史の改竄《かいざん》だった。失脚した者を記録から省き、昨日の敵国が今日の同盟国になれば、その国との戦争はなかったことにされる。つまり、『一九八四年』では過去は変えられるのである。旧約聖書も同じなのだろうか。

新約聖書最初の書、「マタイによる福音書」冒頭にアブラハムから始まるイエスの系図がある。もう一ヵ所、「ルカによる福音書」三章にも、これは最初の人間アダムからイエスまでの系図がある。マタイの伝える系図はかなり様式化されており、アブラハム〜ダビデ、ダビデ〜捕囚（六一ページ参照）、捕囚〜イエスまでのそれぞれが一四代で、それ自身がイスラエル民族史の重大事件をたどっていると言えそうだ。両方の系図は一致しない点が多い。アブラハムからダビデまではかなり一致しているのだが、そこからイエスまではまるで同じ名前がない。しかしその一致点のダビデとイエスの間に直接のつながりがあるという考え方では一緒で、イエスには理想の王ダビデの再来という面があるようだ。

ところが旧約聖書が伝えるダビデは〝理想の王〟とはかけ離れた姿である。彼の最大の弱点は女色にあったらしい。ある日宮殿の屋上をぶらぶらしていたら、下で行水を使っている女バトシェバが目に入った。彼女は月経後の清めの湯浴みをしていたらしい。女にかけては我慢できないダビデはすぐに彼女を引き込んで妊娠させてしまう。ところが彼女は人妻であり、夫ウリヤは軍人で、ダビデの起こした対アンモン戦争に出動していた。そこでダビデは一計を案じてウリヤを戦場から報告によび戻す。久しぶりの我が家に帰り、妻と床をともにして不倫の結果としての妊娠を隠せると思ったからだ。ところが真面目なウリヤはどうしても家に帰ろうとしない。結局妻に会わぬまま戦場に帰ることになった。あわてたダビデは遠征軍司令官に「偶然を装ってウリヤを殺せ」との命令書を書き、当のウリヤに持たせた。ウリヤは戦死し、バトシェバは晴れて王宮に入って不倫の子を生む。この子は神の怒りに触れて死ぬが、次に生まれたのがダビデ王朝二代目で、知恵者として有名なソロモンである。

ダビデは家庭的には恵まれなかった。ソロモンの前に少なくとも六人の息子がいた。それぞれ母親がちがう。その長男のアムノンが異母弟アブサロムの妹タマルに恋をした。現在では考えにくいが、異母妹であっても正式に申し入れれば、結婚も可能であったのだが、アムノンはその手続きを踏まずに強姦してしまった。もっと悪いことに、強姦後に彼女を追い出してしまったのである。妹を辱められたアブサロムは二年後、計略をめぐらせてアムノンを殺害して逃亡した。それにもかかわらずダビデはアブサロムを許す。しかしアブサロムは四〇歳になった時に反乱を起こした。油を注がれて王になったのである。ダビデは優勢なアブサロム軍を前にしてエルサレムをおちざるを得なかったが、あとにスパイを配置するのを忘れなかった。国を二分した親子の争いは、スパイの働きもあってダビデの勝利に終わり、アブサロムは戦死した。

反乱はアブサロムだけではない。ダビデの最晩年になると、四男のアドニヤが王を僭称《せんしょう》したが、ダビデは不倫の結果で得た妻の生んだソロモンに油を注ぎ、王とした。幸いダビデのこの意思表示だけでアドニヤは自滅してしまい、この時には内戦は起こらなかった。後継者にソロモンを選ぶというダビデの意向がはっきりした段階でアドニヤの支持者が散ってしまったからである。

ソロモンは、前述したように智恵で有名であった。彼の事績で最大のものは、エルサレムを北部に拡張し、そこに神殿を建設したことだろう。北側にある小山を城壁内に入れることで、防衛能力が向上し、面積は二倍以上になった。しかし列王記上に記されている工事記録によると、神殿は本体の建坪が一二〇〇平方アンマで、官邸と私邸がともに五〇〇〇平方アンマだった。規模からいうと、王の住まいの方が神殿の四倍以上の大きさである。おそらくこの神殿は王室用の礼拝所としての役割が主だったのだろう。神殿の一番奥に二〇アンマ四方の部屋を作り、それを当時最高級の建材、レバノン杉で張り、その上を金で覆った。この部分が至聖所であり、そこに十戒の石の板を収めた主の契約の箱が置かれた。

アンマは古い長さの単位だ。〝前腕〟から来ているので四〇~五〇センチと思われる。後述するヒゼキアのトンネルの記述からすると一アンマは四四センチになる。それで計算すると、神殿は約七〇坪だから、大きなものではない。一方住まいは三〇〇坪弱になる。建築年数も神殿が七年で、住まいの方は一三年かかっている。

3　紀元前九二二年から七二〇年まで――南北朝時代

北のイスラエル王国、南のユダ王国

紀元前九二二年頃に二代目の王ソロモンが死ぬと、統一王国は南北に分裂した。「貸し家と／唐様で書く／三代目」を地でいったような王が現れたからである。もっともその種はソロモン自身が蒔《ま》いた。父ダビデは、欠点はあったものの、神に対する献身だけは忘れなかった。ところが、ソロモンは異教徒の妻たちを多数迎えただけでなく、その妻たちが実家から持ち込んだ神々にも傾倒したのである。そのソロモンから四一歳で王位を受け継いだレハブアムは、サウル以来の統一王国を二分してしまった。もともと北の十部族は、南部ユダ族出身のダビデ王朝に対して思うところがあったようだ。北のエフライム族出身で役人だったヤロブアムはソロモンに対して反乱を企てたが、失敗してエジプトに亡命していた。それが密《ひそ》

かに帰国して北部十部族を糾合し、レハブアム即位を期にイスラエル王国を建てた。その後北朝のイスラエルが滅びる紀元前七二二年まで南北朝時代が続く。

北王国が成立したのはいいが、ダビデ、ソロモンと続いた間に宗教のエルサレム集中が進

南朝　ユダ			
在位年(紀元前)	名	死因	宗教性
922−915	レハブアム	自然死	×
915−913	アビヤム	自然死	×
913−873	アサ	病死	○
873−849	ヨシャファト	自然死	○
849−842	ヨラム	自然死	×
842−842	アハズヤ	殺害	×
842−837	アタルヤ	殺害	×
837−800	ヨアシュ	殺害	○
800−783	アマツヤ	殺害	○
783−742	アザルヤ	病死	○
742−735	ヨタム	自然死	○
735−715	アハズ	自然死	×
715−687	ヒゼキア	自然死	◎
687−642	マナセ	自然死	×
642−640	アモン	殺害	×
640−609	ヨシア	戦死	◎
609	ヨアハズ	幽閉で死	?
609−598	ヨアキム	自然死	?
598	ヨアキン	自然死	?
597−586	ゼデキア	捕囚	?

3　紀元前922年から720年まで――南北朝時代

北朝　イスラエル				
	在位年（紀元前）	名	死因	宗教性
ヤロブアム朝	922－901	ヤロブアム一世	自然死	×
	901－900	ナダブ	殺害	×
バシャ朝	900－877	バシャ	自然死	×
	877－876	エラ	殺害	×
ジムリ朝	876	ジムリ	自殺	×
オムリ朝	876－869	オムリ	自然死	×
	869－850	アハブ	戦死	×
	850－849	アハズヤ	事故死	×
	849－842	ヨラム	殺害	×
イエフ朝	842－815	イエフ	自然死	×
	815－801	ヨアハズ	自然死	×
	801－786	ヨアシュ	自然死	×
	786－746	ヤロブアム二世	自然死	×
	746	ゼカルヤ	殺害	×
シャルム朝	745	シャルム	殺害	×
メナヘム朝	745－738	メナヘム	自然死	×
	738－737	ペカフヤ	殺害	×
ペカ朝	737－732	ペカ	殺害	×
ホシェア朝	732－722	ホシェア	捕囚	×

（在位年に関しては諸説がある。上記は一応の目安）

んでいた。そのため、放っておけば北王国の住民がエルサレム巡礼に出かけることになる。そのためヤロブアムは金の子牛を作り、新王国の北に位置するダンと、南端でエルサレムに近いベテルに置いて宗教の中心とした。金の牛はモーセに率いられてエジプトから脱出した際に、神として作ったものとして知られている。たしかに、姿のないイスラエルの神に比べると魅力的だったのだろう。さらにシロなどの古い聖所も復活させた。

ダビデ王朝が続いた南朝のユダ王国はエルサレムを首都としたが、北朝のイスラエル王国はサマリアを首都として対立する。イスラエルは、はじめはシケム、ペヌエル、ティルツァと首都を替えたが、在位七日間で死に追い込まれた五代目のジムリ王がティルツァの王宮に火をつけてしまったため、それ以降は次のオムリ王が建設したサマリアを首都とした。

列王記が語る南北朝時代の記述を見ると、「南も悪いが、北はもっと悪い」という線でほぼ一貫している。ここで言う〝悪さ〟とは基本的には神と国家・民族との関係で、よその神に浮気するかどうかが問題となる。よいと言うよりは、北朝に比較すれば少しはましな南朝でも北と同じように異教の神々が崇《あが》められたが、時々〝真面目な〟王が現れて軌道修正がなされる。もっとも旧約聖書を書いているのは南朝に基盤をおいた人が多かったから、こうした考え方は当然かもしれない。と言うより、旧約聖書のかなりの部分は、北朝の記憶を持つ人がいなくなったあとで書かれたり、編纂《へんさん》されたりしたものだったらしい。これでは北朝がよく書かれないのは当然だ。

　北朝ではクーデターが繰り返されて王朝が次々と交代するのに対して、南朝では最初から滅亡までダビデ王朝で一貫している点は指摘しなければならない。北朝は紀元前七二二年に滅びるまで約二〇〇年続いたが、八回クーデターが起こった。クーデターのたびに排除された王は殺害される。九王朝、一九代の北朝の中には、即位後七日で追いつめられて自殺したジムリ王の例もある。一九人のうち、自然死したのは八人しかいない。七人が殺害されたほか、自殺一人、戦死一人、事故死一人、最後の王ホシェアはアッシリアに国を滅ぼされて捕虜になってしまった。その間、ダビデの血を引く南朝には一二代の王がいた。自然死は八人（神の罰としての病死二人を含む）、殺害されたのは四人だ。北朝が滅びたあとにいた八人の王のうち自然死は四人、戦死一人、殺害一人、外国の捕虜になったもの二人である。このちがいが、南朝ユダに対する神からの特別の祝福と考えられるのは当然であろう。

　南朝ユダでやや例外的なのは、八代目の王アハズヤと事実上九代目となったアハズヤの母アタルヤである。彼女は北朝の出身だった。北朝と南朝は犬猿の仲だったし、時にはアラム軍やアッシリア軍まで引き込んで相手を叩《たた》こうとしていたが、一時期平和だったことがある。その時期に南朝のヨラムは北朝オムリ王朝のアハブの娘、アタルヤと結婚した。ヨラムの息子アハズヤは、オムリ王朝を倒したイエフに殺害された。アハズヤの死後、その母アタルヤが王族のほとんどを殺して南北朝を通じて唯一の女王となるが、その後南朝では唯一のクーデターで死亡した。

二王国の滅亡

北朝最後の王の時、東の超大国アッシリア軍が来襲したが、対抗手段のなかったホシェア王はその貢献国となることを決心した。しかしエジプトに頼ってアッシリアの支配から逃れようと貢献をやめたために再度の来襲を招いて北朝は滅亡した(列王記下一七章)。アッシリアの記録によると、二万七二九〇人が捕虜としてアッシリアに連れ去られた。捕囚である。列王記の記者はこの点に関して、滅亡の原因はエジプトを頼るというレアル・ポリティーク上の判断の誤りにあるのではなく、他の神々に浮気して本来の神との関係を正しく保てなかった点にあると考えた。

北朝が滅び去って数年後には南朝にも危機が訪れた。再びアッシリア軍が東から押し寄せたのである。周辺の要塞都市はことごとく陥落し、エルサレムは丸裸になってしまった。窮状に陥った南朝のヒゼキア王が頼れるのは神と、北朝を助けられなかったエジプトだった。エルサレムを恫喝《どうかつ》しに来たアッシリア軍の将軍は、神とエジプトの両方を嘲笑《ちょうしょう》した。しかも、嘲笑はエルサレムの一番の弱みである水を運ぶ水路で行われた。もし戦争になるなら、水の手はすぐに切れる、という無言の恫喝だったのだろう。

この時には南王国ユダは難を免れた。ヒゼキア王がとったエジプトとの同盟がその効果を発揮したのかもしれない。それとも預言者イザヤを原動力に進めた宗教改革をよしとした神が守ったのだろうか。ところが、その一〇年後には再びアッシリアの西進が始まった。抗するまでもなく彼我の戦力差は明らかだ。今回はエジプトの庇護《ひご》も受けられない。ヒゼキアはアッシリア王の要求を入れ、神殿と王宮を空にしてやっと工面した金銀で平和を買った（列王記下一八章）。しかしアッシリアは手をゆるめない。

ヒゼキアは、亡国の危機を目前にして、「主よ、たしかにアッシリアの王たちは諸民族とその地を荒らし、その神々を火にくべて……滅ぼしてしまいました。今こそ、主、神よ。その手から我々を救って下さい。そうすれば、地上のすべての王国が、あなただけが主、神であると知るでしょう」（列王記下一九：一七－一九）と祈った。神は、イザヤへの預言を通じてそれに答え、「わたしは、自分と我が僕《しもべ》ダビデのために、この町を救うべく守る」（列王記下一九：三四）と約束した。その晩、謎の伝染病がアッシリア軍を襲い、包囲軍は撤退を余儀なくされた。おまけに帰国したアッシリアのセンナケリブ王はクーデターで落命した。ヒゼキアの宗教政策こそが最上の安全保障であると証明された形になったのである。それに対して、レアル・ポリティーク版の安全保障策であるエジプトとの軍事同盟はセンナケリブ危機にはなんの役にも立ってくれなかった。

とは言え、ヒゼキアはこの危機を通じて神以外の防衛の必要性をも痛感した。そこで、水源からのトンネル掘削という大工事に挑んだのである。水問題は以前からエルサレム防衛の弱点であることがわかっていた。

雨水以外にエルサレムが頼れる唯一の水源は、城壁の東側に深く切れ込んでいるキデロンの谷の一番低い所にあるギホンの泉である。この泉は乾季にも水が涸《か》れないが、位置が悪い。谷の底にあるからその外側に城壁を建てても効果は薄い。したがって敵に包囲されると、水源をとられてしまう。そこでトンネルを掘って水を城内に引き込むことにした。最南端の、城壁に保護されている地域はギホンの泉とほぼ同じ高さにある。現在計測してみると、泉の方が約三〇センチ高い。泉から水が流れ込むプールまで直線距離で三三五メートルある。その間の岩を掘り抜かなければならない。大工事になることは目に見えているが、国防上どうしても必要と判断された。

理由はわからないが、トンネルは大きくS字型をなしており、全長は五三〇メートルになる。しかもあとに見るように、入り口と出口の両方から掘り始め、中間で出会っている。しかも大幅な修正の痕《あと》がなく、両方のトンネルはほぼ正確に出会ったと考えられる。昔の地下鉄のように地上から掘り下げて、完成後に埋めたわけではない。モグラのように両端から曲線を描いて掘り進み、正確に出会った技術力は賞賛に値する。また三〇〇メートル以上離れ、間に丘がある二つの地点の三〇センチしかない高度差をどのように測ったのだろう。

このトンネルは現在でも、湧いている水に足を浸しながら、歩いて抜けることができる。水量が多い時には大人の腰くらいまで水に浸《つ》からなければならない。ところによっては天井が低く、かがまなければ通れないが、三メートル以上の高さがあるところもある。壁にも天井にも二七〇〇年前の技術者たちが掘ったノミの痕が見てとれる。

完成後、入り口のギホンの泉には天井がかけられ、地上からはそれとわからないようにカモフラージュされたはずだ。出口にはシロアムの池とよばれるプールが作られ、水を必要とする人はそこまで階段で下りるようになっていた。当時は現在のプールより数倍の大きさがあったらしい。

一方、ヒゼキアが病気になると、メソポタミアでアッシリアの対抗勢力だったバビロン王の息子が見舞いに来たくらいだから、北に対する外交にもきめ細かい手が打たれていたようだ。北朝を滅ぼし、南朝をも生死の瀬戸際に追い詰めたアッシリアに対抗するバビロニアは〝敵の敵〟であり、親交を結ぶべき存在だ。エジプトとの同盟関係に加えてバビロニアにも頼るようになっていたのかもしれない。

ヒゼキアは外国との同盟、水の確保などレアル・ポリティーク的手段で国家の安全を図ろうとはしたのだが、彼にとっての主たる安全保障策は神だった。これを異とする必要はない。奈良時代の日本は国力を傾けて全国に国分寺、国分尼寺を作り、天皇自らが筆を執って護国の教典である金光明最勝王経《こんこうみょうさいしょうおうきょう》や法華経《ほけきょう》を納めたではないか。国分寺が建てられたのは、ヒゼキアから一四〇〇年以上もあとのことだ。

ところがヒゼキアの跡を継いだ息子マナセ、孫アモンは箸《はし》にも棒にもかからなかった。アモンは家臣の謀反で殺害された。しかしこのクーデターは国民の憤激を買い、謀反を起こした者たちは皆殺しにされた。王個人の善し悪しにかかわらず、ダビデ王朝に対する民衆の忠誠と愛情を見ることができるのかもしれない。アモンの息子でまだ八歳のヨシアが王位につけられた。ヨシアが二六歳になった時、神殿の修理が行われた。その際、神殿で律法の書が見つかった。王は民衆を集めてその律法の書を読み聞かせた。それをきっかけにして、祖父、父が導入した異教を排除し、曾祖父《そうそふ》ヒゼキアの宗教改革を再開した。〝発見〟された律法の書は中命記の原型であると言われるが、ヨシアの命令で偽造されたのだろう。異教信仰には広範な支持があったから、王としてもヤハウェ宗教純化運動を起こすためには大義名分が必要だった。ヨシアは傾きかけたダビデ王朝にとって希望の星となった。ところが、彼が三九歳の年、東西両超大国の対決が始まった。二六王朝第五代の皇帝ネコに率いられたエジプト軍が北上を始めたのである。当時のユダ王国は、曾祖父以来同盟関係にあったと思われる東の超大国新バビロニア帝国に味方して出陣したが、ヨシアは敢《あ》えなく戦死した。律法の書発見時には女預言者の口を通じて、「わたしはお前を先祖のもとに集めよう。お前は静かに墓に入る。お前の目はわたしがここに下す苦難を見ない」（列王記下二二：二〇）と神の祝福を受けたのだが、戦死は「静かに墓に入る」ことにはならないだろう。

ヨシアのあとは、三ヵ月間王位についただけでエジプトの圧力で退位させられたヨアハズ、エジプトの傀儡《かいらい》王ヨアキムと続いたものの、独立は失われ、ヨシアのヤハウェ宗教純化運動も忘れられた。エジプトの影響下に置かれるということはバビロンに敵対することだ。不幸は、エジプトが下り坂で、紀元前六二五年に独立したばかりの新バビロニアが上り坂だったことだ。ヨアキム王の死後、その子ヨアキンが王位につくとまもなく新バビロニア帝国のネブカドネツァルが大軍を率いて来襲した。闘うこともなく降伏したヨアキンは高官、軍人、技術者などとともにバビロンに連れ去られた。捕囚である。傀儡王とされた叔父のゼデキアは即位後一一年目に反乱を企てるが、ネブカドネツァルの大軍の前に敗れ、エルサレムは炎上した。伝承によると、これはアブの月九日で、太陽暦の八月頃にあたる。後述するように神殿は約五〇〇年後に再建されるが、それから五〇〇年後の紀元七〇年、再び同じアブの月九日に破壊された。そのためこの日は断食の日にあたっている。

この事件は〝この世の終わり〟と形容すべきものとして捉《とら》えられた。戦争に負けることは多くの場合、神の敗北と考えられた。勝った民族の神が、負けた神の属性を引き継ぐこともよくある。しかし、ユダヤ人の場合、話は多少複雑である。彼らの神は創造の神であり、唯一ではないまでも他の神々からは超絶しているはずなのだから、それが負けるのは語義矛盾になりかねない。それを合理的に解決するには、神に背いた自分たちが罰せられたと考えるしかなかった。そうすれば、神は大帝国新バビロニアすら自分たちを罰する道具として使う者となり、民族の神から世界の神へとレベルアップする。しかしそれはつらい経験である。ヒゼキアのあとでヤハウェに仕えたのはヨシアだけで、それ以外の王たちが神に背いていたことが王国滅亡、神殿炎上という民族最大の危機を乗り切るきっかけになった。少なくとも旧約聖書はそのように理解している。捕囚と神殿炎上は宗教上の大きな危機となった。紀元前一〇〇〇年から長く続いたダビデ王朝の歴史は少数の敬虔な王たちと、多数の異教に浮気する王たちからなっている。

敬虔な王たちの大半は、国内各地の聖所を廃止してすべてをエルサレムに集中させることが多かった。こうした聖所にはたいてい異教の神々の前歴があり、そこから宗教的堕落が起こることを怖れたのであろうし、首都に集中させることで管理の目が届きやすくなった面もある。そのエルサレムが消滅し、核ともいうべき神殿が炎上したのは致命的だった。宗教行為の華ともいうべき、神殿で神に犠牲を捧げることができなくなってしまったのである。捕囚になった自分がエルサレムの神殿に行けないだけでなく、行ったところで神殿は破壊されてしまっている。かといって神とエルサレムの結びつきが強かったために、捕囚先で神殿を建てるわけにはいかない。

バビロン捕囚とアイデンティティ

滅亡の一〇〇年前、二二代続いたダビデ王朝一五代目のヒゼキア王は、たるんでしまった王国のタガを締め直すためにヤハウェ宗教を国政の中心に据え、異教を追放した。北王国イスラエルが三年間の包囲後、アッシリアに滅ぼされたのは、ヒゼキア即位六年目のことだ。その原因は、北王国がイスラエルの神にしたがわず、異教の神々に頼ろうとしたからだ、と分析された。北王国イスラエルの滅亡は一二部族からなる民族のうち一〇部族が消滅することにつながった。北王国のエリートたちがはるか東に拉致《らち》され、残された者たちがアイデンティティを失ってしまったからである。連れ去られた者たちにとっても、祖国の滅亡はショックだったにちがいない。いくつかの町に振り分けられた者たちもまた次第にアイデンティティを失っていった。

こうした移住によって占領地支配を決定的にする方法は〝捕囚〟とよばれる。新たに占領した地域の社会構造をそのままにしておいたら、いつまた反乱を起こされるかわからない。

足が基本的な通信・交通手段だった時代に、遠隔の占領地で反乱が起きた場合の手当は難しい。一ヵ所で成功を許すと、反乱がほかの占領地に伝染する可能性もある。そのためには軍を駐屯させる必要がある。とは言え、自国軍を駐屯させるマイナス面も大きい。それが反乱軍に敗れたら、反乱の気運は一気に他の地域にも広まるだろう。しかし、万全を期して大軍を駐屯させるには大きなコストがかかる。はるか後代の帝国主義の時代には植民地経営は儲《もう》かる仕事になった。しかし特に陸上での適切な運搬手段のなかった古代には植民地は必ずしも経済的に引き合うものではなかった。豊かな農業地帯を植民地にしても、その生産物を効果的かつ安価に運ぶ手段がない限り、本国にとってはあまり役に立たない。それでは高コストの大軍駐屯は割に合わないではないか。そこで考案されたのが捕囚政策である。被占領民族のエリート層を根こそぎ強制移住させてしまう方法だ。これなら費用もかからず、残った者たちは核を失って団結しにくくなるから、安心もできる。もっともその結果占領された地域の生産性はおちるだろうが、植民地に経済的意味を見出す方法がなかった時代にはそれでもかまわなかった。また捕囚の結果できた空白に他の占領地から別の民族を入れることで、地域住民の間には反目が育ち、反乱を防ぐ効果はますます高くなるはずだ。

バビロンに移住させられた者たちには、勝者に対する畏怖《いふ》・憧憬《しょうけい》があったろう。経済的にも軍事的にもはるかに優れたアッシリア帝国の中に埋没するのは当然の帰結だった。残された者たちは、政治的、宗教的指導層を失い、これまたまわりに同化していったにちがいない。こうしてイスラエル一二部族のうち一〇部族が失われた。この一〇部族を自分たちの祖先とする民族は多い。

移住させられたバビロンには一八〇年前に同じ運命をたどった北王国イスラエルの子孫がいたにちがいない。彼らは歴史から姿を消し、〃失われた十部族〃とよばれるようになった。捕囚という残酷な制度の割には、バビロンに移された人々の生活は比較的自由だったようだ。さすがに王ヨアキンは三七年の長きにわたって獄中生活をしたが、三七年も生きられたこと自体が牢獄《ろうごく》における生活水準の高さを示している。釈放されたあとはペルシャ王と食事するようになる。預言者エゼキエルは幻の中でバビロンを訪れている。「わたしは捕囚民が住むテルアビブに来た。わたしは七日間、愕然《がくぜん》として彼とともに座り込んだ」（エゼキエル書三・一五）この〃テルアビブ〃は〃春の丘〃という意味のヘブライ語であり、捕囚されたユダヤ人がまとまって住んでいたことを思わせる。余談だが、パレスチナに移住したユダヤ人が二〇世紀になって何もない地中海岸にまったく新しい町を作った時、それをテルアビブと名付けた。

「バビロンの河のほとり／わたしたちは座って泣いた／シオンを思い出しながら／そこにある柳に／竪琴《たてごと》をかけた／我々を捕らえた者たち／我々を嘲笑する者たちが／歌を、よろこびの歌を歌えと言うから／シオンの歌を歌えと／どうして歌えよう／主の歌を／外国で／もしわたしがお前、エルサレムを忘れるなら／我が右腕は（その能力を）忘れてしまえ／我が舌は上顎にはり付け／もしわたしがお前を思い出さないなら／もしエルサレムを／最大の喜びと想起しないなら」（詩篇一三七：一－六）という有名な詩は、バビロン人に馬鹿にされることはあっても自由を奪われたわけではないことをうかがわせる。

したがって北朝の十部族が姿を消したのは、激しい迫害で死に絶えたわけではなく、現地に同化したと考えるのが妥当だろう。まれな例を除けば、民族が死に絶えることはあまりない。しかしアイデンティティを失った時、民族としての一体感は失われる。アイデンティティ喪失は集団で起こることもあれば、個で起こることもある。二〇世紀初め、かなり多くの東欧のユダヤ人が迫害を逃れて南米に移住したことがある。アマゾンの奥に入った開拓民の中には明らかにユダヤ系と思われる姓を持つ者がいるが、彼らの多くは自分たちがユダヤ人であることを忘れてしまった。彼らは同胞の集団から離れて孤立することで、アイデンティティを失ってしまったのであろう。

一九七〇年代末、アメリカで『ルーツ』という連続テレビドラマが大評判になった。黒人作家のアレックス・ヘイリーが一八世紀に西アフリカでさらわれた黒人が自分の先祖であるという設定で書いた自伝的小説のドラマ化だ。それがきっかけとなって〝ルーツ探し〟が流行になった。そんな頃、あるユダヤ系アメリカ人が自分のルーツ探しにイスラエルに渡った。豊かな隠退生活を送っていた彼は時間と費用に糸目をつけずに探し続けた。イスラエル国内で何人かの縁者が見つかったが、ヨルダン川西岸地区のヘブロンに住むムスリムのパレスチナ人が遠い親戚《しんせき》だと判明した。ある時期にイスラムに改宗したユダヤ人の末裔だったのだろう。しかし彼らにはユダヤ人だった記憶は残っていなかった。

南王国ユダが滅んで捕囚の憂き目にあったのは、北王国イスラエルが同じ運命にあってから一三〇年以上あとのことだが、この間にアイデンティティは失われてしまったらしい。少なくとも旧約聖書には新たな捕囚民が北朝の元同胞に会ったという記述はない。

礼拝の変容

この捕囚期に重要な変化が起きた。南朝における宗教改革の多くがヤハウェのみを神とすることを目的とし、そのための手段としての祭儀をエルサレムに一極集中したことがその変化を不可避にした。つまり、エルサレムと神殿が失われた場合どうすればいいかがわからなかったのである。一つの解決方法は、ヤハウェは新バビロニアの主神マルドゥクに対して無力だった、だからヤハウェを捨ててマルドゥクに改宗するというものだ。北朝の同胞たちの多くはこの道を取ったのだろう。もう一つの方法は預言者たちが取った方法である。ヤハウェは天地の神である。たしかにイスラエルを特別扱いしたものの、そのイスラエルは神に背いた。そこでヤハウェは新バビロニアをつかってイスラエルの民を罰したのだが、完全に見放してしまったわけではないというものだ。だからエルサレムと神殿がなくなった状況の中でも、ヤハウェとの関係を修復する方法があるはずだ。それが民族史の記述だった。そのためには史観を確立しなければならない。

少なくとも神に対する礼拝の形が変わったことは見てとれる。以下に引用するのはネヘミヤ記八章の初めである。

「全国民は一体となって水の門の前の広場に集まった。彼らは書記エズラに、主がイスラエルに命じたモーセの律法の書を持ってくるように言った。祭司エズラは律法を会衆の前に持ってきた。……書記エズラが全国民に見えるように本を開いた。全国民より高いところにいたからである。彼が本を開くと全国民は立ち上がった。エズラが主を偉大なる神を祝福し、全国民は手を上げて『アーメン、アーメン』と応えた。彼らは頭を下げ、顔を地につけてひれ伏した」

わからない人々には教える側が手わけして詳しい説明を加え、律法の理解を徹底した。そしてそれこそが神礼拝だったのである。神殿に犠牲を捧げることが礼拝の中心だった時代から変化したのが見てとれる。おそらくは、捕囚の最初のショックが終わった時、民族の一部は自分のアイデンティティを捨てて、新バビロニア人として生きることを選択しただろう。アイデンティティを保とうとした人々は、神との関係を保つ道を模索した。それが民族史の学びと解釈であったにちがいない。その結果が右に引用したネヘミヤ記の情景である。おそらくは、それまで断片的に記され、多くは口碑で伝えられていた物語を学びに耐える形で編纂したのだろう。神殿を他の土地に造る試みはある。この時よりのちのヘレニズム時代に一度、エジプトで造られた。その時にも受け入れる人は少なかったが、捕囚時代にはまるで頭に浮かばなかったほど突飛な考えだった。エルサレムと神はそれほど強く結びついていたのである。この形の礼拝の原型はヨシア王が神殿で〝発見〟された律法の書を民の前で読んだことかもしれない。律法の書とそれを学ぼうとする人さえあれば、神はそこにいる。神は〝携帯〟できるようになった。

数十年前、イエメン出身のユダヤ人の中には、本を一定の角度に傾けて置いたり、逆さまから見たりした方が読みやすい人々がいた。他のユダヤ社会から遠く離れたイエメンでは聖書などの本が多くは手に入らなかった。そこで数人の男たちが一冊の本のまわりに座って一緒に読んでいたので、いつも向かい側に座る人は本をひっくり返した方が読みやすい。そういう光景は捕囚の民の間で数少ない写本を囲んで普通に見られたのだろう。

もちろん、帰還後にエルサレムの神殿が再建された第二神殿時代には犠牲が復活した。しかしそれと並行して聖書の学びが宗教生活の中で大きな比重を占めていたにちがいない。さもないと、イエスとファリサイ派の人々が律法解釈をめぐって闘わせた激しい議論は意味をなさない。神殿中心の宗教を担ったのはサドカイ派であり、聖書の学びに重点を置いたのがファリサイ派だった。再度神殿が破壊されるとサドカイ派は消滅し、ファリサイ派はその後のユダヤ教に発展した。

また、新共同訳が意訳しているように、聖書が翻訳された可能性もある。後述するように旧約聖書はギリシャ語に訳された。ユダヤ人自身もその訳を使ったが、のちにキリスト教徒がその訳を使い始めたためにわざわざ別のギリシャ語訳を三つも作った。旧約聖書は大部分がヘブライ語で書かれ、後期に書かれたものの一部がアラム語だ。ユダヤ人が離散したり、時代が移るにつれて使用言語も変わる。ユダヤ教はそうした変化に柔軟に対応した。旧約聖書後の口承を集めたミシュナはヘブライ語だが、二種類あるバビロニアとエルサレムのタルムードはアラム語だ。それぞれ方言がちがう。

キリスト教も言語には柔軟だった。ヒエロニムスはギリシャ語、ヘブライ語を学び、聖書をラテン語に訳した。もっともその後は長い間ラテン語にこだわったのだが。プロテスタントが聖書の現代語の訳で始まったことはよく知られている。

それに対してイスラム教はアラビア語にこだわった。各国語の訳はあるが、それは真正のコーランとは認められていない。たしかに訳は必ず解釈を伴うのだから、翻訳がオリジナルとはちがうものだというのはある意味で正しい。第一次世界大戦までのトルコ、現在のイランがアラビア文字を使って自分たちの言葉を書いているのは、イスラム化したこれらの国々でアラビア語がわからないインテリは存在しなかったからである。インテリ以外は文字を必要としない。

4　紀元前五三九年から紀元後七〇年まで――第二神殿

エルサレムへの帰還と神殿再建

エルサレムを陥落させ、南朝ユダのエリート層を強制移住させた新バビロニアは比較的短命に終わり、紀元前五三九年に新興ペルシャの手で滅ぼされた。ユダヤ人にとって幸いなことにその王キュロスは捕囚政策を廃止して、新バビロニアによって強制移住させられたユダヤ人たちを六〇年ぶりに解放した。そのため、キュロスは異教徒の君主としては旧約の中での評価が非常に高い。「キュロスを我が牧者とよぶ／彼は我が望みを実現する」（イザヤ書四四：二八）、「主は彼の油が注がれた者、キュロスに言う／私は彼の右手を強くした／諸国民を彼の前にくだし／王たちの腰を折り／彼の前に扉を開け／城門は閉じられない」（イザヤ書四五：一）と持ち上げている。「油を注がれた人」というのは、王であり、救世主なのだから、これは大変な評価だ。それは捕囚時代に発展した、主は一民族ではなく、世界の神であり、異教の王たちをも自分の道具として使う存在であるという神学に合致していた。キュロスの戦勝、その結果としての捕囚からの帰還もまた主の意志と捉えられたのである。

そのため、まだ本国の記憶と民族アイデンティティを失っていなかった南朝ユダの捕囚民たちは故国に帰った。前述したように、新バビロニアは被征服民に捕囚という苛酷《かこく》な手段をとったものの、捕囚された人々にはかなりの程度の自由が許されたらしい。だからバビロンで成功した人たちもいたのだが、成功者の帰還率は高くなかったろう。現在の平穏と富を捨てて、荒廃した故国に帰るには勇気が必要だ。アメリカのユダヤ人の多くがユダヤ人国家イスラエルに移住しないのと同じだろう。それ以来、バビロンにはかなり強力なユダヤ人社会が存在し、イスラムのアッバス朝とともに中心をバグダッドに移して、イスラエルが一九四八年に独立するまで続いた。のちに触れる第一次ユダヤ反乱（六六―七〇年）の時、征服者のローマ軍が、敗れたユダヤ人将校フラヴィウス・ヨセフスに、戦争の悲惨さとローマ軍の圧倒的強さを示す『ユダヤ戦記』を書かせたのは、バビロンのユダヤ人たちにさらなる抵抗をあきらめさせる目的があったという説もある。

捕囚から帰還した人数は四万二三六〇人となっている。エズラもネヘミヤもほぼ同じ数字をあげているが、一方が他方を引用しているのがわかる以外、あまり信憑《しんぴょう》性はなさそうだ。

五〇年前に捕囚された時の人数は記されていないので、比較することはできない。「全員、自発的に出したもののほか、銀器、金、財産、家畜、高価な贈りもので彼らを支援した」（エズラ記一：六）とあり、バビロンで成功しなかった人たちが帰還者の中心であり、成功した人たちは経済的援助ですませたことをうかがわせる。いずれにしても帰還したのは、当時の平均寿命を考えると、そのほとんどが捕囚先で生まれた者たちだった。

帰還者の主な目的は神殿の再建だ。それはペルシャ王の命令でもあった。キュロス王は新バビロニアのネブカドネツァル王が略奪した神殿の什器《じゅうき》を返し、エルサレムに持ち帰らせた。とりあえずそれぞれの故郷に帰り、帰還後数ヵ月してエルサレムに集結した。数十年も離れていたエルサレムはネブカドネツァルに破壊されたままに放置され、帰還した人たちのうちのほんの一部しか滞在できなかっただろう。帰国直後に周辺に散ったのはそのせいかもしれない。神殿跡地に仮の祭壇を築き五〇年ぶりの犠牲を捧げ、内外の専門家を集め、レバノンに材木を発注して神殿再建を準備した。翌年には神殿の基礎が据えられた。しかしエルサレムが再び強力になるのを怖れた土地の人間から邪魔が入り、なかなか工事は進まなかった。問題はそれだけではない。折からの激しい旱魃《かんばつ》による飢饉のせいで神殿再建どころか、生存さえあやしくなったのである。神は預言者を通じて飢饉は「我が家は荒れ果て、お前たちは自分の家のために走りまわる」（ハガイ書一：九）ためだ、と非難したのだが、帰還した者にはつらい指摘だったろう。結局神殿ができ上がったのは紀元前五二〇年前後で帰還から二〇年後であり、キュロスはすでに死んでいた。それもペルシャから祭司エズラが派遣されて、全体を組織し直してのことだった（ハガイ書にはエズラは登場しない）。その頃に飢饉が終わり、豊作になったのかもしれない。前述したように、最初に帰還した人たちは捕囚先で成功できなかった社会的弱者だったのだろう。彼らには、荒廃した故郷で生活を安定させ、しかも神殿を建設するという大仕事は重荷すぎたようだ。

それからしばらくしてユダヤ人で高級官僚になっていたネヘミヤが派遣され、城壁の修理が行われた。エルサレムはペルシャ帝国の片隅で、可もなく不可もない比較的安定した状態で、ユダヤ人の町としてひっそりと存在を続けた。マカビ時代からローマ帝国にかけては何度も反乱を起こしているが、二〇〇年間のペルシャ統治下では反乱は起こらなかった。ゾロアスター教を国教とするペルシャがエルサレムに関心を持たなかったのも大きいが、キュロスの温情政策が成功したとも言えるだろう。さらに言えば、ペルシャが統治の基本とした信教の自由があげられる。このの ち、ヘレニズム時代からローマ帝国時代に起きた反乱の多くは宗教的理由による。

ペルシャ時代を背景にしたいくつかの著作が旧約聖書にある。その一つがエステル記だ。話はかなり単純だ。

ペルシャ王のクセルクセスは王妃ワシュティのわがままに腹を立て、資格を剥奪《はくだつ》して新王妃を公募する。ユダヤ人のエステルが出自を隠したまま王妃に選ばれた。彼女のいとこで親代わりだったモルデカイが偶然クーデターの企みを知った。モルデカイはそれをエステルに伝え、王の知るところとなってクーデターは失敗した。王はハマンを重用したが、モルデカイは彼に敬意を示さなかった。ハマンは怒り、ユダヤ人絶滅を思いつく。くじ（プル）を引いて、アダル月一三日に実行することが決定された。ところがモルデカイとエステルのせいで失敗して、ハマン自身が殺されてしまう。王の命令で、ユダヤ人絶滅の日のはずだったア

プリムの祭の日に仮装する子供たちと「ハマンの耳」（Tess Schefan 撮影）

ダル月一三日に迫害するものに復讐《ふくしゅう》する権利がユダヤ人に与えられた。それにちなんでアダル月一四日と一五日を祝日とし、くじ（プル）の複数形プリムと名付けた。

いかにも子供向けのお話という感じで、それを真面目に受け取る者はいない。正装して祝えと書かれているにもかかわらず、今では子供たちの仮装の日になっている。シュナゴグではプリムの祭の日にエステル記が読まれるが、敵役のハマンが登場する場面になると、いい大人が特大のガラガラを振り回してブーイングする姿はなんともユーモラスだ。このガラガラには〝ラアシュ（音）〟から作った〝ラアシャン〟という名がある。しかもこの日に食べる三角形のお菓子は「ハマンの耳」とよばれる。一年のうちこの日だけしか食べない。

不思議なことに、宗教的な子供たちは、この日だけはタバコを吸うことが許されている。安息日には火を使えないためにタバコも吸えない。そのためか、宗教的な人たちの間の喫煙者の率は、タバコの害が言われるようになる前から少なかったように思う。それが小学校に入るかどうかという子供がタバコを吸っているのはおもしろい光景だ。

アレクサンドロス大王の遠征とヘレニズムの浸透

事態を大きく変えたのは、紀元前四世紀に彗星《すいせい》のように現れたアレクサンドロス大王である。二〇代前半の彼はギリシャをまとめ上げ、そのギリシャ軍を率いて東征を開始した。ギリシャ全土を平定後、ペルシャ帝国に攻め込み、紀元前三三三年にイッスス河畔でダリウス三世軍と衝突してこれを破った。ペルシャ帝国の滅亡は、アレクサンドロスがシリア、フェニキアを下し、エジプトを占領したあとの紀元前三三一年に再度ペルシャ軍をティグリス上流のガウガメラで殲滅したあとになるが、この紀元前三三三年の勝利こそヘレニズム時代の始まりと言えよう。

しかし長年ペルシャ帝国の下で不自由を感じなかったエルサレムは、西からの新しい覇者にとまどいを感じた。神殿管理の責任者である祭司長を中心にまとまっていたエルサレムは変化を嫌い、アレクサンドロスにしたがわないことを宣言した。幸いエルサレムの影響力が非常に限られていたこと、アレクサンドロスがエジプト征服を急いでいたことで、これが問題になることはなかった。時間が経つうちには新しい事態が頑迷な田舎者の頭にもしみこむようになる。アレクサンドロスの新版図を支える街道は古代から東側のペトラを通る王の道、西側のガザ、ヤッフォを通る海の道の二本であり、エルサレムは相変わらずその中間に取り残されたままだった。

ペルシャとの戦争に勝ったアレクサンドロスは、東西を結ぶ大帝国を建設した。しかし彼が紀元前三二三年にバビロンで急死すると、臣下の将軍たちの間で後継者争いが始まった。結局アレクサンドロスに肩を並べる者は現れず、生まれてまもない大帝国は六人の将軍たちによって分割された。それぞれの王たちは版図拡大をねらって戦争に明け暮れるようになる。メソポタミア、エジプト、ギリシャなどヘレニズム世界の主要部分をつなぐ橋の役割を果たしたカナンの地政学的重要性が注目されるようになった。そのためエルサレムはこの間に何度も占領され、そのたびに支配者を替えた。紀元前三〇一年にこの陸橋地帯を確保したのは、エジプトに本拠地を置くプトレマイオス朝である。それに対抗したのはシリアを中心とするセレウコス朝で、カナンの運命はこの二国の間で翻弄《ほんろう》されるようになった。

これまでに見てきたように、古代の王朝はその影響下にある国々を直接支配しようとしないことが多い。輸送力、通信速度などを考えると、支配しようとしても無理があったのかもしれない。プトレマイオス朝もまた戦略拠点である港、軍の駐屯地などを除くと、地域住民の自治に任せた。ダイナミックに動く壮大な国際戦略にかかわっている者にとって、エルサレムのように中心から外れた、たいして重要でもない町の行政がどうなろうとかまわなかったのだろう。要は反乱を起こしたり、敵方についたりしなければ、放置しておくべき存在だった。厳しい締め付けは世界情勢が落ち着いたあとでやってくることになる。

この時代は旧約聖書と新約聖書の間にあたり、ユダヤ人側の資料は多くない。幸い、フラヴィウス・ヨセフスが『古代誌』、『ユダヤ戦記』などの著作でこの隙間を埋めてくれる。ヨセフスに関しては後述するが、ユダヤ人の間では現在に至るまで毀誉褒貶《きよほうへん》相半ばする人物だ。

ギリシャ人たちはこれまで東方が知らなかった新しい考え方をもたらした。精神・肉体の両方が鍛えられるべきであるという、我々にとっては当たり前の人間観はこの時に初めてカナンに持ち込まれた。子弟の教育にあたるギムナシウム（体操をする〝ジム〟などの語源）では哲学、文学、数学などを学ぶと同時に投擲《とうてき》、走行などが課されていた。しばしば競技会も開かれた。当時競技会に参加するのは男だけだったが、着衣はまったくなしで行うのが普通である。これはユダヤ教徒だけでなく、東方の住民にとっては恐るべきことだった。また競技会はヘルメス、ヘラクレスなどギリシャの神々に捧げられたのだから、ユダヤ教徒にとっては瀆神《とくしん》行為にほかならない。

それでも冷戦時代のソ連や、反米に燃えるイスラム諸国の若者がジーンズ、ポップスのアメリカ文明にあこがれたように、エルサレムにもヘレニズムの浸透が始まった。その旗手となったのはプトレマイオス二世時代（前二八三－前二四六年）のヨセフだ。彼はエルサレムの祭司トビアス家の出身であるが、シリア一帯の徴税権をプトレマイオス朝から請け負った。当然のことながらこの一家の経済力は群を抜くようになり、その力の源泉がヘレニズムであることから、トビアス家がエルサレムのヘレニズム派の代表となったのは当然である。もう一つの名家オニアス家との争いは長く続くことになる。

しかし住民の大多数はユダヤ教にしがみついた。この動きの中心となるのは、当然のことながら、信仰の象徴的中心である神殿に仕える祭司階級のはずだった。しかし、宗教貴族として君臨していた祭司階級は政治とつながっており、トビアス家のヨセフのようにヘレニズムの旗手となる者さえいたし、好んでギリシャ名をつける者もあった。トビアス家の他にはオニアス家がその中心となるが、彼らはダビデ以来のツァドク系祭司の末裔と考えられていた。ユダヤ教に固執したのは、新約聖書ではイエスに対する敵役として出てくるファリサイ派とよばれるグループだった。第三のグループとしてエッセネ派が知られるが、彼らは世俗を離れて孤立した集団生活を行っており、一般に対する影響力は限られていたようだ。このあたりは一九七〇年代のイランとよく似ている。イランでは比較的富裕な層、都会の住民などが中心となって非宗教的国家造りが進むのと並行して、農村、都市の社会経済的下位層がイスラム回帰を始めた。前者の中心となったのがシャーであり、後者の核となったのが一九七九年に起きたイラン・イスラム革命の大立て者、ホメイニである。

アレクサンドロスはエジプトを占領した際、地中海岸に新しい町を建設した。この町は創設者にちなんでアレキサンドリアと名付けられた。このアレキサンドリアにはユダヤ人が多かった。しかも彼らはギリシャ人と同等の権利が認められた。ギリシャ人とユダヤ人は、アレクサンドロス帝国とその末裔の支配した東地中海世界でともに商業に従事した。同等の権利がなければ、早々に駆逐されてしまったろう。商売敵のギリシャ人とユダヤ人の関係はよく言っても緊張したもので、何度も衝突を起こしている。

アレクサンドロスのユダヤびいきと関係があるのか、プトレマイオス朝二代目のフィラデルフォスはユダヤ人の伝える聖書のギリシャ語への翻訳を思いついた。王がエルサレムの長老に、六人の翻訳者を送ってほしいと使者を出すと、エルサレムからは七二人が送られてきた。一二部族それぞれ六人ずつである。沖合一キロあまりのところにある島で翻訳作業が進められた。翻訳は七二日間で完了した。調べてみたところ、改変の必要がないほど立派なできだったという。全員が旧約聖書全体を訳して訳文が一致したのか、七二人が分担したのかはわからない。これが「七〇人訳」とよばれるギリシャ語訳の旧約聖書である。七二人が七〇人訳ではうまくあわないのだが、ヨセフスは「七〇人と二人の使者」としてつじつまを合わせている。ヨセフスの時代にはすでに「七〇人訳」との名称が一般的であったためにヨセフスは苦労して数合わせをしたのだろう。

対シリア戦争とローマによる占領

紀元前二世紀、シリアのセレウコス王朝とエジプトのプトレマイオス王朝がカナンの覇権を争った。この争いを誘発したのは当時のカナンのユダヤ人たちの中に生まれた伝統派と近代派の争いだった。政治的支配権をも兼ねた大祭司職をめぐってセレウコス王朝を頼ったトビアス家と、プトレマイオス王朝を頼ったオニアス家は、それぞれのスポンサーを巻き込んだ国際戦争に発展させてしまった。結局カナンを獲得するのはセレウコス王朝である。アンティオコス四世は勢いを駆ってエジプト侵攻にも成功するが、ローマの圧力を受けて撤退を余儀なくされた。その途中、紀元前一七〇年にエルサレムを占領して虐殺、略奪をほしいままにした。さらに二年後に再侵攻して神殿の備品を奪い、本格的なユダヤ人迫害を開始した。この間の事情はマカバイ記、ヨセフスの『古代誌』に詳しい。アンティオコスは紀元前一六七年にユダヤ教の安息日遵守、祭、犠牲、礼拝、割礼を禁止した。

セレウコス朝の迫害はユダヤ側、特に伝統派の反撃をよばずにはいなかった。反撃は紀元前一六七年に始まったが、その中心となったのはエルサレムの西三〇キロほどにあるモディインの祭司ハスモン家だった。当主のマタテアは五人の息子とともに義勇軍を集めてセレウコス軍相手にゲリラ戦を展開した。しかし開戦早々、マタテア軍はまさに存亡の危機に見舞われた。敬虔なユダヤ人が結集した軍が戦闘を拒否したのである。金曜の夕方から土曜の日没まで続く安息日には宗教的な行動以外の一切を禁止されている。金曜の夕食から土曜の昼食まではすべて金曜の日中に用意が終わっていなければならない。字を書くことも許されないし、仕事の話は厳禁だ。まして剣を取るとか、防壁を積み上げるようなことが許されるはずはない。マタテア軍に手を焼いたセレウコスの将兵は喜んだことだろう。これに困り切ったマタテアは「生命の危険は安息日の規定を排除する」との新しい解釈を律法に持ち込んでこの危機をしのいだ。

マタテアの死後、五人の息子たちが次々と跡を継いで対セレウコス戦争を闘った。中でも有名なのは三男のユダで、その激しさからマカビ（槌《つち》）の異名で知られている。現在イスラエルで一番売れているビールはマカビ、人気のあるサッカーやバスケットのチームにもマカビが多い。外国支配をはねのけた英雄としてのユダ・マカビは右派にとって象徴的存在となっている。セレウコス朝は数回にわたって大軍を送り込んで侵攻を図るが、失敗してしまった。マカビ軍は紀元前一六四年にエルサレムを奪還し、異教にけがされた神殿を聖化して再献納したのを記念して八日間の祭が行われた。

紀元前一四二年頃、セレウコス領土内でかなりの自治権を持ったハスモン王朝が成立した。ところがハスモン家に内紛が起こり、ローマの介入を招いた。ポンペイウス麾下《きか》のローマ軍が紀元前六三年にエルサレムを占領したのである。ローマはその占領地対策として、現地人を使って支配する方法を選んだ。特に有名なのは紀元前四〇年から四年まで王位にあったヘロデである。ヘロデはもともとユダヤ系ではなく、死海南方の出身でイスラエルの歴史のあちこちで影響を与えたエドム人のアンティパトロスが父で、母キュプロスはさらに東のナバテア人だった。映画『インディ・ジョーンズ　最後の聖戦』で有名になったヨルダンの旧跡ペトラはナバテアの都市だ。ヘロデがローマによって王に任命されたのは紀元前四〇年であった。

彼は変わり身がはやい。ポンペイウス→カエサル→ブルータス→アントニウスと、ローマの権力者が替わるたびに頼る相手を替えている。クレオパトラと組んだアントニウスが紀元前三一年のアクティウムの海戦で敗北すると、即座にオクタヴィアヌス(より知られているアウグストゥスは紀元前二七年に元老院から贈られた称号であり「荘厳な者」の意)への乗り換えに成功した。オクタヴィアヌスはヘロデの王権を認証した。しかしヘロデの王権はオクタヴィアヌスの一存ですぐにでも失われてしまう性質のものであり、それを補強する必要があった。そのためにヘロデが目をつけたのが、オクタヴィアヌスの右腕アグリッパだった。オクタヴィアヌスは政治の天才でありながら戦争が下手で、アグリッパはその弱点を補ったのである。彼を見出したのはオクタヴィアヌスの養父カエサルであり、紀元前一二年に死ぬまでオクタヴィアヌスを支え続けた。そのアグリッパが紀元前二三年にシリア総督に任じられたのはヘロデにとって幸運だった。ヘロデはエーゲ海に浮かぶレスボス島に滞在していたアグリッパを訪ねて親交を深めた。その結果もあり、アグリッパは紀元前一五年にヘロデ王国の首都エルサレムを訪れている。

ヘロデは自分の王権の基礎がローマにあることは承知していたが、自分の国民であるユダヤ人からも承認される必要があった。そこで国家的英雄ハスモン家のマリアンメと結婚した。彼は全部で五回結婚して、少なくとも一〇人の子をもうけているが、これは二回目の結婚である。しかし猜疑心《さいぎ》の強い彼の家庭生活は悲惨を極めた。妻の弟アリストブロス三世は、妻の母に頼まれてヘロデ自身が大祭司に任命したのだが、民衆に人気が高かった。そのためヘロデは、彼に王位を奪われるのではないかと怖れたらしく、殺害してしまった。ヘロデは、さらに妻の祖父で元大祭司のヒルカノス二世をも暗殺した。彼は妻をも殺し、姑《しゅうとめ》のアレクサンドラも彼の狂気から逃れられずに殺害された。さらにアレクサンドロス、アリストブロス、アンティパトロスと自分の息子三人をも殺してしまった。

こうした彼の性格が、イエスが生まれた時にベツレヘムで二歳以下の男の子全員を殺害した（マタイ二：一六）という陰惨な話を生んだのだろう。ヘロデは紀元前四年に死んでいる。したがって子供虐殺の話に多少の信憑性があれば、イエスの誕生が紀元一年であるという計算は、どこかで間違えた結果と言わざるを得ない。イエスは多分〝紀元前〟五年頃に生まれたのだろう。よく使う A.D. はラテン語の Anno Domini（主＝イエスの年）の略だから、二一世紀に入ったのは我々が知るより五年ほど前だったようだ。

ヘロデ王によるエルサレム建設

しかし、ヘロデが親族殺しとしてよりも知られているのは建築狂としてである。かつて北朝の首都だったサマリアを再建し、そこに彼が建てたアウグストゥス神殿の一部は現在も残っている。エルサレムの南方一〇キロくらいのところにあるベツレヘム郊外には要塞ヘロディオンを作った。山の上部を切って城壁と塔を配した要塞で、小規模ながら見事なものである。

発掘されたヘロデ王の墓。2007年５月撮影（AFP＝時事）

二〇〇七年にこのヘロディオンの中腹でヘロデの墓が発見された。それまでは、エルサレムの古いホテル、キング・デーヴィッドの近くにある墓がヘロデ家のものであるとの伝承があった。エルサレムから東に死海に向かって下るとエリコがあるが、そのそばにも要塞を作っている。死海西岸にあるマサダはヘロディオンやエリコとは比較にならないほど規模の大きな要塞だ。極端に猜疑心が強いヘロデは国のあちこちに要塞を作り、不測の事態に備えたのである。このマサダはヘロデの死後七〇年近くあとで重要な役割を果たすことになる。地中海岸にも人工の港を備えた大きなローマ風の町を建てて、カエサル・アウグストゥスにちなんでカイサリアと名付けた。これはヘロデの死後、イスラエルが独立性を多少失ってローマの支配をより直接に受けるようになった時に首都の役割を果たす。

しかし、彼の建築熱の恩恵をもっとも大きく受けたのはエルサレムである。エルサレムはヘロデの治世下に大変貌を遂げた。その大きさは空前となる。神殿に接してすぐ北にはアントニウスにちなんだアントニア要塞が作られ、ヘロデ自身の宮殿は町の西側に建てられた。宮殿のそばの門は強化され、三本の塔が建てられたが、そのうちの一本にはやがて殺害する彼の妻マリアンメの名がつけられた。現在のヤッフォ門だ。

特に立派なのが神殿である。それまでは城内東端の小高い丘の上にあった比較的小規模な神殿であったのだが、ヘロデはその丘全体を覆う台地を作り、その上面全体を神殿コンプレックスにした。丘の上にすっぽり箱をかぶせたようなものである。上の面は平坦《へいたん》なので、当然のことながら丘の頂上以外は宙に浮いてしまう。それを支えるために複雑な無数のアーチを作り上げた。当時としては最高の建築技術を駆使したのだろう。

その〝箱〟の外側で西に向いている面がユダヤ人にとって最高の聖地、嘆きの壁（ヘブライ語では〝西の壁〟）である。この面は二〇メートル以上の高さがある。これだけの高さの壁のそばに立つと、錯覚ではあるが上からのしかかられるように感じる。そこで、巨大な岩を上にいくにしたがって少しずつ内側にずらしてある。しかもその壁の内側はアーチに支えられた空洞だ。二〇〇〇年前にそれを見た人々は驚嘆したことだろう。

工事は紀元前二〇年頃に開始されたが、完成したのはヘロデの死よりはるかあとの紀元後六四年だから、イエスの時代にはまだ建築中だったことになる。だからイエスが「この神殿を壊せ。わたしは三日で建てる」と言った時、ユダヤ人たちが「この神殿は四六年かかって建てられた。それをあなたは三日で建てるのか」と怒った(ヨハネ二：一九、二〇)のは当たり前であろう。この時のイエスは三〇歳くらいと思われるから、たしかに工事開始から四六、七年後のことになる。この逸話は、状況こそちがうものの、マタイ(二六：六一、二七：四〇)、マルコ(一四：五八、一五：二九)にも繰り返されているから、よほど印象的だったのだろう。この逸話は、イエスが十字架上で殺された三日後によみがえるのを預言したものだと解釈されているが、イエスの死から三十数年後に起きたローマ軍による神殿破壊を前提としている。福音書がこの戦争よりあとに書かれたと推測される根拠の一つだ。

ホーリーランド・ホテルに作られたエルサレムのスケール・モデル

神殿から五キロほど西南西に行くと、高台の上にホーリーランド・ホテルがある。ホテルとしての立地が悪いのをなんとか克服しようと、テルアビブ大学考古学科と協力して対ローマ戦争（六六—七〇年）直前のエルサレムを五〇分の一のスケールで再現した。筆者が滞在中のエルサレム旧市は発掘が盛んに行われた時期で、毎月のように新しい発見がマスコミを騒がせた。するとこの模型にも発掘の成果を反映して手が加えられた。写真はその模型の神殿の丘の南面を西から見たところだが、正面に見える大きな階段、西面に見えるアーチに支えられた回廊などは筆者が一九七〇年に最初に見た頃にはなかったものだ。もちろん神殿の模型もあるが、これは周辺地域の神殿を参考にしているとはいえ、まったくの想像で造られている。

そもそも占領地での発掘は国際法で禁止されているはずだ。イスラエルはそれを知りつつ発掘を強行した。併合してしまったから、というのがその理由だったが、それを受け入れる者はイスラエル以外にほとんどいない。しかしイスラム第三の聖地である、アルアクサ・モスクのある人工台地の発掘は行われなかった。

イエスの誕生

ヘロデの支配は二つの方針からなっていたようだ。一つはイスラエルのローマ化だ。アレクサンドロス大王の征服で東と西の文化が融合したヘレニズムが生まれ、それがローマ帝国にも影響を与えた。そのためエルサレムにも陸上競技場、馬術演技場などが建てられた。前述のように、当時の陸上競技は男子だけが参加して、丸裸で行われたのだが、割礼が行われた男子の性器は一目でそれとわかる。その割礼を隠す手術があったという。性器まで露出しての競技が敬虔なユダヤ教徒の憤激を買ったのは当然のことだろう。しかし権力の基盤をローマに置き、子供たちをローマに留学させたヘロデとしては譲れないところだった。とはいえユダヤ教に対する配慮も忘れず、彼の建築には人物・動物など旧約聖書で禁じられた〝偶像〟を装飾に使うことはなかった。

もう一つの方針は権力の維持である。しかも自分の子孫が王朝を形成するというよりは、自分自身が王であることに執着した。それが嵩《こう》じて妻子殺しにまで至ったのであろう。後述するが、新約聖書でマタイが伝えるイエス降誕物語はこのあたりをうまく利用している（マタイ二：一－一八）。イエス（ユダヤ人の王）の誕生を占星術で知った東方の学者が、生まれる将来の王の父は王族だろうと、エルサレムでヘロデに正確な誕生の地を尋ねたのだが、それが警鐘を鳴らしたというものである。自分に替わる王が誕生するのはまずいではないか。そこでユダヤ教法学者、祭司長などにメシア（神に油を注がれたもの＝王）がどこで生まれると預言されているかを調べさせると、ダビデ王の故郷ベツレヘムであることがわかった。それだけでは正確にどの子かわからない。そこで学者たちに「行って、その子のことを詳しく調べ、見つかったら知らせてくれ。わたしも行って拝もう」と情報を求めた。学者はイエスに会ったあと、天使の警告にしたがってヘロデに知られないようにエルサレムを迂回《うかい》して帰国した。天使はイエスの父ヨセフにも現れ、「起きろ。子とその母を連れてエジプトに逃げろ。わたしがお前に言うまで、そこにいろ。ヘロデがこの子を殺すために探そうとしている」と警告した。親子は難を逃れたものの、東方の学者たちにだまされたのを知ったヘロデはベツレヘム一帯の二歳以下の子供を全員殺害した。

イエスに関する文献はほぼ新約聖書に限られる。そのためもあって、イエスが実在したかどうかを疑う説はあとを絶たない。新約聖書以外でイエスに言及しているのはフラヴィウス・ヨセフスの『古代誌』の次に引用する二ヵ所だけだ。

①「さてこの頃、イエススという賢人——実際に、彼を人とよぶことが許されるならば——が現れた。彼は奇跡を行う者であり、また、喜んで真理を受け入れる人たちの教師でもあった。そして、多くのユダヤ人と少なからざるギリシャ人（異教徒）とを帰依させた。彼こそはクリストス（キリスト）だったのである。

ピラトスは、彼がわれわれの指導者たちによって告発されると、十字架刑の判決を下したが、最初に彼を愛するようになった者たちは、彼を見捨てようとはしなかった。すると彼は三日目に復活して、彼らの中にその姿を見せた。すでに神の預言者たちは、これらのことや、さらに、彼に関するその他無数の驚嘆すべき事柄を語っていたが、それが実現したのである。なお、彼の名にちなんでクリスティアノイ（キリスト教徒）とよばれる族《うから》は、その後現在にいたるまで、連綿として残っている」（『ユダヤ古代誌』ヨセフス著　一八巻三五‐三六　秦剛平訳）

②「彼（新任の大祭司アナノス）はフェストス（ユダヤ総督）が死に後任のアルビノスがまだ赴任の途中にあるこの時こそ絶好の機会と考えた。そこで彼はシュネドリオン（サンヘドリン）の裁判官たちを招集した。そして彼はクリストス（キリスト）とよばれたイエスス（イエス）の兄弟ヤコボス（ヤコブ）とその他の人々をそこに引き出し、彼らを律法を犯したかどで訴え、石打ちの刑にされるべきであるとして引き渡した」（『ユダヤ古代誌』ヨセフス著　二〇巻二〇〇　秦剛平訳）

これらがオリジナルであるか、キリスト教時代になってから挿入されたものであるか、に関してはいろいろな議論がある。

新約聖書のクリスマス

ところで、新約聖書ではイエス降誕をどのように伝えているのか。キリスト教とはあまり

	マタイ	ルカ
ヨセフとマリアの実家	ベツレヘムないしその近郊	ナザレ
天使による妊娠のお告げ	ヨセフに対して	マリアに対して
ヘロデ王の登場	○	×
誕生時の両親の関係	夫婦	いいなずけ
生誕地　ベツレヘム	○	○
馬小屋で誕生	×	○
目撃者	東方の三人の博士	羊飼い
イエスがエジプトに避難	○帰国後ナザレに居住	×

縁のない日本でもクリスマスを知らない人はいない。処女懐胎、ベツレヘム、馬小屋などのキーワードは一般的常識と言っていい。誰もが知っているクリスマス物語の最大公約数は次のようなものだろう。

北部ガリラヤの町ナザレに住んでいたヨセフはマリアと結婚することになっていたが、そのマリアが神の使いの知らせで処女のまま妊娠し、神の子を生むことを知る。当時、ローマ皇帝の命令で人口調査が行われた。ヨセフは妊娠したフィアンセのマリアとともに現住所のナザレから本籍地のベツレヘムに旅するが、宿屋がいっぱいで馬小屋に泊まった。その馬小屋でイエスが生まれ、飼い葉桶《おけ》に寝かされた。星の知らせで東方から来た賢人と近くで放牧していた羊飼いが来てイエスの誕生を祝福する。

ところが〝実態〟は少しちがうようだ。新約聖書にはマタイ、マルコ、ルカ、ヨハネと四つの福音書があり、それぞれにイエスの生涯を伝えているのだが、クリスマス＝イエスの誕生物語を伝えているのはマタイとルカだけで、もっとも古い福音書と見られるマルコと少し成立過程が異なるヨハネはまったく無視している。しかもマタイ、ルカの伝える二つのクリスマス物語は、同じ起源が疑われるほどに異なる。

フラ・アンジェリコの『受胎告知』（フィレンツェ、サン・マルコ美術館）

こう見ると、我々の常識になっているクリスマス物語は、二つの福音書が伝える二つの話がミックスした結果であることがよくわかる。以下にそのちがいを見てみよう。

フラ・アンジェリコが描いた受胎告知を見てほしい。この題材はダ・ビンチ、グレコなど、これという画家はたいていが同じ趣向で描いており、ヨーロッパの美術館にはどこにも一枚や二枚の〝受胎告知〟が所蔵されている。一方、天使はマリアではなくヨセフに現れたというマタイの話は画家たちにほとんど無視されてしまった。イエスの両親は〝若いマリアとかなり年上のヨセフ〟で定着していたようで、オジサンが受胎告知を受けるというマタイ・ヴァージョンは人気がなかったようだ。

結局マタイ、ルカと二つのヴァージョンが一致しているのはイエスの生誕地がベツレヘムであるということだけだ。しかもルカはヨセフとマリアが結婚前にナザレに住んでいたと設定してしまったために、ダビデの町、ベツレヘムで生ませるためにかなり苦労している。そのため二章に「その頃、カエサル・アウグストゥスから全地（の住人）に登録しろとの勅令が出た。……ヨセフもガリラヤの町ナザレから、ユダへ、ベツレヘムと呼ばれるダビデの町に上った。ダビデの家系と一緒だったからである」と皇帝が命じた人口調査の話を入れた。要するにイエスという救世主は理想の王ダビデの子孫としてベツレヘムで生まれなければならなかったからだ。しかし人口調査で全員がその本籍地に移動しなければならないとしたらローマ帝国全体は大混乱に陥ったにちがいない。プラグマティストのローマ人がそんなことをするわけがない。

ルカはシリア総督キリニウスの時代の人口調査をあげている（ルカ二：二）。この人口調査は、後述するようにユダ、サマリアがローマの直轄領になった際に行政、特に税金の基本資料を作るために実施されたのだろう。これは紀元六年と考えられるから、これにイエスの生年をあわせると現在の通説から一〇年以上後ろにずれることになる。

さらに新約聖書の揚げ足をとる。イエスが処女懐胎の結果であるとすれば、ヨセフとの間に血のつながりはなく、ヨセフがダビデの子孫であってもあまり意味がないではないか。新約聖書はマリアの血筋については、洗礼者ヨハネの母親エリザベトと縁戚関係にあった（ルカ一：三六）こと以外は語っていない。この話はルカにはあるが、マタイは沈黙している。

新約聖書は二つのヴァージョンでイエスの系図を伝えている（マタイ一：一‐一七、ルカ三：二三‐三七）。マタイ・ヴァージョンはアブラハムが出発点で、ルカの方は神にまでさかのぼる。二つを比較してみると、アブラハムからダビデまではかなりよくあっているのだが、ダビデ以降は共通点が少ない。しかし両方とも終点はイエスの〝父親〟ヨセフだ。これにはどんな意図があったのだろうか。

エルサレム包囲とマサダの戦い

ヘロデはイエス誕生直後の紀元前四年、七〇歳くらいで死亡した（マタイ二：一九）。彼の死後、〝王国〟は三人の息子たち（サマリア人との四回目の結婚で生まれたアルケラオスとヘロデ・アンティパス、最後の結婚で生まれたフィリポス）に分割された。エルサレムを含むユダとサマリアはアルケラオスが継承した。ヘロデの思惑では、アルケラオスが王として全体を統括し、他の二人が一段下の太守になるはずだったが、アウグストゥスはアルケラオスにユダとサマリアの支配を認めたものの、王の称号と全体統括権は許さなかった。

しかし、ユダとサマリアの住民にとってアルケラオスは王に他ならない（マタイ二：二二）。この〝王〟が父の圧政を引き継ぎ、国民に恨まれた。彼の領地にいたユダヤ人とサマリア人は普段の仲の悪さを忘れ、共同代表団をローマのアウグストゥスに送って窮状を直訴した。父のヘロデには甘かったアウグストゥスもその息子には厳しかった。この件が原因でアルケラオスは罷免され、その領土はローマの直轄領となる。その頃イエスは一、二歳くらいだったろう。福音書が唯一伝えているイエスの幼児期の話（ルカ二：四一－五二）の頃だったのかもしれない。

直轄領となれば、総督が本国から送られるようになる。ローマが総督府をヘロデ大王が建てた地中海岸のカイサリアに定めたために、エルサレムは宗教的にはともかく、政治的首都としての機能を再び失った。総督はカイサリアから年に数回エルサレムに出張したらしい。いずれもユダヤ教の大祭にあたっているのは、祭の時期にユダヤ人の民族主義が激しくなってローマ支配に対する反乱を起こすのを怖れたためなのだろう。一番有名なのは五代目総督のポンテオ・ピラトが行ったエルサレム出張である。キリスト教の伝承によれば、この時ピラトはイエスに死刑宣告を行い、十字架刑を執行した。

そうした気遣いにもかかわらず六六年に大規模な反乱が起こった。ユダは、普段はカエサリアの総督が担当しているのだが、本来はシリア総督の管轄下にある。そこでシリア総督のケスティウスは手元の第一二軍団を基幹とする軍を率いて反乱の中心エルサレムに兵を進めた。しかし鎮圧に失敗し、歩兵五三〇〇、騎兵四八〇を失う大敗を喫した。その知らせを受けた皇帝ネロはフラヴィウス・ヴェスパシアヌスを総司令官とする第五、第一〇、第一五軍からなる三個軍団を派遣した。それを基幹とするローマ軍は約六万人の大軍だった。この戦争は前述のフラヴィウス・ヨセフスが『ユダヤ戦記』に詳しく記している。ユダヤ人のヨセフス（ユダヤ名は「マタテアの子ヨセフ」）は、ローマから帰国したばかりだったが、北部の司令官としてヨタパタに赴任した。激戦の末ローマ軍の捕虜になり、ユダヤ反乱鎮圧のために送り込まれた将軍フラヴィウス・ヴェスパシアヌスの庇護を受けて名前をもらい、ティトゥス・フラヴィウス・ヨセフスとして知られるようになった。ヴェスパシアヌスはユダヤ戦争末期の六九年に皇帝になったため、戦後のヨセフスはローマに住み、著作に明け暮れた。主な著作には『ユダヤ戦記』、『ユダヤ古代誌』、『アピオーンへの反論』などがある。

『ユダヤ戦記』に彼自ら書き記しているように、北部のヨタパタ攻防戦では有能な指揮官として四七日間の籠城《ろうじょう》戦に善戦したものの、無駄に死ぬことをいやがる合理主義者である点で同時代のユダヤ人とは少し変わっていた。陥落後に町の有力者四〇人とともに隠れた穴がローマ軍に発見された時、投降を決意する。しかし他の者に押し切られ、くじを引いて仲間を殺す順番を決めたところ、彼は（故意か、偶然か）最後の二人に入った。ヨセフスはもう一人を説得して投降した。そのため、ユダヤ人の間では現在に至るまで、ヨセフスは裏切り者なのか、民族史を伝えた英雄なのかの議論が続いている。

年齢の近い、ヴェスパシアヌスの息子ティトゥスがヨセフスと気があったこともあり、捕虜というよりは〝客人〟として厚遇された。弁舌にすぐれていたため、エルサレム攻防戦ではユダヤ人の説得役として重用された。彼が投降直後にヴェスパシアヌスに引見された時、「あなたと息子がローマ皇帝になる」と予言し、それが実現したことも彼のその後の人生に大きく影響したのであろう。エルサレム侵攻直前、皇帝ネロが自殺して（ヨセフスは、殺害された、と記している）ローマは事実上の内戦状態に陥った。短期間にガルバ、オトー、ヴィテリウスと有力将軍たちのお手盛り皇帝が短期間に次々と出現したが、ヴェスパシアヌスも麾下の将兵に押される形で皇帝即位を宣言した。彼と同盟軍がヴィテリウスを破り、ヴェスパシアヌスは正式に皇帝となる。皇帝になったヴェスパシアヌスは自分の家門名フラヴィウスをヨセフスに与えた。その後、皇太子ティトゥスの指揮の下で行われたエルサレム攻防戦でヨセフスに活躍の舞台が与えられたのはそのせいだろう。

ヴェスパシアヌス軍がエルサレムに迫った頃にネロが死に、その後四人の皇帝が短期間に次々と立ったのは前述の通りであるが、それがローマ軍の攻撃を停滞させ、ユダヤ側に約一年半の余裕を与えた。

ヴェスパシアヌスが皇帝となったために、指揮権は息子のティトゥスに移された。彼にはこれまでの三個軍団に加えて、先の敗戦の傷をいやした第一二軍団が与えられ、総勢四個軍団となった。こうして七〇年春にエルサレム攻撃が再開された。一方、守備側のエルサレムは惨憺《さんたん》たる状況だった。三派に分かれて、内部抗争に明け暮れていたのである。数十年前に建築狂ヘロデが心血を注いだエルサレムは壮麗なだけでなく、防御に強い町だった。ティトゥスは四個軍団と補助軍、同盟国からの援軍、傭兵《ようへい》を擁し、質量ともに堂々たる陣容だったが、ヨセフスによるとそのローマ軍が分裂したユダヤ人たちによって何度も窮地に立たされている。もしユダヤ側が統一指揮権のもとに戦ったら、勝敗の行方はわからなかったかもしれない。しかもユダヤの反乱が長引くうちに帝国内のあちこちでも反乱が起きたから、交渉次第では広範な自治権獲得も夢ではなかった。

しかし現実には内紛が収まらず、来たるべき籠城戦ではもっとも重要な食糧を自派のものではないという理由だけで次々と焼き払った。いざローマ軍がエルサレムを包囲すると、飢餓がユダヤ人を苦しめた。エルサレムが完全に包囲される直前、多くのユダヤ人が除酵祭《じょこうさい》（エジプト脱出を記念して春に行われる過《す》ぎ越《こ》しの祭）を祝うためにエルサレムに巡礼に来たまま帰れなくなったのも大きい。ヨセフスはこの戦争で一一〇万人が死んだと書いているが、これはいくらなんでも多すぎる。約六ヵ月にわたる包囲戦は悲惨な状況をもたらした。中で

71年にヴェスパシアヌスが発行した貨幣。表面にヴェスパシアヌスの肖像、裏面にIVDEA CAPTA（占領されたユダヤ）の文字がある

も一番すさまじいのはマリアという若い母親の話だろう。飢えに耐えられないでまだ赤ん坊の息子を殺し、ローストにして半分食べた。肉の焼けるにおいに気がついたパトロールが、どこから食糧を得たのかと詰問すると、母親は残り半分を差し出したという。

ティトゥスは、ヘロデが建造した壮麗な神殿を残そうとしたが、混乱した戦闘のうちに焼失してしまった。エルサレムが陥落したのはユダヤ暦でアブの月九日だった。奇《く》しくもこれは、ソロモンが建設した第一神殿が新バビロニア帝国軍に破壊されたのと同じ日であった。それ以来、ユダヤ人はこの日に断食する。フラヴィウス朝が発足してまもないこの慶事は親子の凱旋行進で祝われた。この戦勝を記念してティトゥスの凱旋門が作られた。この凱旋門はフォロ・ロマーノで現在でも見ることができる。

ティトゥスとともに戦争に参加した四個軍団のうち三個は引き上げたが、第一〇軍団にはまだ仕事が残っていた。女子供を含む一〇〇〇〇人足らずのユダヤ人がエルサレムから南南東六〇キロほどにあるマサダに立て籠もったのである。これは死海の西岸にヘロデが建てた要塞である。自国民の反乱を怖れ、エジプトのクレオパトラ七世を怖れたヘロデはあちこちに要塞を残しているが、マサダはその最大のものだ。南北六〇〇メートル、東西三〇〇メートルの平らになった山頂すべてを要塞化し、兵器、食糧を大量に運び込んであった。数十年前のその食糧は、極度の乾燥のために、まだ食べられる状態だったという。しかも年に一度か二度だけ激しく降る雨を効果的に集める手段を講じてあったので、水はプールを作るほど潤沢にあった。ヘロデはこの要塞を必要とする事態には追い込まれなかった。戦争前ローマ軍は人里離れたこの要塞を重視せず、ごく少数の守備隊しかおいていなかった。そのために、戦争の初期にユダヤ人が急襲して奪ってしまった。

　エルサレムが陥落した時、第一〇軍団はルキウス・フラヴィウス・シルバ将軍に率いられてマサダの攻略に向かった。マサダには東西の急斜面に一本ずつの細い道があるだけで、それ以外に上る道はない。東の道は〝蛇の道〟とよばれ、急峻《きゅうしゅん》で高度差も四〇〇メートルくらいある。無事に頂上まで登っても、そこには城門が待ち構えている。道が細いために大勢が攻撃をかけるわけにはいかないから、少人数が城門を固めていれば万全だ。西の斜面の方が登りやすいし高度差も小さいが、途中には塔があり、それを越えられない。これで食糧も水も潤沢なのだから、文字通り難攻不落である。

ローマ軍はマサダの周囲に壁を築いて数ヵ所に兵営を造り、約二万人の兵力で蟻《あり》一匹這《は》い出る隙もなくしてしまった。この兵営や壁の跡は現在でも見ることができる。ほとんど人の近寄らない地域なので、二〇〇〇年前の石積みがほぼそのまま残っている。まわりを囲んでしまえば、立て籠もったユダヤ人は逃げられない。しかし、積極的に攻める方法もない。食糧にも水にも困らないのでは、包囲するだけでは問題は解決しない。

そこで高度差の小さい西側に坂道を築くことにした。とは言っても高度差は約一〇〇メートルあり、間にある谷を越えなければならない。ただし労働力はいくらでもある。戦争で得たユダヤ人奴隷なら余っていたからである。問題は食糧と水である。どちらも南西二〇キロほど離れたところから運んでこなければならない。組織力に優れ、兵站《へいたん》と土木工事を軍事そのものと考えたローマ軍でなければ、手も足も出なかったろう。やっと完成した坂道の上に攻城器を据えて城壁を破壊した翌朝、ローマ軍将兵が城内に入ると、向かってくる敵はいなかった。前の晩にほぼ全員が自殺していたのである。残ったのは女二人と数人の子供だけだったという。エルサレム陥落から三年後の七三年だった。

一九六〇年代、マサダの発掘が行われた。一九四八年に独立してから一五年、一九五六年に英仏とともにエジプトと戦争して七年、イスラエル人が国家に自信を持ち始めた時期である。マサダの物語はヨセフスの『ユダヤ戦記』を通じて誰でも知っていた。国中からボランティアが集まり、軍が補給を引き受けた。『ユダヤ戦記』には、最後の晩に男たちは家族を殺し、その男たちがくじを引いて一〇人を選び、彼らが残りの男たちを殺したと書いてある。そのくじが発見された。陶片に名前を書いて兜《かぶと》に入れ、それを振って出したものらしい。北の宮殿を発掘してみると、男女と子供の骨が出てきた。男は高級将校だったようで、銀でできた鎧《よろい》を着ており、その妻と見られる女性は豊かな髪を三つ編みにしていた。残っていた彼女のサンダルは左右で減り方がちがっており、足が不自由だったと思われる。五〜六歳と思われる男の子は男女の間に横たわっていた。こうしたニュースが毎週のように新聞やラジオで伝えられ、国民は固唾を飲んで悲劇と英雄の過去を生きた。

発掘当初、多数の死体が出てくるものと思われていた。ところが前述の三体以外にはなかった。征服後にローマ軍が遺体を山から投げ落とし、それがまれな雨の起こす鉄砲水によって死海へ流されたのかもしれない。

5　七〇年から六一四年まで——ローマ、ビザンチン時代

ユピテル神殿建設から再び反乱へ

エルサレムが陥落した上、ユダヤ人の居住が禁止された結果、ユダヤ教の中心はエルサレムの西北西五〇キロのヤブネに移った。旧約聖書正典の最終的選択が行われ、聖書後の重要な著作ミシュナやエルサレム・タルムードなどが編纂されたのはこのヤブネである。エルサレムは七〇年の敗戦以来、城壁も神殿も破壊されたままに放置されていた。住民の数も著しく少なくなっていた。転機を迎えたのは一三〇年の皇帝ハドリアヌス（在位一一七—一三八年）の訪問である。エジプトへ行く途中によった皇帝はエルサレムの再建を宣言する。当初、ユダヤ人はハドリアヌス帝によるエルサレム再建を歓迎した。しかし、町は皇帝の氏族名アエリウスにちなんだアエリア・カピトリーナと改称され、第一〇軍団が駐屯するローマ神の

町として復活するという話に愕然とした。六〇年前に焼け落ちた神殿の跡にはローマの主神ユピテルの神殿が建設され、他の神々の神殿も凱旋門も造られ、ローマ風の町として復活することになった。これはユダヤ人を怒らせ、一三二年から五年間にわたって大規模な反乱を引き起こした。

しかしこれは怒るユダヤ人が悪いのかもしれない。ハドリアヌス帝は、最初期から先代のトライアヌス帝（在位九八－一一七年）まで続いたローマ帝国の拡大路線を変更し、問題の多い地区から撤退する代わりに、残る帝国の絶対防衛が可能となるような方策を取ったからである。ブリタニア北部では海から海まで全長一一七キロメートルにも及ぶ〝ハドリアヌスの長城〟とよばれる防壁を作り上げてその北を放棄したが、この長城は現在でも見ることができる。東ではアルメニア（現在のイラン北西部）、メソポタミア（イラクのほとんどすべて）から撤退して東の大国パルティアとの緩衝地帯を作った。そのためにエルサレムは最前線でないまでも戦略的拠点として生まれ変わり、第一〇軍団の駐屯地になったのである。この軍団は第一次反乱時に、のちに皇帝になったヴェスパシアヌスに率いられて中心的な役割を果たしたし、エルサレム陥落後にマサダを征服した歴戦の部隊である。ハドリアヌス帝は、一一四年にトライアヌス帝自身が率いた対パルティア戦争に従軍し、皇帝が帰国途上で死亡した一一七年にはシリア総督、対パルティア軍司令官に任じていたから東方の事情には詳しかったのだろう。

このパルティアは長い期間にわたってローマと絡み合っている。ローマとパルティアが直接対峙《たいじ》するようになったのはポンペイウスがセレウコス朝を滅ぼした（紀元前六三年）ためであり、カエサルはパルティア戦争の準備中にブルータスらによって暗殺された（紀元前四四年）。アントニウスはパルティアに遠征した（紀元前三六年）が、撃退された。ネロ帝はパルティアとの和議を結んだ（六三年）。この小康状態が破れて、再度対決したのはトライアヌス帝の時代であり、ローマは一一七年に両勢力の中間にあるアルメニアとメソポタミアを属州にした。先帝が苦労して手に入れた二つの属州を放棄したのだから、ハドリアヌス帝の新国境堅持の決意は固かったのだろう。したがってハドリアヌスにとってのエルサレムはなによりもまずパルティアと対峙するローマ軍を後方で支える拠点であり、ユダヤ人に遠慮した町造りになるはずはなかった。

しかしこの、ローマ帝国としては妥当至極な方針は高いものについた。ヤブネのユダヤ教指導者の中心的な人物ラビ・アキバが精神的支柱となり、彼がメシア（救世主）と認定したバル・コクバ（アラム語で〝星の息子〟）が軍事司令官となって大規模な対ローマ戦争を引き起こしてしまったからである。本名はシモン・ベン・コシバ（ヘブライ語で〝コシバの息子シモン〟）であったが、「星がヤコブから歩み出し／杖《つえ》がイスラエルから立ち上がった／モアブのこめかみと／シェトの子ら全員の頭を粉砕する」（民数記二四：一七）にちなんでバル・コクバとよばれるようになった。しかしこの反乱は惨憺たる敗戦を招いたため、のちの人々は彼をバル・コジバ（嘘《うそ》の息子）とあだ名した。

一三一年に始まったアエリア・カピトリーナ建設工事にあたって、カエサルのガリア戦争時に結成された栄誉ある第四軍団も増派された。ユダヤ人の不穏な雰囲気を察知してのことである。しかし、ユピテル神殿建設のために、七〇年に破壊されたままになっていたユダヤ教の神殿の基礎を掘り返した〝暴挙〟はユダヤ人を憤激させた。六〇年前の対ローマ戦争時には仲間割れが敗戦につながったという失敗に学び、誰もが尊敬するラビ・アキバの選んだバル・コクバ一人に指揮権を集中させた戦略は成功した。ハスモン王朝ゆかりの地、モディインで旗揚げした対ローマ戦争は大成功を収めた。瞬く間にエルサレムを占領したバル・コクバ軍はイスラエルの復活を宣言し、独立の証《あかし》としての貨幣鋳造を開始した。貨幣の表面には七〇年前にローマ軍に破壊された神殿が刻まれ、裏面には「エルサレムの自由」と書かれている。仮神殿の前で神に捧げる犠牲も七〇年ぶりに復活した。

ハドリアヌス帝はこの反乱を重視し、鎮圧のために六個軍団を集めた。反撃はローマの全力をあげたものとなり、遠いものははるかブリタニアから呼び出された。七〇年前の反乱時には四個軍団だったから、はるかに強大な軍勢である。ハドリアヌス帝としては、変更したばかりのローマ帝国の大方針に対して東方の小民族に横槍を入れられた気分だったのだろう。新しく定めた国境内での反乱はパルティアにつけ込まれる可能性もあった。アルメニアとメソポタミアから撤退したローマ帝国の新しい国境は縦深性を失っており、万一ユダヤとパルティアが結んだ場合、地中海までを占領され、大事な北アフリカとヨーロッパが分断されてしまう怖れがある。この反乱はなんとしても鎮圧する必要があった。ドナウ河やブリタニアからすら軍団を集め、万全の兵站を重んじるローマ軍の反撃のペースは遅かったが、攻撃が始まると仮借ないものだった。エルサレムをおとされたバル・コクバ軍は南西一五キロのベータルに逃れて最後の抵抗を試みたが、瞬く間に破られた。のちにアラブ人がこのベータルに〝ユダヤ人の廃墟《はいきょ》〟とあだ名をつけたほどに惨憺たる敗戦であったようだ。エルサレム・タルムードには、殺されたユダヤ人の血が軍馬の鼻までの深さになった、とある。いくら何でも誇張ではあるが、敗戦のすさまじさを伝えている。ギリシャ語で八〇巻からなるローマ史を書いたカシウス・ディオもこの戦争に言及しているが、それによると五八万人のユダヤ人がこの戦争で殺された。ローマ軍の損害もまた大きかった。結局この反乱は三年で鎮圧されてしまった。

バル・コクバ反乱がもたらしたもの

一九六〇年、イスラエルの有名な考古学者のイーガル・ヤディンは死海西岸の洞窟《どうくつ》でパピルスにアラム語やギリシャ語で書かれた手紙を発見した。この洞窟は、雨季にだけ水が流れるワディ、ナハル・ヘヴェルの崖《がけ》にあり、現在では「手紙の洞窟」とよばれている。これらの手紙は反乱の司令官シモン・バル・コシバ（彼自身は〝バル・コクバ〟の名を用いていない）から死海西岸のエイン・ゲディ周辺の同志たちに宛てられたものである。以下はそのうちの一通の訳の一部である。

「シモンからキリヤト・アラバヤのメナシェの子ユダに。私は君に二頭のロバを送った。君はそのロバと一緒に二人をヨナタン、ベアヤンの息子、マサバラに送らねばならない。彼らはルラブ（シュロ）の枝とエトログ（シトロン）をまとめてあなたのキャンプに送る。さらに君の所から他の者たちを、ハダス（ギンバイカ）とアラヴァ（ヤナギ）を持ってくるために送り出しなさい。……」

ここでシモン・バル・コクバが求めているルラブ、エトログ、ハダス、アラヴァは、出エジプトを祝って毎年一〇月頃に一週間にわたって祝われる仮庵《かりいお》の祭に必要なものだ。したがってこの手紙が反乱のあった一三二年から一三五年のうちどの年に書かれたのかはわからないが、書かれた季節が秋なのは明らかだ。わざわざ二頭のロバを送ったのは大勢の兵隊のためにかなりの量が必要であったためだろう。この手紙はバル・コクバの反乱が宗教的熱心さに根ざしていたのを示している。

洞窟は五〇〇メートル近くも切れたワディのかなり上の部分に自然にできたものだ。下から洞窟に到達するのはまったく不可能であり、崖の上からはごく細い道だけが通じていたらしい。発掘時には縄梯子《なわばしご》で上から降りたという。守るには絶好のロケーションだ。おそらく反乱の中心から遠く離れた死海岸の少人数の部隊の一部が、エルサレムをおとしたローマ軍が迫るのを見てこの洞窟に逃げ込んだのだろう。しかし怒りに燃えるローマ軍はこの洞窟さえ見つけてしまった。だが攻撃することはできない。防御には最適だが、水を得る方法はない。ローマ兵は洞窟の真上の崖に居座り、飲む水がなくなって降伏するか、死ぬのを待っていたにちがいない。このローマ兵たちの小さなキャンプ跡がこの洞窟発見のきっかけになった。この洞窟では銅の水差し、家の鍵、化粧道具などが発見された。ローマ兵たちはユダヤ人たちの死後に洞窟に降りる手間さえかけなかったようだ。水差しはギリシャ製だったらしく、人の顔や動物の装飾がついていたのだが、そのすべてが潰《つぶ》されている。「あなたはいかなる像も造ってはならない」というモーセの十戒を守ったものと考えられる。バル・コクバの反乱の基礎に宗教的熱心さがあったことを示すもう一つの証拠である。

バル・コクバの反乱は、ハドリアヌス帝自身が心血を注いで立てた新しい安全保障政策の根幹を揺るがしたため、彼をひどく怒らせた。鎮圧後は地域名のユダヤを旧約時代のユダヤ人の仇敵《きゅうてき》ペリシテ人にちなんでパレスチナに替え、アエリア・カピトリーナと改称されたエルサレムにユダヤ人が居住することを禁じた。さらにはユダヤ人の聖書を焼き、ユダヤ暦の使用を禁じた。彼は、ユダヤ人でないまでも、ユダヤ性の撲滅を企図したのだろう。しかし、捕囚期以来営々として磨き上げてきた〝携帯用の神〟はこの迫害をも生き延びた。ユダヤ人が律法の書を囲んで集まりさえすれば、そこにイスラエルの宗教は存在したのである。神殿という中心を失うことで、かえって柔軟な強靭《きょうじん》さを獲得したと言えるだろう。ユダヤ人のいなくなったアエリア・カピトリーナはローマの町として存続する。もっとも、パルティアがまもなく力をおとしたため、アエリア・カピトリーナが軍都としての役割を果たすことはなかった。

キリスト教公認

四世紀のコンスタンチヌス大帝がキリスト教を公認したことで、再びエルサレムが大きく変わる。この時代をビザンチン時代とよぶが、これはもともと、コンスタンチヌスが建設したコンスタンチノープル（現在のイスタンブール）の核となった小さな集落の名前である。熱心なキリスト教徒だった皇母のヘレナは三二六年にエルサレムに滞在して多くの聖所を同定し、そこに教会を建設した。ベツレヘムの聖降誕教会が建てられたのもこの時である。一番大がかりだったのがイエスの刑場と墓の発見だった。そこにはローマ人が建てた美の女神ウェヌスの神殿があったという。ヘレナが見た夢に導かれてそれが破壊され、現在につながる聖墳墓教会が建てられた。ヘレナがウェヌス神殿を壊してみると、大きな縦穴が発見された。ヘレナは自らその穴に降りて、イエスがかけられた十字架を発見したという伝承がある。イエスは二人の罪人とともに十字架にかけられた（マタイ二七：三八）。ヘレナはその三本の十字架を発見したのだが、どれがイエスのものかわからない。そこで瀕死《ひんし》の病人に三本の十字架を次々とかざすと、最後のものが触れたとたんに病気が治ったことでそれがイエスのものと判明したという。もっともこの伝承が固まったのはヘレナの時代から数百年もあとのことだ。聖墳墓教会を建てたのはヘレナの息子コンスタンチヌス大帝だ、というヴァージョンもあるが、この方が史実に近いのだろう。この聖十字架の一部はコンスタンチノープルに移され、残りは聖墳墓教会に祀《まつ》られた。

一三世紀のある伝承によると、イエスがつけられた十字架の木材はもともとエデンの園にあった生命の木（創世記二：九、三：二二）の種子から育ったものだった。アダムは、死に瀕した際、息子のセトを天使ミカエルに派遣してこの種子を手に入れた。アダムはこの種子を口に入れて葬られた。そこから育った木は、シェバの女王がソロモンを訪ねてきた時（列王記上一〇、歴代誌下九）に切り倒され、女王が渡る橋の建造に使われた。女王はソロモンに会った時、この木は神がユダヤ人に与えた契約（旧約）の代わりに新しい契約（新約）をもたらすものではないかと語った。それを聞いたソロモンは、ユダヤ人の滅びを怖れ、この木を地中に埋めてしまった。その木で十字架が作られたというものである。この伝承では、イエスはソロモンの子孫だという点が忘れられている。

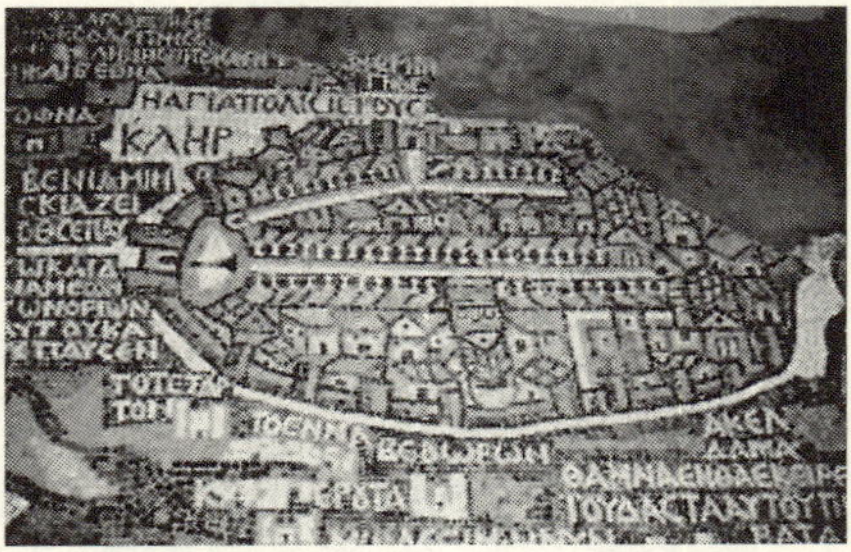

マダバの教会のモザイク地図。中央を横切るのが中廊付きの大通り、その向かって右端にネア、中央付近下側に聖墳墓教会が見える

短期間ではあったが、ローマの神々の揺り返しが起こったのはユリアヌス皇帝（在位三六一－三六三年）の時代である。ユダヤ人はユリアヌスに神殿の再興を願い出て許可された。嘆きの壁の南側に「（エルサレムを）見て、お前たちの心は歓喜し／お前たちの骨は草のように芽吹く」（イザヤ書六六：一四）と壁に彫り込んだ跡が現在も見られる。確証はないが、ユリアヌス皇帝の神殿再興許可に喜んだユダヤ人が残した落書きであったのかもしれない。しかし地震で建設途中の神殿が崩壊した直後に皇帝が対ペルシャ戦に敗れて戦死したため、帝国はキリスト教に回帰して神殿再建計画は禁止された。

五世紀、六世紀にはヨーロッパ各地からのキリスト教徒による巡礼が増加し、それに押される形で教会、巡礼宿などの建設が進み、エルサレムは第二神殿末期のヘロデ時代に見られた最盛期の規模に近づいた。ユスティニアヌス帝は聖母マリアにちなんだ巨大な教会ネアを建設、北のダマスカス門からネアに通じる二列の柱列を備えた大通りを南北に走らせた。これはヨルダンのマダバにあるギリシャ正教会の床を飾っているモザイクの地図にもはっきり見てとれる。地図には「聖都、エルサ（レム）」と記してある。この大通りの一部が一九八〇年代に発見され、再建・保存されているので、昔をしのんで散策することもできる。この大通りの両側には商店が並んでいたようだ。

キリスト教エルサレムは七世紀に終わる。六一四年にペルシャによって占領され、教会は破壊され、イエスがつけられたという聖十字架は持ち去られた。一五年後にはビザンチン帝国軍が勝利して十字架も取り返したが、それもつかの間だった。六三八年にはアラビア半島のメッカで生まれたばかりの一神教イスラムが大膨張を開始し、エルサレムはその波に呑み込まれた。

6　六一四年から六二九年まで——ササン朝ペルシャによる征服

六一〇年頃、パレスチナのユダヤ人たちが、その年にクーデターで皇位についたビザンチン皇帝のヘラクレイオスに対する反乱を開始した。すでにビザンチンと戦争していたササン朝ペルシャは六一三年にユダヤ人の助けを受けてダマスカスを占領し、翌年には二〇日間の包囲ののちエルサレムを陥落させた。ペルシャ軍はさらにエジプトに兵を進めた。ペルシャ兵とともに住民のキリスト教徒を虐殺したユダヤ人は、パレスチナのほぼ全土における自治権をペルシャから獲得した。神殿の丘ではほぼ五〇〇年ぶりに鳥獣を神に捧げる犠牲が復活し、〝第三神殿〟の建設さえ企図されたらしい。キリスト教徒にとって重大だったのは、三〇〇年前に〝発見〟された聖十字架（イエスがかけられた十字架）がペルシャに奪われてしまったことだ。

エルサレム戦線だけでなく、完全な守勢に立たされていたヘラクレイオスは国庫を空にしてペルシャに献じ、つかの間の平和を買った。必死の努力で軍を立て直したビザンチンのヘラクレイオス帝は六二二年に反撃に転じた。小アジアを西から東に戦勝を重ね、はるかカスピ海岸にまで到達した。そこから南方に軍を転じた。一方ササン朝ペルシャのホスロー二世は、差し違える形でコンスタンチノープルを攻撃したが、失敗した。ヘラクレイオス軍がペルシャの首都クテシフォンに迫った時、ペルシャのホスロー二世は息子のカワード二世の裏切りで、殺害された。父に代わって皇帝となったカワード二世は、対ビザンチン政策を有和《ゆうわ》策に転換し、六二九年に聖十字架も返却した。それとともにパレスチナをビザンチンに割譲してしまった。ペルシャと同盟していたユダヤ人としては、二階に上がってはしごを外された状態だ。

六二五年にパレスチナを再占領したビザンチンはペルシャに荷担したユダヤ人たちに特赦を与えた。一方、ペルシャのカワード二世はビザンチンとの講和直後に死亡したが、これをきっかけにペルシャは後継者争いが始まり、長期にわたる内紛に沈んで国力をおとした。六二九年、ヘラクレイオス帝はそれを待つかのようにエルサレムに凱旋入城を行ったが、ライバルのペルシャという脅威がなくなったので数年前にユダヤ人に与えた特赦を取り消し、すさまじい迫害を開始した。キリスト教に改宗しないユダヤ人は虐殺されたため、帝国内の多くが改宗したという。改宗しない少数のユダヤ人はエジプトに逃れた。

ペルシャという大敵に勝利したヘラクレイオス帝も安閑としてはいられなかった。新興勢力イスラムが辺境のアラビア半島から迫っていたからである。エルサレムを固めようとした動機の一つはイスラム対策であったのかもしれない。ほんの二〇年前にはユダヤ人がペルシャと組んで反乱を起こしたではないか。しかしこの用心も役には立たなかった。イスラム勢力がアラビア半島からペルシャを目指して北上を開始していたからである。二代目のカリフ、ウマルに率いられた新興のイスラム勢力が六三八年にエルサレムを征服したため、二回目のキリスト教時代は短命に終わった。

コラム　サマリア人とは誰か

新約聖書に親しんでいる人は「よきサマリア人のたとえ」を知っているだろう。イエスがたとえ話として話しているもの（ルカ一〇：二五-三七）だ。イエスに敵対する律法学者が言葉尻《ことばじり》を捕らえようとして「隣人とは誰か？」と問いかけたのに対するイエスの答である。

盗賊に襲われて怪我《けが》をしたユダヤ人がいた。（ユダヤ人中のユダヤ人とも言うべき）祭司、レビ人が通りかかったが、いずれも見ぬふりをして通りすぎてしまう。サマリア人だけが助けてくれた、という話だ。結局律法学者も、このサマリア人こそ怪我をしたユダヤ人の〝隣人〟だと認めるのだが、彼はサマリア人という言葉を出したがらず、「その人に慈悲をかけた人」と妙な言い方をしている。イエス時代にあったユダヤ人とサマリア人との間の抜きがたい不信感がこのたとえ話の背景にある。

エルサレムからエリコへ下る街道の右側に〝よきサマリア人の宿〟とよばれる廃墟があり、聖地巡礼のバスがよく止まっている。たとえ話から〝遺跡〟が生まれるのは奇妙な話だが、熱海にある〝お宮の松〟という例もある。

そのサマリア人たちは、旧約聖書はじめの創世記から申命記までの五巻（モーセ五書とよばれる）はモーセ自身が書いたものだと考えている。もっとも申命記最後の三四章にはモーセの死が記されているので、この部分だけは弟子のヨシュアが書き添えたとしている。サマリア人たちはこのモーセ五書以外を聖書として認めない。

サマリア人の聖地は、ヨルダン川西岸地区のほぼ中央にあるナブルス（ユダヤ名はシケム）の南西側のゲリジム山である。その山頂にある会堂に一巻の聖書がある。羊皮紙に書かれたこの巻物こそモーセが書き、彼の死をヨシュアが付け加えた原本だと伝えている。

新バビロニアの滅亡後、エルサレムでの神殿再建に際して現れた土地の者たちが、サマリア人の先祖ではないかとユダヤ人は考えている。「我々も一緒に建てましょう。我々はあなたたちのようにあなたたちの神を求めているのです。我々をここに送ったアッシリア王エサル・ハドン時代からその神に犠牲をささげているのです」（エズラ記四・二）という自己紹介を見る限り、彼らは最初から神殿再建の邪魔をしようとしたわけではないらしい。捕囚で政治、宗教などのエリート層が根こそぎ強制移住させられたあと、代わりにカナンに移住してきた者たちとの間で混血が起こり、新しく持ち込まれた宗教、カナン固有の宗教との混交もあったのだろう。

しかし、サマリア人自身はそうは考えていない。彼らは、紀元前七二二年にアッシリアに滅ぼされた北王国の正統な末裔であり、エフライム族とマナセ族の血を引くものと考えている。

サマリア人はアレクサンドロス大王に反抗したため、それまでの中心地サマリアを破壊されて現在の居住地ナブルスに移動した。ユダヤ人が紀元一世紀、三世紀と二回にわたって反ローマに立ち上がった時、サマリア人は参加しなかった。サマリア人は、二度ともユダヤ人が敗れたのに乗じて勢力範囲を広げた。ローマには反抗しなかったものの、ビザンチン時代には四回にわたって反乱を起こしている。

紀元前六世紀以降、ユダヤ人とサマリア人は不仲である。彼らはヨルダン川西岸のナブルス郊外にある自分たちの聖所ゲリジム山を中心に生きてきた。ところが長いイスラム支配の中で、多くがイスラム教に改宗したり、移住したりして数を減らした。紀元四、五世紀には一〇〇万人を数えたらしいが、第一次大戦直後の一九一九年に発行された『ナショナル・ジオグラフィック』によると一五〇人を切ってしまった。しかも外部からサマリア人に改宗する方法がなかったために新しい血の補給がなく、何代にもわたって血族結婚が繰り返された。

事態が変わったのはイスラエル二代目の大統領イツハク・ベンツヴィーによる提案だった。彼はサマリア人に、ユダヤ人女性の改宗の可能性を開くよう提案した。また一部がテルアビブ郊外のホロンに居住するようになった。二〇〇三年には六五四人、現在では約七〇〇人程度にまで回復したという。

一九六七年の第三次中東戦争でヨルダン川西岸をイスラエルが占領して以来、サマリア人の運命は変わった。彼らはヘブライ語もアラビア語もできるために軍政府に雇用され、占領軍とパレスチナ人との間に立ったからである。七世紀以来ずっとイスラムの海に浮かぶ小島で常に弱い立場だったのが、一夜にして強者の側に立った。サマリア人の家を訪ねてお茶をごちそうになっていた時、イスラエル人となら普通に話題として出てくる政府の悪口を言ったところ、強い口調でたしなめられたことがある。紀元前六世紀以来の不仲はやっと終わりを告げたようだ。経済的にも恵まれたらしく、ナブルスの町に本宅、車で二〇分くらいのゲリジム山の上に別荘が建てられた。春の過ぎ越しの祭には一週間を別荘で過ごすのが普通になった。

再度運命が変わるのは一九八七年のインティファーダ以降である。イスラエル占領前からある程度ユダヤ人と同一視されていたサマリア人は、二〇年にわたる占領でイスラエルの手先どころか、イスラエルそのものと見られるようになっていた。サマリア人の家は投石の対象となり、ナブルス市内の家は次第に放棄され、ゲリジム山頂の別荘が本宅に替わった。将来パレスチナ国家が独立することになった場合、サマリア人はジレンマに陥る。イスラエルにいる同胞に合流すれば安定するが、それでは聖地ゲリジム山を離れてしまうことになる。一方ナブルスに残って、より過激なハマスが西岸も支配するようになったら、彼らの将来はかなり深刻なものになるだろう。

第Ⅱ部　イスラム興隆の中で

7　六三八年から一〇九九年まで──第一次イスラム時代

イスラム教の誕生

五七〇年頃、アラビア半島の西にあるメッカでムハンマドという子供が生まれた。父アブダッラは息子の誕生を待つことなくすでに死んでおり、母アミーナもムハンマドが六歳の時に亡くなった。孤児となったムハンマドは母方の祖父の庇護を受けたが、その祖父も亡くなったあとは伯父が後見人となった。彼はメッカの有力部族であるクライシュ族ではあったが、その中でもあまり豊かではないハシム家に属していた。

クライシュ族はメッカの聖所、カーバの権益を持っていたらしい。カーバは味も素っ気もない立方体の建物で、その一角に隕石《いんせき》と思われる黒い石がはめこまれている。その起源は古すぎて、ムハンマド時代ですらその由来がわからなくなっており、アッラー（神の固有名詞ではなく、定冠詞のついた普通名詞の〃神〃）を主神とする多神教の神殿として、数多くの神々の神像が祀られていたらしい。メッカ周辺を遊牧している多くの部族が、時にそれぞれの神をお参りに集まった。人が集まれば市が立つ。メッカの主産業は〃神様業〃だった。それを独占していたのがクライシュ族だ。メッカのもう一つの産業は交易とオアシス農業である。

四〇歳になった頃、ムハンマドは神の啓示を受けた。イスラムの始まりである。彼は、当時アラビア半島に多くいたユダヤ教徒、キリスト教徒からの影響とカーバの主神アッラーを組み合わせた。イスラムによると、神は人間にモーセ、イエスという二人の預言者を送り、その結果ユダヤ教、キリスト教が出現した。しかし神の意志は正しく伝わらず、どちらも不完全な宗教にしかならなかった。そこで〃最後の預言者〃ムハンマドが送られ、彼を通してコーランが人間に与えられた結果、完全に神の意志を明らかにしたイスラムが完成する。そのためユダヤ教・キリスト教両方の中心だったエルサレムは、イスラム教にとっても無視できる存在ではなかったと言えるだろう。またユダヤ教徒、キリスト教徒を〃経典の民〃として一定の条件の下で庇護した。もっともキリスト教は、当時の超大国であるビザンチンの国教であり、膨張するイスラムがそれと対立したために敵と見られることが多い。

初期のイスラムは、メッカの北にあるヤスリブ（現在のメディーナ）にいたユダヤ人たちの影響を受けた。集団での祈りや断食もユダヤ教の影響であったらしい。聖地のメッカで孤立したムハンマドは少数の弟子たちとともに三〇〇キロ北のヤスリブに移住した。ヤスリブにはユダヤ人の三部族が勢力を張っていた。先行した弟子たちがそのユダヤ人の宗教習慣をムハンマドに伝えたのが、集団祈禱《きとう》や断食の始まりであると言われる。

ユダヤ人たちはヤスリブから見て北方のエルサレムに向かって祈っており、その方向もイスラムは模倣した。ムハンマド自身が移住したあと、新興勢力のイスラムはこれらユダヤ人と対立した。結局ユダヤの二部族は追放され、一部族は殲滅された。その後、ムハンマドは祈りの方向（キブラ）を南方のメッカにあるカーバの方向に替えた。その際、ムハンマドは「自分はメッカに住んでいた頃、カーバの南に住まいがあった。だから北に向いて祈った。しかし今、メッカの北にあるヤスリブから見るとカーバは南方だ」と説明したという伝承がある。

イスラムにはユダヤ教のまねをした部分とそうでない部分がある。ユダヤ教が日に三度祈るのに対して、イスラムでは五回。ユダヤ人が一日断食するなら、イスラムはラマダン月に一ヵ月にわたって断食する。一ヵ月断食したら死んでしまうから、イスラムの場合は夜明けから日没までの断食となる。ユダヤの聖日は土曜だが、イスラムでは金曜だ。食物規定もユダヤ教に学んだが、ずっとゆるい。

ユダヤもイスラムも暦は太陰暦である。月の満ち欠けは二九日から三〇日であり、それを一二ヵ月にすると太陽暦に比べて一年は約一一日短くなる。そこでユダヤでは数年に一度の閏月《うるうづき》を挟んで、なんとか平均三六五日にしようと努力していた。ところがイスラムはそれを無視してしまった。したがってラマダンも翌年には一一日早くなる。イスラム暦の約三四年間が太陽暦では三三年間になるわけだ。その当初、牧畜と交易に頼っていたアラビア半島の砂漠の民には、農業を基本とする民のように暦を実際の季節に合わせる努力は必要なかったのかもしれない。あるいは、ユダヤ教に敵対した時期に暦が作られ、「ユダヤ人の暦なんか使うか」との意識が働いたのかもしれない。

ムハンマドの死後

宗教のみならず、政治的にも天才だったムハンマドは晩年にはメッカ、メディーナを中心に二万〜三万人からなる、小粒だが強力な信仰国家を作り上げていた。生まれたばかりのイスラムは、創始者ムハンマドの死（六三二年）という難関を乗り切った。後継者で初代カリフのアブ・バクルは、ムハンマドの死で離反した周辺の部族に闘いを挑んだ。第二代カリフのウマルの時代に大膨張を開始した。時期もよかった。当時の二超大国、ビザンチンとペルシャは長い戦争で疲弊していた上に、ペルシャは後継者争いに始まった内紛で国力をおとしていたからである。どちらの軍にも入っていたアラブ人傭兵隊の裏切りもあったのかもしれない。二超大国の両方に打撃を与え、早くも六三七年七月にはエルサレムを包囲した。エルサレムのソフロニウス大司教は住民を組織して兵士たちの防衛に協力した。しかしこうした努力も実を結ばず、翌年二月に降伏を余儀なくされた。

古い伝承によると、この時カリフのウマルはダマスカスに滞在していたが、ソフロニウス大司教は、エルサレムを引き渡す相手はウマルしかいない、と主張したという。ウマルの到着を待って町がイスラム側に引き渡されたが、その占領はまったく平和裏に行われた。占領につきものの流血、略奪、破壊は起こらなかった。またキリスト教徒の住民たちがイスラムへの改宗を強いられた事実もない。

ウマルはソフロニウスに聖地を見せてもらえないか、と頼んだ。まず訪れたのがイエスの墓のある聖墳墓教会である。教会内にいる間にイスラムが規定する祈りの時間になった。ソフロニウスはウマルに、その場で祈るように勧めたが、ウマルはそれを断って教会外に出て、階段の上で祈った。階段の先は通りになっており、買い物客でごった返していた。祈りのあと、ウマルは、もし自分が教会内で祈ったら、教会は接収され、モスクに替えられるだろうと説明したという。ウマルはさらに気を遣い、この階段での祈りをも禁じて、将来起こるかもしれないキリスト教との対立を未然に防いだ。さらにエルサレムで最大の教会ネアの見学中には教会内で祈ったが、ここでも今後ムスリムが祈ることを禁じた。

その後ウマルは、エルサレムの東端でソロモンの神殿があった場所に案内された。捕囚のあとで神殿が再建され、紀元前一世紀にはヘロデ大王が大改築をしたものの、それもまた紀元七〇年にローマ軍に破壊された場所だ。エルサレムを占領したローマ帝国は、神殿の跡地に主神ユピテルの神殿を建設した。しかしローマ帝国がキリスト教化した後、この神殿も破壊された。そのあとユダヤ人が過去の栄華をしのぶ祈禱の場所として使っていたのだが、キリスト教徒は嫌がらせでそこにゴミを捨てたという。そのためウマルが訪れた時にはゴミの山になっていた。ウマルはゴミを拾って東側の谷に捨てた。同行したムスリムたちはそれにならい、ゴミだらけの神殿の丘がきれいになった。

二つのモスクの完成

エルサレムが再び隆盛を取り戻すのは、六六一年にダマスカスを首都とするウマイヤ朝が成立して以降である。六九一年には、エルサレムを占領したウマルにちなむモスク（ウマルのモスク）がかつてユダヤ教の神殿があったところに建てられ、その一一年後にはアルアクサ・モスクが完成した。それまで聖墳墓教会をはじめとして立派な教会を持つキリスト教に対して少し肩身の狭い思いをしていたムスリムも、これで胸がすいただろう。現在も残る二つのモスクは、一段高い丘の上に建っているせいもあり、エルサレムの稜線を圧している。

しかしウマイヤ朝によるエルサレムの重視は、宗教的な目的ばかりではなかったようだ。シリアに本拠地を置いたウマイヤ朝はその初期に、メッカにいたアリ（ムハンマドのいとこで、ムハンマドの末娘と結婚した第四代カリフ）やその子供たちの勢力と対立しており、メッカ、メディーナに代わる巡礼場所が必要だったこともその理由にあげられよう。この対立がイスラム二大宗派のスンナとシーアの源になる。対立が今も続くのはイラクの現状、シーア派が多数を占めるイランのイスラム世界での疎外に見ることができる。このためにウマイヤ朝はコーラン第一七章「夜の旅」を利用した。その冒頭は次のようになっている。

「ああなんと勿体《もったい》なくも有難いことか、（アッラー）はその僕《しもべ》（マホメット）を連れて夜（空）を逝き、聖なる礼拝堂（メッカの神殿）から、かの、我ら（アッラー、ここで人称が替わる）にあたりを浄《きよ》められた遠隔の礼拝堂（エルサレムの神殿）まで旅して、我らの神兆を目のあたり拝ませようとし給う御神」（井筒俊彦訳、カッコ内の注も）

この旅は当初、ムハンマドがアッラーに連れられてメッカから三〇〇キロ北にあるメディーナまで奇跡的な旅をしたと考えられていたらしい。しかしウマイヤ朝はこの「遠隔の礼拝堂」（直訳すると「もっとも遠い礼拝堂」）をエルサレムと同定した。のちにムハンマドがこの旅で遠隔の礼拝堂から天に昇ったという伝承が形成された。ウマイヤ朝のアブド・アルマリクはちょうどそこにあった巨岩を囲むようにエルサレムを占領したウマルを記念したモスクを建設したが、ムハンマドの昇天はこの岩の上からということになっている。岩には仏足跡を思わせるムハンマドの足跡が残り、一緒に天に昇ろうとした岩をあわてて押し戻した天使ガブリエル（アラビア語ではジブリル）の手形も残っているというが、筆者は見たことがない。ムハンマドは天の視察を終えたあと、メッカにもどった。この巨岩は旧・新約の聖書には触れられておらず、ユダヤ人の神殿でどういう役割を果たしていたかはわからない。

もっとも八角形の特徴のあるこのモスクは、イスラムのアイディアではないという説もある。ウマルの征服の二〇年前の六一四年、ペルシャがユダヤ人と組んでエルサレムを征服した。この功績で神殿の再建を認められたユダヤ人たちは建設を始めたが、キリスト教徒の逆襲のために中断してしまった。それをイスラムが引き継いだというものだ。

エルサレムは宗教の中心地としては復活したが、行政的には四〇キロほど地中海によったラムレが中心となった。エルサレムが主要な街道から外れている弱みが再度出たのである。ウマイヤ朝は七五〇年にアッバス朝に替わる。新王朝は、首都をダマスカスからバグダッドに移した。首都が遠くなったせいもあり、新王朝はメッカと対立する必要もなくなったため、エルサレムに対する投資は衰え、再び衰退が始まる。七九七年にカール大帝（シャルル・マーニュ）の要請でエルサレムにおけるキリスト教徒の待遇が緩和され、建築も許可されたが、この寛大な措置がとられたのはアッバス朝においてはエルサレムの重要性が希薄になっていたからかもしれない。

九六九年にはカイロを首都とするシーア派のファーティマ朝がエルサレムを支配するが、異教徒に対する締め付けが強化され、一〇〇九年にはユダヤ教、キリスト教の建造物の破壊命令が出された。四世紀以来の聖墳墓教会もこの時に破壊された。その一一年後には再建が許可されたが、再建された聖墳墓教会の規模は当初のものよりはるかに小さくなってしまった。

8　一〇九九年から一一八七年まで——十字軍時代

ヨーロッパ側の必然性

一〇九九年六月七日、エルサレムに西からの軍勢が押し寄せた。彼らの旗印はもちろん、鎧にもまた十字架がつけられていた。十字軍である。もっとも、そのほとんどは長い旅と、ここに至る間の闘いに疲れ切っていた。それから七月一五日までの五週間、エルサレム防衛に必死のイスラム軍との戦闘が始まる。一辺一キロメートルのほぼ正方形に近いエルサレムは、城壁に囲まれていた。大砲も飛行機もない時代、城壁は効果的な防御力を約束する。しかもエルサレムの城壁は攻撃軍の故郷では見られないほど高く、堅固だった。攻撃側の十字軍の兵力はほぼ一万二〇〇〇人であったと考えられる。途中、敵から奪った領土にエデッサ伯国・アンティオキア公国・トリポリ伯国を作ったために、もともと少ない兵力はさらに少なくなっていたのである。もっとも守備側もたいした戦力ではなかった。エルサレムの守備はファーティマ王朝軍の数百人にすぎなかったのである。しかし市内に居住するムスリムとユダヤ人も防衛戦に加わった。戦前にはキリスト教徒も城内に居住していたが、大半は十字軍が迫ってくるからには戦争が必至と見てエジプトに逃れてしまった。残った者たちは、十字軍に内通するのを怖れて市外に追放され、エルサレムから南へ一〇キロメートルのベツレヘムに避難していた。

ついに一〇九九年七月一五日に、三九日間の包囲戦を経てエルサレムが陥落した。〃神の正義〃に燃えた十字軍兵士は、一八日までの四日間にわたってエルサレム住民の大虐殺と略奪にふけった。犠牲者の中心はムスリムであったが、ユダヤ人も虐殺を免れなかった。生き残ったユダヤ人の多くは奴隷に売られたが、その数があまりに多くて需給関係が狂ってしまったために、金貨一枚で三〇人の奴隷というバーゲン・セールになったという。

十字軍時代こそ、現在まで続くイスラム文明とキリスト教文明の対立の出発点と言えるのかもしれない。中東に揺るぎないアメリカの覇権、それに庇護されて建国したイスラエルを〃現代の十字軍〃とする認識がパレスチナ人をはじめとするアラブ人の間では現在でも一般的である。「前回は九〇年間近くかかったが、最終的には十字軍を追い落としたではないか。いずれはイスラエルも撃退する」というのは、政治指導者はともかく、一般のアラブ人の間では最大公約数的な見方と言えるだろう。最盛期のナセル・エジプト大統領は、十字軍に致命的痛撃を与えたサラハディンになぞらえられることが多かった。

もちろん十字軍を派遣したヨーロッパにも必然性があった。イエスの十字架上の死から（彼らが考えた）一〇〇〇年目には起きると考えられていたキリストの再臨は起きなかった。イエスが再びこの世界に戻ってきて最後の審判を行い、歴史が終結するのが必然と考えられていたのである。キリスト教を世界宗教にした功労者パウロは、イエスの死から再臨までは長い時間ではないと考えていたらしい。だからあんなに生き急いだのだろう。パウロは、キリスト教に改宗してから殉教するまで鬼気迫るほどの勢いで宣教に努めた。ところが待てど暮らせど、再臨は来ない。そこで、のちの時代に初代ローマ教皇と考えられたペトロは「愛する者たちよ。このことを忘れるな。主にあっては一日は千年のようで、千年は一日のようなのだ」（ペトロの第二の手紙三：八）と再臨の遅れを合理化した。しかしその一〇〇〇年目も何事もないままに過ぎてしまった。そこからある種の焦りが生じたのだろうか。セルジュク・トルコの侵攻で混乱しており、危険が多かったにもかかわらず、聖地巡礼が流行した。十字軍もある種の〝武装巡礼〟と考えられるかもしれない。

社会的安定、農業技術の発達などの要因もあり、当時のヨーロッパは人口爆発が起こり、都市化も進んでいた。都市化は人間の移動をもたらす。それまで人々は生まれた土地で死ぬのが普通だったのに、移動・移住が特別のことではなくなったのである。長子による一子相続が普通だったため、部屋住みの騎士たちは職を探していた。しかもそれまでキリスト教世界の防衛に必要不可欠だった兵力は、ヴァイキングやマジャール人のキリスト教改宗で必要性がうすれた。セルジュク・トルコに販路を阻まれた商人たちもまた新しいビジネス・チャンスを東方に求めていた。こうした宗教的、非宗教的雰囲気を一つにまとめ上げたのが教皇ウルバヌス二世であった。

直接の引き金となったのは、東方のビザンチン帝国が陥った軍事的困窮である。ビザンチン帝国は、一〇七一年の壊滅的な敗戦で小アジアの大部分を失い、敵は首都コンスタンチノープルに迫っていた。一〇七四年、ウルバヌス二世の二代前のローマ教皇グレゴリウス七世は、セルジュク・トルコの攻撃に手を焼いたビザンチン帝国の救援要請に応えて軍勢を送り込んだ。ビザンチン帝国は、それに対して金を支払ったのだから、事実上の傭兵である。その二〇年後の一〇九五年、コンスタンチノープルのアレクシオス一世から再度の救援要請が来た。時の教皇ウルバヌス二世はクレルモン公会議でこの要請を議題に載せたが、彼のよびかけはコンスタンチノープル救援ではなく、聖地エルサレムの奪還に変化していた。西方のカトリック教会の勢力を東方のビザンチンの正教会の上に置こうとする思惑もあったのだろう。カトリックの軍事力を傭兵として使おうとしていたアレクシオス一世としては、大いに当てが外れたのである。

エルサレム王国の建設

教皇ウルバヌス二世は、七世紀以来異教徒の支配下にある聖地をキリスト教の手に奪回すべきだとの演説を行ったが、その反応はすばらしいものだった。まず法王のよびかけに応じたのは身軽な農民、恒産を持たない都市居住者、貧乏司祭たちである。指導者である隠者ピエールの副官の一人に〃文無しウォルター〃の名があるのが象徴的だ。彼はその名のように貧乏司祭だったらしい。少数の騎士階級も混じってはいたのだが、こんな農民中心の十字軍ではとても戦力にならない。それでも信仰の力が異教徒を駆逐するにちがいないはずだった。四万人近い〃軍勢〃となった彼らは、フランスからドイツのライン渓谷に沿って東進した。その途上でまずイエスを殺した者たちの子孫であるユダヤ人を血祭りにあげた。殺されたユダヤ人にも迷惑だったが、通過される町や村にとっても大迷惑だ。兵站という、現代では戦争に不可欠な概念はそもそも存在しない。存在したところで、貧乏な彼らがそんなものを用意できるわけもないし、数万人の、女子供を含む一隊を長期間まかなうほどの量を運ぶこともできない。しかし彼らは心配しなかった。〃Deus hoc vult!（主がそれを望んでおられる）〃のだから、聖戦にでない者たちはキリストの戦士たちを歓迎し、支えるのが当然だろう。しかし通過する町や村の住民はそうは考えなかった。食料を差し出さないのなら、奪わなければならない。時には戦闘にならざるを得なかった。

戦死者のほかに途中での脱落もあったのだが、途中から参加する者にも事欠かなかった。一〇九六年七月には約三万人の群衆がアジアとヨーロッパの接点であるコンスタンチノープルに近づいた。傭兵を雇うつもりだったアレクシオス一世は驚いただろう。ろくに武装もしていない数万の〝乞食〟集団の襲来である。彼らは一〇月にボスポラス海峡を渡り、小アジアに入った。多少の騎士、兵も参加していたものの、全体としては難民と区別のつかないこの烏合《うごう》の衆にビザンチン帝国は怖気《おじけ》をふるった。とにかく東にやってしまおうと、食料と船を与えてやっかい払いしたにちがいない。

コンスタンチノープルを出て最初の敵は、直線距離で一〇〇キロもないニケアである。かつては小アジアを越えてはるか東に伸びていたビザンチン帝国の末裔はアジアの地歩をほとんど失っていた。このニケアは、ビザンチン帝国出発まもない三二五年に最初のキリスト教公会議が開かれた地である。九世紀に中央アジアから進発したセルジュク・トルコがアフガニスタンから地中海に広がる地域を席巻《せっけん》して、コンスタンチノープルの玄関先ともいえるニケアを占領していた。当時のセルジュク・トルコはあまりに強大で、かつての大帝国アッバス朝はバグダッドに逼塞《ひっそく》してセルジュク・トルコの傀儡と化していたほどだった。一〇七一年にはビザンチン帝国との大会戦に勝利し、イスラム勢力が東からコンスタンチノープルの門口にまで迫っていたのである。とは言え、十字軍が迫った一一世紀終わりのセルジュク・トルコは見事なまでに分裂していた。

一〇月二一日、ニケアの西で両軍が衝突し、十字軍側は完膚《かんぷ》なきまでに叩きのめされた。隠者ピエールに率いられていた十字軍部隊は、多少の騎士、歩兵が含まれていたとはいえ、主体は難民同然の烏合の衆だったのだから、これは当然の敗北だった。トルコ軍は、無抵抗だったヨーロッパのユダヤ人より手強かった。生き残った者はコンスタンチノープルに逃げ帰った。副官の文無しウォルターは助かったが、隊長の隠者ピエールはこの戦闘で命をおとした。

のちに第一次十字軍として知られるようになったこの時の侵攻の本当の戦力は、フランスとフランドルを中心とする四つの勢力で結成された。そのため今でもアラブ人の間では、十字軍はフランクとして知られている。この本隊はピエールから約一年遅れの一〇九七年にコンスタンチノープルに到着し、大小の戦闘を繰り返しながら小アジアを東進した。どうも最初に到来した烏合の衆を簡単に撃破したことでトルコ側に油断があったらしい。小アジアを破竹の勢いで東進し、シリアに入って南に進路を変えた。一番苦戦したのはそのシリアの入り口にあるアンティオキアの攻城戦である。当時のアンティオキアは壮大な城壁を備えた町で、容易には陥落しなかった。結局、おとすまでに半年かかった。十字軍側は、兵站がしっかりしていなかったために飢えに苦しみ、軍馬はもちろん、戦死者まで食べて闘ったという話もある。

このアンティオキアの町で〝聖槍《せいそう》〟が発見されたという伝承がある。新約聖書には、十字架につけられたイエスの死をたしかめるために一人の兵がイエスの脇腹を槍で突き刺すと、血液と血漿《けっしょう》が分離した状態で流れ出したと書かれている（ヨハネ一九：三四）。聖槍はこの時の槍だという。槍の話はほかの福音書には書かれていない。アーサー王伝説に出てくる聖杯と似たような伝説だろう。もっとも聖槍伝説は六世紀に始まるから、最後の晩餐《ばんさん》でイエスが使ったという聖杯伝説よりも数百年古い。

寄せ集め部隊の戦勝は諍《いさか》いを起こす。第一次十字軍も例外ではなかった。軍と教会の間で主導権争いが起こったが、最終的には一番乗りを果たしたブイヨンのゴドフロワが初代のエルサレム王に選ばれた。彼は「キリストが茨の冠をかぶったところで王冠はかぶれない」として〝王〟の称号を避け、〝聖墳墓の守護者〟の称号を名乗った。彼の、意外に短い、けれどよく切れそうな剣が現在も聖墳墓教会に残されている。

エルサレム王国の初代国王ブイヨンのゴドフロワは一年後の一一〇〇年に死亡し、弟でエデッサ伯国王だったボードワンが二代目の国王に選ばれた。二代目の戴冠《たいかん》式はベツレヘムの聖降誕教会で行われた。これは紀元前一〇世紀に統一イスラエル王国を作ったとされるダビデ王がこの町の出身だったことによる。できたばかりのエルサレム王国の国王は、宗教的に見ればダビデ王の末裔であることを示した象徴的行為であった。

十字軍統治下のエルサレム王国は、当初、深刻な問題を抱えていた。住民の不足である。ムスリムとユダヤ人は殺されたり追放されたりして姿を消していた。彼らをエルサレムに戻すことは十字軍の精神そのものに反する。多くの騎士たちが征服直後に帰国したため、町は空き屋だらけになり、兵力は数百にまで減少してしまった。奪ってはみたものの、エルサレムはさして魅力的な町ではなかった。ヨーロッパ、特にフランスからのキリスト教徒が中心となり、それまでイスラム支配下にあった東方正教会のキリスト教徒が加わったものの、事態は改善されない。イタリア諸都市の商人たちを勧誘しようとしたが、彼らは交易に便利な海岸地方にとどまった。一一二〇年に三代目国王のボードワン二世が経済の自由化政策を打ち出し、ムスリム、ユダヤ人などの交易も許可した結果、人口は持ち直し、一一六〇年には三万人になったという。

キリスト教とイスラムとの確執

エルサレムは、それまでのヨーロッパにはなかった新しい戦闘集団を生み出した。〝闘う修道士〟による騎士団である。一一一八年頃テンプル騎士団が結成された。ムスリムが建設したアルアクサ・モスクがTemplum Solomonis（ソロモンの神殿）と名を変えて教会になっており、そこを本部としたためである。目的は巡礼の保護であり、病院などを経営したが、一朝事ある時は戦闘集団として闘った。さらに聖ヨハネ騎士団とそこから分派したドイツ騎士団がある。聖ヨハネ騎士団は聖地を追い出されたあとはロードス島により、一五二二年にはそこも追われて、一八世紀終わりまでマルタを領土とした一種の国家であった。一七九八年にはそのマルタ島もナポレオンに奪われてしまった。現在では実態はほとんどないものの、マルタ騎士団として存続しており、国連にオブザーバーとして参加しているほか、一〇〇近い国々と〝国交〟がある。これらの騎士団に比べると小規模だが、聖ラザロ騎士団も結成された。これは、イエスにハンセン病を癒《い》やされたというラザロの名を取っており、ハンセン病患者の療養施設を作り、その保護を目的とした。

少しずつ落ち着き始めたエルサレムは一一二〇年代半ばに建設ブームを迎える。聖墳墓教会の大規模な建て替えが始まったのもこの時期である。聖母マリアの母、聖アンの教会もこの頃に建てられた。この教会はマリアの実家がナザレではなかったというマタイ福音書の解釈にしたがっている。イエスが赤ん坊の姿をしているのは世界中どこの教会でも見ることができるが、マリアの赤ん坊姿の人形はここでしか見たことがない。この教会は、ヨハネ五章にあるイエスが三八年も体がきかなかった人を癒やしたベテスダの池のほとりにある。現在のエルサレムではもっとも印象的な教会の一つで、十字軍時代の形式をはっきり残している。

一方、エルサレムを奪われ、戦後の居住も許可されなかったムスリムは復讐心をあおられた。イスラム初期を除いては比較的重要性が薄かったエルサレムの奪回が宗教的・民族的中心命題の一つとなる。現在まで続くキリスト教世界とイスラム世界の相互不信は主としてこの時期に形成されたと言えよう。二〇〇一年九月一一日にニューヨークとワシントンで起きたテロ事件のあと、ブッシュ大統領は「対テロ十字軍」を訴えた。しかしイスラム世界の反発が大きく、直後に「十字軍」の語がおとされたのを見ると、キリスト教世界における十字軍のよいイメージ、イスラム世界における十字軍への憎しみは九〇〇年後の現在も生き残っているようだ。

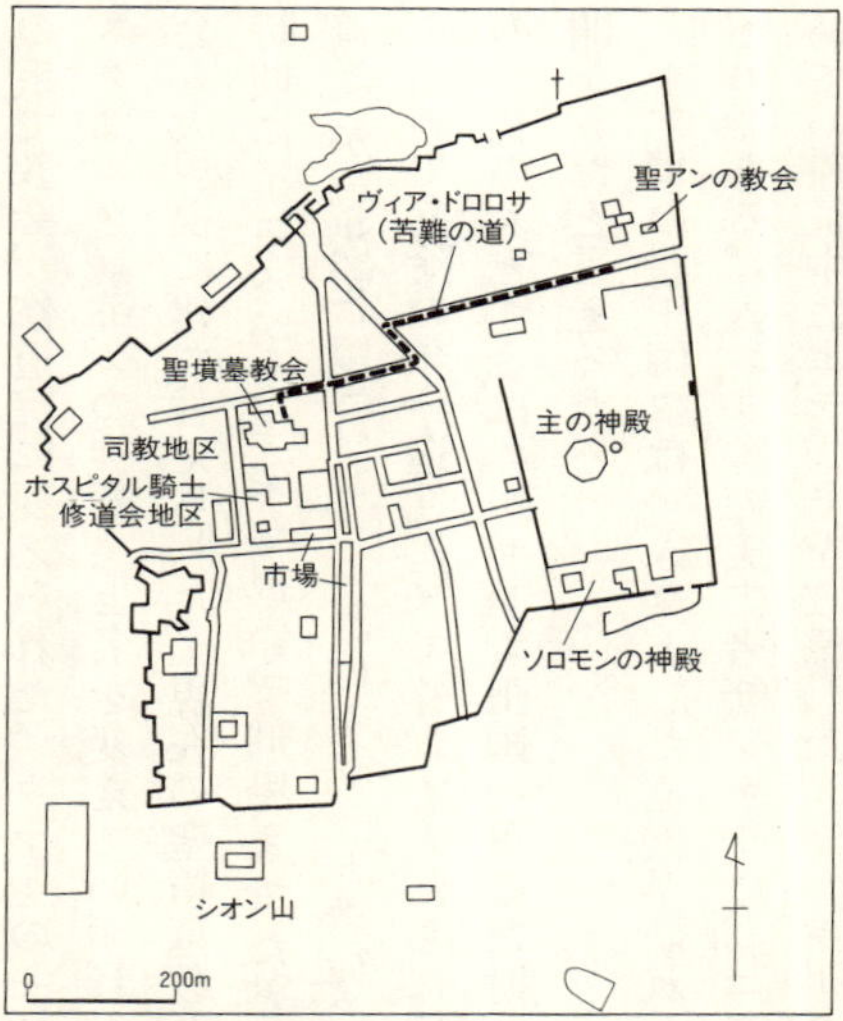

十字軍時代のエルサレム

接収されたイスラムの建物は十字軍

の手で教会、修道院に変えられた。ウマルのモスクは「主の神殿」となり、アルアクサ・モスクは「ソロモンの神殿」と名を変えていずれも教会になった。イエスの墓である聖墳墓教会も大規模に建て替えられた。現在の聖墳墓教会の原型はこの時代のものである。またこの時期にイエスが十字架を担いで刑場までたどったとされる「ヴィア・ドロロサ（苦難の道）」が〝決定〟された。これはキリスト教徒の巡礼が多かったことを示すものだ。はるばる高価で危険の多い巡礼に来てくれる人たちには感銘を与えなければならない。おまけにこの巡礼のおとす金はエルサレム王国の重要な財源である。一種のキリスト教テーマパークが開かれたと言えるだろう。

十字軍の諸王国にはっきりとした危機が訪れたのは一一四四年だ。エデッサ伯国が陥落したのである。ムスリムの実力者ザンギーは、エデッサ伯国のジョスラン二世国王が全軍を率いての遠征中にエデッサを攻撃した。ザンギーのエデッサ攻撃は十字軍と協力関係にあったダマスカスのムスリム政権を倒す作戦の一環だった。その時エデッサには将兵がほとんどおらず、堅固な城壁も防戦の役には立たなかった。ジョスラン二世は二年後に、ザンギーの急死を好機にエデッサを回復した。しかし、ザンギーの息子のヌール・エッディーン（信仰の光）が町を再奪取したのはその二ヵ月後のことである。これに驚いたエフゲニウス三世教皇は第二次十字軍を召集した。これにはドイツ、フランスの国王などが参加した。彼らがパレスチナに到着したのは一一四八年であるが、なんと十字軍と協力関係にあったダマスカスのウヌールに襲いかかった。これに驚いたウヌールにはヌール・エッディーンの救援を求める以外の方法はない。誰が味方で、誰が敵なのかの情報すらなかった第二次十字軍は実行すべきではなかったダマスカス攻略に失敗し、なんの成果もあげられなかった。ヨーロッパから来たばかりの第二次十字軍の将兵には、十字軍がイスラム勢力の一部と友好関係にあるなどという高等戦略は理解できなかったようだ。

ライオンとあだ名されたクルド人の将軍シルクがヌール・エッディーンに派遣されてエジプトを占領したのは十字軍にとって大きな痛手だった。一一一八年にボードワン一世軍が攻略したことがあったが、彼が遠征先で病気になり、まもなく死亡したことで、十字軍がエジプトを押さえることはなかった。シルクの甥ユースフ・イブン・アユーブはエジプトをヌール・エッディーンに対抗する勢力に育て上げる。彼は「信仰の義」を意味するサラハディンとよばれた。ヌール・エッディーンが一一七四年に病死すると、アユーブ朝を建てたサラハディンがイスラム勢力の絶対的な求心力となるまでに一〇年しかかからなかった。こうして十字軍は、それまでの分裂したイスラム勢力ではなく、ジハードに燃えた単一の勢力に完全に包囲されたのである。この時になっても十字軍は内紛を繰り返していた。大まかに言えば、ヨーロッパから来たばかりの人々は好戦的であり、〝土着〟の十字軍はサラハディンとの共存を望んでいたのである。

決定的となったのは一一八七年に起きたヒッティンの闘いである。エルサレム国王になったばかりでまったく無経験のギー・ド・リュジニャンはテベリアから西に進んできたサラハディン軍との決戦を望んだ。七月のその日は非常に暑い日で、重装備の十字軍将兵はのどの渇きに悩みつつ、サラハディン軍より長い道を行軍せざるを得なかった。戦場となったのはガリラヤのヒッティンの野である。結果はサラハディン軍の歴史的大勝利に終わった。この闘いの後は十字軍側の効果的な抗戦はなくなった。サラハディンがエルサレムに迫ったのはヒッティンの闘いの二ヵ月後にすぎない。その間にほとんど闘いもないまま有力な町々を陥落させた。丸裸になったエルサレムが陥落したのは一一八七年一〇月二日である。

十字軍時代は、六三八年から二〇世紀初めの第一次世界大戦まで約一二〇〇年以上続いたエルサレムのイスラム支配の中では短命な間奏曲にすぎなかった。

9　一一八七年から一五一六年まで――第二次イスラム時代

サラハディンの入城

一一八七年一〇月二日にサラハディンの率いるイスラム軍がエルサレムに入城したのは、北側の城壁の東によったところである。一〇〇年前に同じ場所から十字軍が入城しているのに合わせたのかもしれないが、エルサレムは地形上、北部の防備が弱いのは前述の通りである。サラハディンの占領は十字軍に比べるとはるかに寛容なものだった。虐殺も略奪も起こらなかった。ヨーロッパ出身のキリスト教徒たちは捕虜となったが、身代金（男はビザンチン金貨一〇枚、女は半分、子供は五分の一）を支払えば釈放された。払えなければ奴隷になるしかない。エルサレムの金持ちはその財産の一部で自分たちの身代金を払い、貧しい同胞を奴隷の境遇に残したまま財宝を抱えて帰国した。サラハディンの弟は一〇〇〇人の奴隷をもらい受けて、その場で解放したという。サラハディンはキリスト教徒に強烈な印象を与えた。

敵となった西方教会の信徒は追放されたが、東方のキリスト教徒たちは不利益を受けず、十字軍時代には居住を許されなかったユダヤ人も戻ってきた。ユダヤ人がサラハディンを、捕囚から救ってくれたペルシャ王キュロスの再来と褒め称えたのは当然である。ほとんどの教会がモスク、マドラサ（イスラムの宗教学校）などに替えられたのはしかたがない。旧市街の南西側にあるシオン山に最後の晩餐の部屋と言われる場所がある。イエスが処刑前に弟子たちと過ぎ越しの祭の食事をしたとの伝承があるところだ。建物は明らかに十字軍時代のものであるが、「その人はお前たちに用意のできた二階の大きな部屋を見せてくれる。そこに用意しなさい」（マルコ一四：一五）にならって二階になっている。その部屋に入ると、南側の壁に暖炉のようなものが造ってある。それがキブラで、祈る者にメッカの方向を示す。サラハディンの占領後にモスクに替えられた証拠だ。数多くの巡礼ですり減った二階への階段の石が交換されたのは一九八〇年代末のこ

最後の晩餐の部屋（読売新聞社）

とだった。

しかしキリスト教徒にとってもっとも重要な聖墳墓教会はそのままキリスト教会として残された。もっとも教会内の各宗派間の争いが激しかったためもあって、夜施錠して朝開く正門の鍵はエルサレム在住ムスリムの二家族にゆだねられた。現在はそのうち一家族しか残っていない。今ではほかの入り口もあるので多分に象徴的な儀式ではあるが、依然として朝晩この家族の雇い人が教会の扉の鍵を開け閉めしている。教会正門を開け閉めする儀式には、ギリシャ正教、カトリック、アルメニア正教の僧侶たちが立ち会い、ライバルの抜け駆けを相互監視している。

アユーブ朝時代のエルサレム

サラハディンに始まるアユーブ朝は、エルサレムを失ったあとも依然として地中海東岸地方に盤踞《ばんきょ》する十字軍の急襲を怖れた。エルサレム陥落に驚いて第三次十字軍が結成され、サラハディンの戦勝四年後の一一九一年にはパレスチナに到着した。その時出征した指揮官の一人がイギリスの獅子心王リチャードであり、ロビン・フッド伝説が生まれた背景になっている。彼らはレバノンからヤッフォに至る海岸線約二〇〇キロを掌握して十字軍王国は存続したのである。第三次十字軍はエルサレム侵攻こそ果たせなかったものの、力を背景にしてムスリム側と協定を結び、エルサレム陥落から五年後にはキリスト教徒のエルサレム、ベツレヘム巡礼が可能になった。巡礼の入場税が経済的基盤を持たないエルサレムにとって重要な財源となっていたためでもある。最後の晩餐の部屋に落書きされている紋章の一つはリチャードが巡礼した際に刻み込んだものと言われる。

サラハディンは一一九三年、ダマスカスで死んだ。彼の墓はダマスカスのウマヤド・モスクの裏にある。彼の死後、国は分裂して内紛が起きたものの、エルサレムへの投資は続き、さらに多くのモスク、宗教学校が建てられた。一度奪われ、苦労して奪還したエルサレムはムスリムの目には非常に大事なものと映ったのである。

第二次エルサレム王国

一二〇〇年にダマスカス太守になったサラハディンの甥アルムアッザムは、居をエルサレムに移したほどこの町を愛した。その一八年後には第四次十字軍が結成された。彼らはエジプトに上陸し、そこから陸路エルサレムに向かおうとした。ところがこの十字軍は船賃にも事欠く有様で、船主のヴェネツィアに船賃の一部としてザラ（現在のハンガリー）攻略を要求された。さらにはビザンチン帝国の首都コンスタンチノープルを占領し、カトリック影響下のラテン帝国をでっち上げた。東方と西方、二つのキリスト教の確執はこれ以降現在に至るまで抜きがたいものとなった。

アルムアッザムは十字軍に再度占領された場合、城壁に頼られると困るとの思いから、一二一九年に城壁を破壊してしまった。十字軍による虐殺の記憶が王の判断を誤らせたとしか思えない。次にエルサレムの城壁が再建されるのはオスマン・トルコ時代の一六世紀になってからだから、三〇〇年にわたってエルサレムは無防備状態だった。

城壁の破壊は住民に不安感を与え、人口は減少傾向に転じた。おまけにアユーブ朝は内紛状態に陥り、弱体化を免れなかった。そこに外交交渉の奇跡が起きる。シチリア国王のフリードリッヒ二世は神聖ローマ帝国皇帝となる一方、すでに実体のないエルサレム王国の国王の娘ヨランダと結婚することによってその継承権を得ていた。もともと北アフリカと交流のあるシチリアに育ってイスラム文明との接触があり、自身アラビア語を話したと伝えられるフリードリッヒは、十字軍の愚劣さを感じていたようだ。そのためもあって教皇グレゴリウス九世の十字軍結成のよびかけに応じなかったので、ローマ教皇との関係は最悪な状況だった。彼は破門のまま一二二八年にパレスチナに遠征するが、教皇との不仲からドイツ騎士団以外の騎士たちは彼とともに闘うのを拒否した。そこでフリードリッヒ二世は方針を変更した。エジプトのアルカミル王とのねばり強い交渉の結果、一二二九年にアユーブ朝と協定を結んだのである。協定の要点は、

①一〇年間にわたって停戦する。

②キリスト教にとって重要なエルサレム、ベツレヘム、ナザレはキリスト教の所有とする。

③ただし、ウマルのモスクなどが建っているハラーム・アッシャリフ（旧神殿部分）の主権はイスラム側に残る。

④アユーブ朝は海岸の十字軍領とエルサレムの間に安全な回廊を保障する。

⑤フリードリッヒはエルサレムの城壁を再建しない。

の五点である。この協定の結果、ユダヤ人は再びキリスト教徒によってエルサレムから追放された。こうしてフリードリッヒ二世は戦争で失ったものを外交交渉で回復したのである。現在なら、ノーベル平和賞の候補にあげられるかもしれない。この第二次エルサレム王国は一五年間続いた。この協定をイスラム側から見ると、明らかな裏切りである。ダマスカスなどでは協定に抗議する大規模なデモが行われた。

協定が生きている間もエルサレムのキリスト教徒が無事だったわけではない。彼らにエルサレムを守る力はなかったから、時としてムスリムの略奪を受けざるを得なかった。しかし協定が一二三九年に失効した時も追放されることはなかった。アユーブ朝の内紛のおかげである。死海東方にあるケラクのアルナセル・ダウードはエジプトの王との争いを助けることを条件にエルサレムをキリスト教徒に与えた。しかし静寂は長くは続かなかった。東から怒濤《どとう》のごとく押し寄せてきたモンゴルに押し出されたトルコ系ムスリムが中央アジアからパレスチナに流れ込んだのである。エルサレムもダマスカスも徹底した略奪の犠牲となった。アユーブ朝はエルサレムを取り返したものの、人口数千のみすぼらしい村に成り下がっていた。

十字軍がパレスチナ全土から追放されるにはマムルク朝を待たねばならない。もともと中央アジアなどからさらわれたり、買われたりしてきた軍事奴隷がクーデターを起こして政権を奪取した王朝だ。彼らはアユーブ朝を倒し、モンゴルをも駆逐した。しかしエルサレムの経済的立地の悪さはどうしようもなかった。しかも内陸貿易のルートでもなかったために次第に衰退していかざるを得なかった。さらに、城壁が破壊されて無防備になったエルサレムは居住に魅力をおぼえる町ではなくなっていた。

エルサレムの運が上昇するのは一二九一年である。この年、マムルク朝のハリル王は十字軍を完全にパレスチナから追放することに成功した。敵がなくなり、政権が安定すると、城壁のない町に住むのを怖がることもない。また代々の王たちはメッカ、メディーナに次ぐ第三の聖地に信仰の証を立てた。現在ハラーム・アッシャリフの北と西の境界沿いに二〜三階建ての一連の建物が壁のようになっているが、これらはマムルク時代に建てられたもので、多くはマドラサ（宗教学校）である。これらマドラサにとってはハラームが見えるところにあることが価値となったのである。さらに石鹼《せっけん》、綿、麻などの軽工業が盛んになり、綿花の市場も開かれるようになった。

しかし一四世紀後半になると、マムルク朝にも陰りが見えるようになった。中心から遠いエルサレムは衰え始める。そうなると城壁がない弱みが露呈され、ベドウィンの襲撃にさらされるようになった。また一四世紀のヨーロッパに大打撃を与えた黒死病はエルサレムをも襲った。経済の不振はムスリムとキリスト教徒の間の緊張を伴った。こうした困難にもかかわらず、キリスト教ヨーロッパからの巡礼の波は途切れなかった。何人ものキリスト教徒が彼らの巡礼記を残している。

一五世紀末になるとマムルクの退潮は覆いようがなかった。替わって北のオスマン・トルコが姿を現し始める。ユダヤ人は次第に数を減らし、七〇家族になってしまった。しかしそれでも、ヨーロッパ出身のアシケナジー・ユダヤ人と、スペインとアラブ圏出身のスファラディー・ユダヤ人は互いに足を引っ張り合った。

10　一五一六年から一九一七年まで――オスマン・トルコ時代

歓迎されたオスマン・トルコ

オスマン・トルコのセリム一世は、一五一六年暮にエルサレム無血入城を果たした。マムルク朝が衰えるにつれてエルサレムも寂れてしまっており、防戦の術もなかった。城壁のない町はそれだけで魅力がない。しかも中央政権の威光が届かなくなれば、遊牧民のベドウィンは強盗と化す。強力なオスマン・トルコの征服は秩序をもたらすものとして歓迎された。トルコが新しく手に入れたシリア・パレスチナはダマスカスを中心とする行政区になり、その下位区分のパレスチナはエルサレム、ナブルス、ガザに三分された。

オスマン・トルコがエルサレムを獲得した直後に即位したスレイマン壮麗王（在位一五二〇－一五六六）はオスマン・トルコの最盛期を象徴する。伝承によるとスレイマンはライオンに

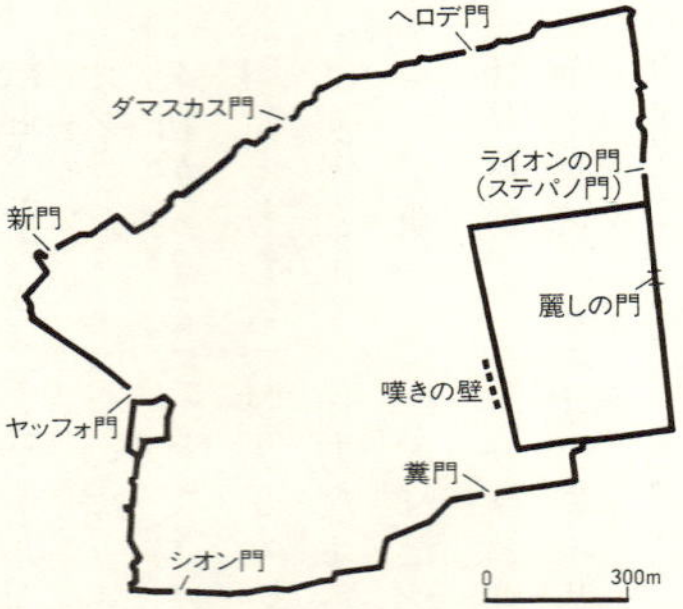

旧市街の門と嘆きの壁

襲われる夢を見た。夢判断をしてみると、聖都エルサレムを手に入れながら、寂れたままにしているのをアッラーが怒っているということがわかった。それが原因かどうかわからないが、スレイマンはエルサレムの復興に努めた。一五三六年、スレイマンは三〇〇年ぶりに城壁の再建を命じた。城壁の東側にある門には四頭のライオンが彫られているところからライオンの門とよばれている。これはスレイマンの夢に出てきたライオンだという。一辺一キロ弱の四角形の城壁が完成したのは一五四一年である。高さは、場所によってちがうが、五メートルから一五メートルある。本来六つの門があった。ダマスカス門、ヘロデ門、ライオンの門、糞門《ふんもん》、シオン門、ヤッフォ門だ。

七つ目の新門は一八九八年、ドイツのヴィルヘルム二世がエルサレムを訪問した際に開けられた。そのため、他の門の多くは防御のために入ってから曲がるようになっているが、新門はただ城壁に穴を開けただけの構造だ。さすがに一九世紀の終わりには城壁や複雑な城門が防御を約束してくれるとは考えられてはいなかった。東側にある麗しの門は開かずの門である。水路も造られ、プール、噴水などが備えられた。エルサレムは再び発展のインフラを備えた。スレイマンは人口増加を図った。城壁完成から一二年経った一五五三年に行われた人口調査によると、エルサレムには一万三三八四人が居住しており、そのうち三〇〇〇人強がキリスト教徒とユダヤ人だった。

救世主（メシア）と聖地

ほぼ一〇〇年をおいて二人のユダヤ人メシア（救世主）が現れた。一六世紀初めのダヴィド・レウベニと一七世紀のシャブタイ・ツヴィである。

一五二三年、一人のユダヤ人がエルサレムを訪れた。当時三〇歳くらいのダヴィド・レウベニであるが、彼は自分がメシア（救世主）であると称した。彼は北朝起源の失われた一〇部族による王国の王子であり、兄のヨセフ王はオスマン・トルコを打倒するための同盟国を求めていると売り込んだ。それを信用した人々の援助でヨーロッパ各地をまわり、ローマ教皇との会談にさえ成功した。彼が一時期にしろ影響力を持った裏には、ユダヤ人はキリスト教世界とイスラム世界のどちらに将来を託すべきかという解けない問題があった。一四九二年にイスラム勢力がイベリア半島から駆逐され、それまでもあったヨーロッパの反ユダヤ主義に拍車がかかった。一方、エルサレムでも見るように、オスマン・トルコはヨーロッパを追放されたユダヤ人を受け入れた。とは言え、先祖伝来生きてきたヨーロッパは懐かしい。

結局詐欺師レウベニはユダヤ人社会とキリスト教世界をかきまわしただけの存在で、なんの功績もなかった。

ダヴィド・レウベニは自分が偽物であることを知っていたのだが、本心から自分がメシアであると思っていたシャブタイ・ツヴィはさらに悲喜劇的だった。彼は一六二六年アブの月九日にトルコで生まれた。これは二回にわたってエルサレムの神殿が破壊された日であり、暗示的だった。彼が一六六五年五月三一日に行ったメシア宣言は広く受け入れられた。彼の評判は中東ばかりでなく、ヨーロッパにも広がり、ユダヤ人のみならず、キリスト教徒にも信奉者が現れた。一六六六年にイスタンブールを訪れてスルタン、メフメト四世に、自分をユダヤ人の王に任命するよう要求した。それに対してスルタンはイスラムに改宗するか、それとも死罪かとシャブタイを追い詰めた。結局彼はイスラム教に改宗する。彼が死んだのはイスラムへの改宗から一〇年後の一六七六年のヨーム・キプールだったという。それは新年から一〇日目で、伝承によれば、神がその年に殺す人々を決定する日だった。

ユダヤ人にとって最大の聖地は嘆きの壁である。これはヘロデが大改装した神殿の土台を支える西側の壁の一部である。そのためユダヤ人は単に〝西の壁〟とよんでいる。十字軍によってエルサレムから追放されたユダヤ人は、昔あった神殿を東から見下ろす位置にあるオリーブ山から祈っていた。神殿の東側の壁にもユダヤ人が集まっていたらしい。スレイマンは、エルサレム再建の際、西側の壁にユダヤ人の祈りの場を造るように命じた。現在の嘆きの壁の前にはかなり大きな広場があるが、これは一九六七年の第三次中東戦争直後にイスラエルがそこにあった住宅地を破壊して造ったものだ。当初は壁の前三メートルほどが空いているだけで、非常に狭い空間だった。この空間は短期間にユダヤ人に受け入れられるようになり、巡礼が必ず立ち寄るようになった。嘆きの壁の西側にユダヤ人が多く住むようになり、一六世紀末にはユダヤ人地区を形成するようになる。一二世紀、スペインのトゥデラ出身のビニヤミンは、ヨーロッパからアラビア半島までを旅して途中の町々に住むユダヤ人に関する詳細な記録を残している。エルサレムをも訪れたが、彼の記録には嘆きの壁は記載されていない。嘆きの壁の伝統は意外に短い。

嘆きの壁に行ってみると、二〇〇〇年前に積まれた巨大な石が積み上がっているが、その石の間に小さくたたんだ紙が挟まっているのに気がつくだろう。神への願いを書いた紙を挟む習慣も一六世紀に始まった。現在ではエルサレム中央郵便局当てにメール、ファックスを送ると、それを嘆きの壁に持っていってくれるサービスがある。

衰退と転機

オスマン・トルコは、スレイマンが一五六六年に死んでからゆっくりとした下り坂にさしかかる。征服戦争が止まってしまうと、戦利品という収入の道を失った諸侯は農民の税金をあげざるを得なかった。そのため、農業生産がふるわなくなった。さらに経済的な打撃になったのは、ヨーロッパがアフリカ南端を越えてインド洋に進出し、トルコが押さえていた東方貿易に穴が空いてしまったことだ。そのため、東南アジアからの香辛料などヨーロッパに向かう商品の関税収入がなくなった。分水嶺《ぶんすいれい》になったのが、一五七一年のレパントの海戦である。国家が下り坂になると、官僚も質が悪くなる。エルサレムでは人口が減り始め、街道の治安は悪くなった。

エルサレムではギリシャ正教とカトリック（特にフランシスコ会）が勢力争いを繰り返した。もっとも争いが激しかったのはイエスの墓のある聖墳墓教会とイエスが生まれたベツレヘムの聖降誕教会の支配権である。双方が自分の立場を正当化する古文書を持ち出したものの、主張を通すもっとも効果的な方法は当局への賄賂《わいろ》であることがわかるまでに時間はかからなかった。もっともギリシャ正教をはじめとする東方教会はオスマン・トルコにとって〝我らがキリスト教〟であり、カトリックに比べるとはるかに有利だった。キリスト教とイスラムの確執も収まったわけではない。

一七九九年にナポレオンがエジプトからパレスチナを通過してフランスに帰還した時のエルサレムは、わざわざ攻撃する価値もない地方都市に成り下がっていた。海岸線を進む本体から小規模な分遣隊が出されたにすぎない。ナポレオンが、ヨーロッパ史上最初のキリスト教離れを果たしたフランス革命の申し子であることと関係があるのかもしれない。宗教が見放されてしまえば、エルサレムは魅力的なところではない。衰退の一途をたどらざるを得なかった。

転機は一九世紀に訪れる。民族主義に目覚め始めたユダヤ人が主として東ヨーロッパからの移民を開始し、ヨーロッパもこの地に関心を持つようになったからだ。そのきっかけになったのはエジプトのムハンマド・アリである。彼はギリシャ東部でアルバニア人の両親から生まれた。オスマン・トルコの代官としてカイロに赴任した彼はエジプトの主権を奪って事実上の独立を果たした。アリは、ちょうど明治維新の日本と同じように強引に近代化を推し進めた。彼は、傾いたオスマン・トルコに替わろうと、シリア・パレスチナに向かって侵攻を開始する。エルサレムがムハンマド・アリの版図に入ったのは一八三一年からの九年間と長くはないが、その間に種々の改革が行われ、近代化が始まった。アリの時代には道路の安全が確保され、税はより適正になり、エルサレムは再び復活の兆しを見せる。アリの優勢に危機感を抱いたのはトルコだけではない。ヨーロッパ列強もトルコの後押しをしてアリを後退させた。

一九世紀後半になると、異教徒も城壁の外の土地を所有することができるようになった。

城外最初の本格的建築は、城壁から南西に五〇〇メートルほど離れたところに造られたヨーロッパ式の風車だった。これを建てたのは、イタリア生まれのユダヤ人で、のちにイギリスに渡って成功し、ユダヤ人として初のロンドン市長になったモンテフィオーリ（一七八四―一八八五）である。ヴィクトリア女王に男爵位を授けられたモンテフィオーリは四〇代初めに大富豪として引退し、九一歳になるまでに七回もエルサレムを訪れた。一八六七年にエルサレムを訪れたアメリカの作家、マーク・トゥエインは当時のエルサレムについて「ボロ、みじめさ、汚れ、これらこそ三日月の旗よりはっきりとイスラムの支配を示している。癩病《らいびょう》患者、不具者、めくら、馬鹿がどこへいっても目につく。……エルサレムは痛ましく、陰気で、生命の躍動が感じられない。私はこんな所に住みたくない」（『イノセント・アブロード聖地初巡礼の旅』）と書いているが、モンテフィオーリがなんとかしようとしたのは、そのエルサレムでも特に貧しいユダヤ人の生活だった。一五メートルの高さのある風車は彼らに雇用と安い粉を供給するためだった。もっとも、風が十分でなく、この風車はなんの役にも立たなかったのだが。風車のそばに貧しいユダヤ人用の居住区も造ったのだが、城壁の外に住むのは危険が大きかったために、誰も住みたがらなかった。そこでモンテフィオーリは、家賃を取るどころか、金を払って住んでもらった。この居住区は現在も残っているが、外国から招かれた芸術家の宿舎として使われている魅力的なところだ。

モンテフィオーリの居住区と同じ頃、旧市街の北西すぐのところにロシア人巡礼の宿が造られた。この建物ができてからは毎年五〇〇〇人から六〇〇〇人のロシア人が巡礼としてエルサレムを訪れた。壁が非常に厚く、要塞のように見えるこの建物は現在警察署になっている。エルサレムで逮捕されるパレスチナ人が最初に連行されるところだ。何度か逮捕されたパレスチナ人の友人によると、厚い壁のために雨季の冬は湿気が高く、凍えるほど寒いという。こうして城壁外に人が住み始めた一八六八年のエルサレムの人口は一万八〇〇〇人で、半分がユダヤ人、ムスリムが五〇〇〇人、キリスト教徒が四〇〇〇人だったと推定される。この頃から現在まで一貫して、エルサレムのユダヤ人はアラブ人人口を超えている。

エルサレムの人口が大きく伸びたのは六〇年代から八〇年代にかけてのことだ。一八八九年のエルサレム人口は四万人弱で、そのうち二万五〇〇〇人がユダヤ人である。それ以降も伸び続け、第一次世界大戦前夜の一九一四年には七万人（うちユダヤ人が四万五〇〇〇人）へと大幅に増加していた。一八九二年に海岸地方から鉄道が通じて、エルサレムは発展の糸口をつかんだかに見えたが、その芽を摘んだのは第一次世界大戦である。

ユダヤ民族主義

初期のユダヤ民族主義を象徴するのは、モーゼス・ヘス（一八一二―七五）の『ローマとエルサレム』（一八六二年）であり、非ユダヤ人でイギリスの女流作家ジョージ・エリオット（一八一九－八〇）が書いた『ダニエル・デロンダ』（一八七六年）だろう。

フランス占領時代のボンに生まれたヘスは、子供時代に祖父にユダヤ教を教えられたが成人して共産主義に傾いた。傾いたどころか、エンゲルスを共産主義に導き、マルクスに社会科学的・経済的視点を開いたのはヘスだったと言われる。しかし五〇代を前にしてドイツの反ユダヤ主義に直面したヘスはユダヤ性に立ち返った。共産主義者としてのヘスは、この新しい思想が反ユダヤ主義をはじめとするあらゆる矛盾を解決すると考えていたが、ユダヤ性に返ったあとではパレスチナにユダヤ人国家を建設する以外にユダヤ問題解決の方法はない、との結論に達した。彼の考え方はあまりに時代を先取りしていたために、当時はまったく注目されなかった。忘れられた『ローマとエルサレム』に注目したのは近代シオニズムを創始したテオドール・ヘルツル（一八六〇－一九〇四）である。同書を読んだ彼はヘスを「スピノザ以来最大のユダヤ人思想家」と讃え、のちのイスラエル独立につながる『ユダヤ人国家』（一八九六年）を書く着想を得たという。

一方、ジョージ・エリオットの小説の主人公ダニエル・デロンダは非ユダヤ人として育てられたが、自分がユダヤ人であることを知ると、惹かれていたユダヤ人女性、ミラと結婚してパレスチナへの移住を考える。彼は同化の道を選ばなかった。ヘブライ語の再生を成功させたエリエゼル・ベンイェフダ（一八五八―一九二二）は、シオニストになるにあたって『ダニエル・デロンダ』に強く影響されたと語っている。

シオニズムは新しいユダヤ人像を生み出し、その実現のためにヨーロッパでは歴史的に禁じられていた農業従事が象徴となった。パレスチナに農業学校が作られ、農場が開かれた。とは言え、主要な移住目的地がエルサレムであるのは変わらなかった。

ユダヤ民族主義は〝言葉〟にも表れた。それ以外の、まわりに同化することでユダヤ人問題が解決できると考える人たちは、当然その国の言葉を自分のものにした。民族主義に背を向け、救いは宗教遵守にこそあると考える人々は、イディッシュ（ドイツ語が基礎。中東ヨーロッパで普及）、ラディノ（スペイン語が基礎。アラブ圏）などのユダヤ人にしか通じない特殊な言葉を日常語としていた。ヘブライ語は聖なる言葉であり、日常生活に使うべきではないと考えたからだ。

世界各地からエルサレムに集まり始めたユダヤ人たちの間で、旧約聖書が書かれた古代ヘブライ語の復活が真面目に考えられるようになった。ヘブライ語は宗教言語、文学言語としてインテリの間では使われていた。ドイツ在住の学者がイエメンの学者と文通するには、ヘブライ語以外の手段は考えられないではないか。しかし、日常の役に立つ言語とはほど遠い現状だった。まず発音が問題だ。読み書きだけに使うのなら、書き手と読み手が別の発音をしてもかまわない。しかし生活言語となれば、話し・聞く必要が出てくる。当時アラブ圏に伝えられていたヘブライ語は母音体系が比較的単純だが、子音体系は複雑だった。ヨーロッパのヘブライ語はその逆である。そこで、双方の単純な部分を組み合わせることにした。まったくの外国語として〝母国語〟を学ばなければならない人がほとんどだから、この決定はその後の普及に大きな力になった。形態論（動詞や名詞の変化など）は聖書時代のヘブライ語に準拠することになり、統辞論（語順）はヨーロッパ語に近くなった。

最大の問題は語彙である。現代生活を行う上で、決定的にたりない。旧約聖書は、約八〇〇〇語で書かれている。語彙が少なくても高い水準の文学は可能だという好例ではあるが、現代生活を営むには少なくとも数万語はなければどうにもならない。その点で活躍したのがエリエゼル・ベンイェフダだ。現在のベラルーシ領でエリエゼル・イツハク・パールマンとして生まれたベンイェフダは地元で三歳から宗教教育を受け、高等教育はパリのソルボンヌ大学でおさめた。ユダヤ教を捨てて民族主義者になった彼は、一八八一年にパレスチナに移住した後、ヨーロッパ風のパールマンをヘブライ語のベンイェフダ（ユダの子）に改称した。ベンイェフダはヘブライ語の辞書を作った。普通、辞書は使われている言葉を集めて編纂するものだが、ベンイェフダの場合は言葉そのものを作ったのだから大変だ。一貫して無神論者だったベンイェフダは「ネフェシュ（魂）」という言葉の項目を執筆している時に急逝したという話を、彼の末娘のドーラに聞いた。ベンイェフダにとって歴史的な民族言語を持たない民族はありえなかった。辞書の第一巻が出たのが一九〇八年で、ベンイェフダの死後も編纂が続けられ、最終刊は五〇年後の一九五八年に出版された。

ヘブライ語は、ほとんど一世代のうちにパレスチナのユダヤ人の間に普及した。民族主義が強烈であったこともあるが、オスマン・トルコ帝国の妙な中央集権不在が幸いした。エルサレムではトルコ語はむしろ少数派で、アラビア語、英語、ドイツ語、ギリシャ語、アルメニア語などがそれぞれの民族集団で話されていた。ヘブライ語は、そうした環境の中で、ユダヤ人の教員たちが中心となり、猛烈な勢いで広がっていった。ヘブライ語を〝母国語〟として育った最初の子供はベンイェフダの息子、イタマルである。母親のデボラは当初ヘブライ語が話せなかったために、息子と言葉を交わすことを禁じられたという。イタマルは長じて、実用向きの小さなヘブライ語辞書を出した。

ドレフュス事件の波紋

シオニズムを決定づけたのは一八九四年のパリで起きたドレフュス事件である。その四半世紀前、普仏戦争勃発の一八七〇年七月からわずか一ヵ月半後にはフランスのナポレオン三世皇帝が捕虜となって第二帝政は終わった。結局停戦になったのは翌年五月で、一〇ヵ月しか続かなかった普仏戦争はパリ陥落直後にプロシャの大勝となって終わった。この戦争の結果、フランスはアルザス・ロレーヌ地方を新生統一ドイツ帝国に割譲し、多額の賠償金を負わされた。このため、独仏関係は第二次世界大戦まで七〇年以上にわたる確執時代に入る。その最初がドレフュス事件である。

一八九四年、パリでドイツによるスパイ事件が起こった。証拠もないまま、陸軍参謀本部で唯一のユダヤ人将校だったドレフュス大尉（一八五九―一九三五）がスパイとして有罪判決を受けた。彼の服役中に真犯人が判明したのだが、一九〇六年の再審で無罪判決を受けるまで、軍はその事実を隠し続けた。流行作家のエミール・ゾラがドレフュスの弁護に当たったのだが、名誉毀損《きそん》で起訴されてイギリスに亡命するなど大事件になった。間違いを認めなかった軍の頑迷さが主因であったとは言え、その裏には反ユダヤ感情があった。ドレフュスがユダヤ人でなければ、これほど解決に時間がかかることはなかったろう。そしてこの事件は反ユダヤ感情をさらにあおったのである。ドレフュス事件は、周囲に同化することでユダヤ人問題は解決する、との考え方に痛烈な否定を突きつけた。

しかし、ドレフュス自身は、主観的にはフランス人以外の何者でもなかったし、ユダヤ民族主義のシオニズムにはまったく興味を示さず、宗教的でもなかった。彼は無罪判決を受けたあともユダヤ人ではなく、フランス人として生きることに疑問をおぼえず、一九〇六年に無罪判決を受けると軍に復帰し、少佐に昇進した。苛酷な服役で損なった健康状態から、一九〇七年には名誉除隊している。しかし一九一四年には再度軍務に復帰し、第一次世界大戦には中佐に昇進した。彼の息子も軍人となり、第二次世界大戦に砲兵隊将校として軍務についた。ドレフュス事件はドレフュス個人を離れて一人歩きを始め、これをきっかけにユダヤ人の民族主義（シオニズム）が生まれた。

シオニズムを現実的民族運動としたのは、オーストリアの『ノイエ・フライエ・プレッセ』紙のパリ特派員としてドレフュス事件を取材したテオドール・ヘルツルである。ハンガリーのペストで生まれ、ウィーンで育ったヘルツルは、同化がユダヤ人問題を解決すると考えていた。ドレフュス事件取材までのヘルツルはドレフュスそっくりだったのである。ドレフュスがフランス人であったように、ヘルツルはドイツ的教養を備えたオーストリア人だった。その信念がぐらついたのがドレフュス事件であり、翌年の一八九五年に反ユダヤ主義者のカール・リューガーがウィーン市長になったことである。

方向を変えた彼は、一つ前の世代のモーゼス・ヘスが書いた『ローマとエルサレム』に刺激を受けて『ユダヤ人国家』を書いた。この本は各国語に訳され、ヘルツルはシオニズムの中心人物となった。ヘルツルが中心になって世界シオニスト機構が結成された翌年の一八九七年にはスイスのバーゼルで第一回シオニスト会議が開かれ、五〇年後のイスラエル建国への道を開くことになる。このため、シオニストたちは彼を「国家の先見者」とのニックネームをつけた。もっともこの先見者は、シオニストとしては例外的に、死ぬまでドイツ語で通し、ヘブライ語を学ぼうとしなかった。前述の『ユダヤ人国家』もドイツ語で書かれている。

ヘルツル以前のシオニズムは、ロスチャイルド家の援助などを受けてパレスチナのあちこちに取得した小さな土地に少人数が入植するというものだった。当然のことながら、失敗例は多い。しかしヘルツルが考えたのは、一挙に国家を作ろうとする動きだ。とは言え、パレスチナは権力の真空地帯ではない。オスマン・トルコ帝国の領土だ。そこに国家を作るためには、トルコの承認を得なければならない。だが、古今東西、敗戦以外の理由で自国領を簡単に手放した例はほとんどない。トルコもヘルツルの陳情に冷たかった。そこで彼は、ロシア、ドイツなどの大国を口説いてトルコを説得してもらおうとした。しかしこれもうまくいかなかった。

彼が、死の前年の一九〇三年にイギリスから提案された、東アフリカのウガンダにユダヤ人国家を作る案に傾いたのは、トルコを動かす可能性を悲観していたためだろう。ヘルツルは、その年の第六回シオニスト会議にウガンダ案を提案し、猛烈な多数派工作の結果、賛成二九五、反対一七八、棄権九八と勝利を得た。しかし、のちに初代大統領になるワイツマンを含む多くのものは、あくまでパレスチナとエルサレムを目指して、ヘルツルと袂《たもと》を分かった。その翌年にヘルツルが四四歳の若さで急死しなければ、生まれて数年のシオニズム運動はパレスチナ派とウガンダ派に分裂したかもしれない。

こうした事情からヨーロッパ、特に東欧のユダヤ人の間では三つの流れができる。一つは古代からの宗教主義である。使用言語の面から見ると、ユダヤ人の間で通用していたイディシュを日常生活で使い、旧約聖書が書かれたヘブライ語は神聖な言葉として別扱いであった。

第二の流れは、ドイツに住むユダヤ人はドイツ人に、ロシアに住むユダヤ人はロシア人になるという、周辺と融合することが解決策になると考えるものである。当然ホスト国家の言葉を話す。それの変形が社会主義者である。彼らは、ホストとなる国家、社会を変革してその中にユダヤ人が差別されない構造を生み出そうとしたのである。一九世紀末に生まれた社会主義は抑圧されたユダヤ人たちを引きつけた。

第三の流れは新しく台頭したシオニズム（ユダヤ民族主義）で、ユダヤ人国家を作ることでしかユダヤ問題は解決できないとする。ミュージカル『屋根の上のバイオリン弾き』で牛乳屋テヴィエ一家の運命がこれに重なる。娘ばかり五人いるが、長女は伝統的なユダヤ人の仕立屋と結婚し、次女は共産主義者と恋仲になり、三女はロシア人と駆け落ちする。そしてテヴィエ夫妻と下の娘二人はパレスチナに移住する。もっともミュージカルではニューヨークに向かうのだが。原作はロシア生まれのイディシュ作家シャロム・アレイヘム（一八五九一一九一六）の『牛乳屋テヴィエ』だ。シオニストだった彼はテヴィエをパレスチナの入植に向かわせたが、自分自身はミュージカルのテヴィエのようにアメリカに移住し、なぜか一度もパレスチナに足を踏み入れなかった。

第一次世界大戦

第一次大戦は世界のパラダイムを大きく変えた。この戦争を機に共産主義のソ連が興り、これは一九八九年にアメリカのレーガン大統領、ソ連のゴルバチョフ首相の手で東西冷戦構造が崩壊するまで長く世界の基調の半分を決めていた。

もう一つの大きな変化はこの戦争を契機に帝国の時代が終わり、民族国家の時代が始まったことである。ヨーロッパにはハプスブルク家のオーストリア・ハンガリー帝国があり、中東ではオスマン・トルコ帝国があった。オスマン朝は一二九九年に興り、第一次大戦で消滅したが、その最盛期には小アジアを中心に北アフリカのほとんど、アラビア半島全域、イランの一部、中央アジア、カフカス、ロシア南部からウィーンに迫る大帝国であり、キリスト教ヨーロッパを凌駕《りようが》。一四五三年にローマ帝国のコンスタンチノープルを攻略してイスタンブールと改称、帝国の首都として以来、キリスト教ヨーロッパは大いに苦しめられたのである。一六世紀初頭以降、オスマン朝の皇帝であるスルタンは、名目だけのアッバス朝からカ

オスマン朝最盛期の版図

リフの称号を譲られて名実ともにイスラム世界の盟主となった。

冷戦後の高揚感あふれるヨーロッパに冷水を浴びせかけたボスニア・ヘルツェゴビナ、コソボといった旧ユーゴスラビア問題の原因の一つになったのはイスラムである。ヨーロッパのムスリム（イスラム教徒）問題はオスマン時代に形成されたものだ。オスマン・トルコは一七世紀に二度にわたって企図されたウィーン攻略に失敗してから次第にヨーロッパの地歩を失って退潮の道をたどったが、その時に干潟の水たまりのように残されてしまったのが旧ユーゴスラビアなどのイスラム教徒たちだ。現在はムスリムがいないところでも、東ヨーロッパの料理にはトルコの香りが残っている。

オスマン朝の中には数十の民族が混在し、トルコ語を理解しないオスマン・トルコ臣民は珍しくもなかった。さすがに大臣はトルコ系であるものの、他の民族にも官界での出世の道は開かれていた。それどころかアルメニア人などキリスト教徒で次官級になった例は一、二にとどまらない。エジプト総督として派遣されたムハンマド・アリはアルバニア系だ。オスマン帝国内に居住する各民族はミッレトとよばれる自治制の中でそれぞれの特色、言語、宗教などを失わずにいたのである。それはローマ帝国の異民族対策に似ていなくもない。末期になって、ヨーロッパで新しく登場した概念の〝国家〟としての統一を図るためにトルコ帽やトルコ語の半強制などが行われたが、都市部以外ではあまり徹底はされなかった。

第一次世界大戦はこうしたゆるい統制しか持たない帝国を根底から揺るがした。たしかにトルコはドイツ、オーストリア側について参戦したために敗戦後は現在のトルコ領を除く帝国の大部分を失って新しい民族運動が加速されたとは言える。しかし戦勝国側についていたとしても、民族主義・民族自決という時代の流れに抗して帝国をさらに長期間にわたって保持することは難しかったにちがいない。第一次世界大戦の直接のきっかけになったのはオーストリア皇太子フェルディナンドとその妻ソフィーが一九一四年六月二八日にボスニアのサラエボで暗殺されたことである。犯人はセルビア人のガヴリロ・プリンキップだったが、当時ボスニアはオーストリア・ハンガリー帝国の版図に含まれていた。暗殺の背景にあるのはセルビアの民族運動である。オーストリアは暗殺の一ヵ月後にセルビアに対して宣戦を布告、セルビアのスラブ民族を守ろうとするロシアがそれに巻き込まれてあとは一気呵成に世界中が戦争に突き進んだ。ちなみに極東の日本が参戦したのは皇太子暗殺から二ヵ月後の八月二三日である。

中東では民族主義の大きな流れが二つあった。一つはアラブ人によるもので、もう一つがユダヤ人の運動である。アラブ民族主義はまだ未成熟だった。イギリスの援助を受け、イギリスの指導の下で闘った対オスマン・トルコ戦争の中で少しずつ形を取っていったものの、部族中心の考え方から抜け出してはいなかった。五〇年も前の『アラビアのロレンス』という映画が、第一次大戦の中東戦線を描いている。その中でアンソニー・クインが演じたホウエイタト族の族長アウダ・アブ・タイがロレンスに「アラブのため」と言われた時、「アラブってなんだ」と言った台詞《せりふ》は当時の状況をよく表している。一方ユダヤ民族主義はヨーロッパで生まれて中東に移植されただけにより成熟していた。前述したようにパレスチナにユダヤ人国家を作ろうとする明確な目標を持ち、いろいろな形で入植を開始して、地歩を固め始めていた。

マクマホン書簡、バルフォア宣言、サイクス・ピコ協定

イギリスはヨーロッパ戦線の膠着《こうちゃく》を破る目的もあって南部に第二戦線を企図した。中東軍が置かれていたエジプトのカイロからダマスカスに攻め上ろうとしたのである。その一環としてカイロの英高等弁務官ヘンリー・マクマホン卿（一八六二―一九四九）がメッカの太守フセイン・イブン・アリ（一八五二―一九三一）に、アラブ民族を糾合してオスマン・トルコに対して反乱を起こすように勧めた。一九一五年七月から翌年三月までに送られた一〇通の手紙がマクマホン書簡とよばれ、この中でイギリスは反乱の代償として、戦争後にフセインが当主であるハシム家によるアラブ王国を約束する。ハシム家が七世紀にイスラム教を創始したムハンマド直系の子孫である事実がイギリスのフセイン選択に影響したのだろう。英政府内にはのちにサウジアラビアを建国するサウド家を選ぼうとする動きもあった。この時何人かの英軍将校が顧問としてアラブに送られたが、一番有名になったのがトーマス・エドワード・ロレンス（一八八八―一九三五）だ。「アラビアのローレンス」の異名の方が知られている。彼はハシム家を中心とするアラブ軍を組織し、一九一七年七月に現ヨルダン領で紅海の北端にあるアカバを攻略したあと、一九一八年一〇月にはダマスカスまで攻め上った。エジプトから海岸線に沿って北上したアレンビー将軍麾下《きか》のイギリス軍の右翼を担ったのである。フセインは一九一六年、アラビア半島西部にヒジャーズ王国を建国し、第一次大戦後

にハシム家のホープで三男のファイサルをシリア王に、次男のアブダッラをイラク王にする。
一方、イギリス政府はシオニズムに対する支援を明らかにした。バルフォア宣言である。

英外務省　一九一七年一一月二日
親愛なるロスチャイルド卿
私は国王陛下の政府の名において、ユダヤ人のシオニズムの希望に共感する次の宣言をお伝えするのを喜びといたします。この宣言は閣議に提出され、承認されました。
「国王陛下の政府は、パレスチナにユダヤ人のための民族的郷土（ナショナルホーム）を建設するのに好意を持ち、その目的達成を容易ならしむべく最大限の努力を払う。しかし（この民族的郷土建設が）パレスチナに居住する非ユダヤ人コミューニティーの市民的、宗教的権利を害さず、他のすべての国々においてユダヤ人が享受する権利、政治資格を害さない点は明確に了解されているものである」
貴兄がこの宣言をシオニスト連合にお伝えくだされば幸いです。
署名　アーサー・バルフォア

マクマホン書簡とバルフォア宣言は必ずしも矛盾しなかった。バルフォア宣言にある〝将来のユダヤ人のための民族的郷土〟の候補地パレスチナはマクマホン書簡の中で〝アラブでない土地〟として例外扱いになっているからだ。シオニズム運動の中心人物でバルフォア宣言をまとめたハイム・ワイツマンはのちにイラク国王となったファイサルと一九一八年に会談し、将来の協力関係を約束している。次の手紙はファイサルがイギリスのシオニスト、サミュエルに宛てたものだが、その間の事情を示している。

パリにて　一九一九年一一月二三日

親愛なるサミュエル殿

私は一一月の貴殿の手紙を受け取り、ダマスカスの新聞がシオニズムに反対しているのを知り、大いに遺憾の意を表します。

私はアラブとユダヤの間のいかなる差別にも反対しております。(両民族は)我々の国の発展と幸福を前進するために、言葉と行為において統一した努力を払うべきであります。

私と長時間会談したソコロフ氏が、この問題についての私の考えを貴殿に伝え、私の変わらぬ努力を保証し、アラブ人とユダヤ人の共通の利益を守り、(両民族の)古い友情の絆《きずな》と協力を守るべく私が取っている手段を伝えてくれるものと思います。

私を信じてください。

署名　ファイサル

ファイサルは来たるべき国作りにあたって資本、ノウハウでユダヤ人の協力を当てにしていたようだ。もっともダマスカスの新聞への言及は、アラブ内でユダヤに反対する声があったのを示している。

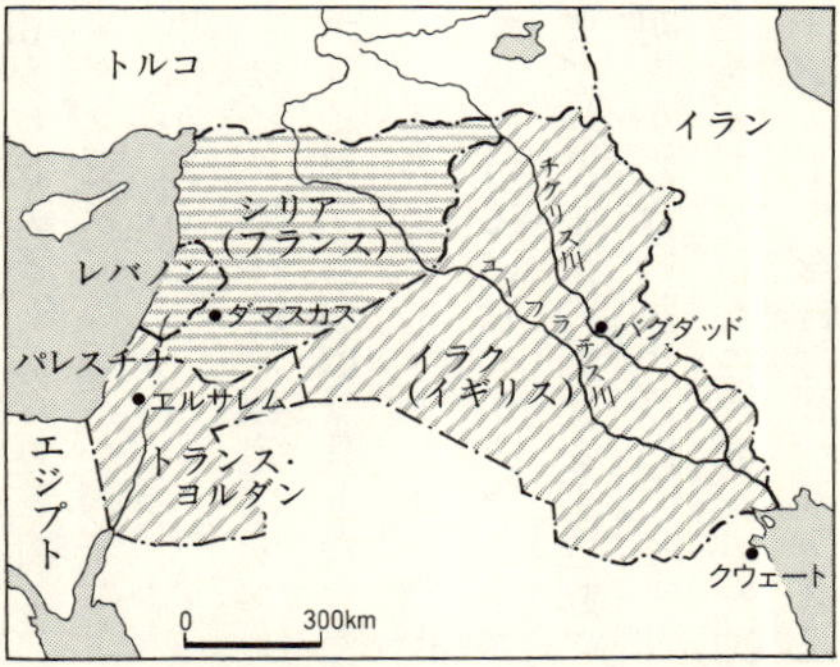

英仏合意およびサンレモ決議に基づくサイクス・ピコ協定の改訂案

イギリスはマクマホン書簡とは矛盾する形で、フランスとの間で戦後のオスマン・トルコ領の分割を考えていた。両国の外交官がまとめたこの案はサイクス・ピコ協定とよばれ、シリアはフランスが取ることになっていた。そのためファイサルは追い出されてイラク王となり、押し出されたアブダッラは行きどころを失った。そこでイギリスのチャーチル植民相はパレスチナの東部にトランス・ヨルダン（現ヨルダン）王国を作り出し、アブダッラがその王に据えられた。現在のアブダッラ・ヨルダン国王の曾祖父にあたる。二〇〇三年にイラク戦争が起きる前、戦後処理の問題が論じられた時に、ヨルダン王家に残るハシム家によるイラク王政復活の可能性が探られた裏にはこうした歴史的事情がある。

サイクス・ピコ協定はサンレモの休戦会議を経て多少改訂されたが、この協定でパレスチナはイギリスの取り分となった。

前述のようにマクマホン書簡、サイクス・ピコ協定、バルフォア宣言の三つは完全に矛盾するわけではないが、フランスが力ずくでフセインを追放したことがきっかけとなり、現在まで続く中東の混迷を引き起こした。しかしその最大の問題はエルサレムにあった。その後明らかになったように、イギリスなどキリスト教欧米世界はパレスチナの独立を認めるようになってからもエルサレムを国際社会で保持することを主張し続けたからである。メッカ、メディーナを含むヒジャーズ王国をアラブ世界の中心にして、イスラムの盟主になろうとしたハシム家にとって第三の聖地エルサレムをあきらめるわけにはいかない。

第一次大戦ではアラブもユダヤも連合国側について闘った。アラビアのロレンスに率いられたアラブの闘いはよく知られているが、ユダヤ人もまた二つの方面で闘いに参加した。一つはニリとよばれたスパイ組織である。小麦原種の発見などで名高い生物学者のアロンソンが中心になって組織されたスパイ網で、当時深刻だった蝗害《こうがい》調査をトルコから請け負ってそれをスパイ活動の隠れ蓑《みの》にした。イギリス軍がエジプトからパレスチナに進軍する際の情報収集に大きな功績があったといわれる。

もう一つは、のちの右派リクードに大きな影響を与えたゼエブ・ジャボティンスキーと、ロシア軍でただ一人のユダヤ人将校だったヨセフ・トルンペルドール（日露戦争に参加、旅順《りよじゆん》攻防戦で片手を失って将校に昇進）が組織したシオン騾馬《らば》隊である。彼らは連合国側について闘うことを望んだが、ユダヤ人に対する偏見、人数がたいして集まらず独立の戦闘部隊を作ることができなかったなどの理由から輜重《しちよう》隊編成を提案された。連合軍の悲劇的な敗退で有名になったガリポリの戦闘などに参加している。

11　一九一七年から一九四八年まで——英委任統治時代

戦後処理の様相

第一次大戦の結果は中東を様変わりさせた。エルサレムでも一五一六年以来続いたオスマン・トルコ時代が終わった。それはまた十字軍による比較的短期間の中断を挟んで六三八年以来続いてきたイスラム支配の終わりでもあった。このあと現在までエルサレムをイスラムが支配したのは一九四八年から一九六七年までの一八年間にすぎない。あらゆるものを委細かまわずにゆるく束ねてしまったような混沌《こんとん》とした、しかし妙な秩序を持ったオスマン・トルコ帝国が消滅し、それとはまったくちがった論理を持つイギリスによる統治に替わったが、それが現在まで続く大きなうねりを引き起こした。あるいはオスマン・トルコ型統治とイギリス型統治の相克が始まったと言えるのかもしれない。

イギリスによる委任統治は一九二二年七月二四日に採択された国際連盟の決議によるが、その決議は国際連盟憲章二二条に基づくものである。二二条は委任統治の原則を定めているが、欧米先進諸国の社会的進化論とも称すべき優越感を露骨に反映している。委任統治は、第一次世界大戦の結果宗主国を失ったコミューニティーを独立達成まで〝成長〟させるために援助を与えるのが〝文明の聖なる信託〟であるとしている。二二条はそうしたコミューニティーの成長段階を三つに分けた。

第一段階の、すぐにでも独立が達成できそうな地域は旧オスマン・トルコ帝国領で、パレスチナはこれに入る。しかしこのカテゴリーに入る中で一番早く独立したのはイラク（イギリスによる委任統治、一九三二年独立）だが、それでも委任統治開始から一〇年かかった。シリア（フランスによる委任統治、一九四六年独立）、ヨルダン（イギリスによる委任統治、一九四六年独立）、レバノン（フランスによる委任統治、一九四三年独立宣言、四六年完全独立）がそれに続くが、いずれの場合も宗主国の影響力は独立後も保持された。したがって新しく発明された委任統治という概念は、一九世紀的帝国主義の露骨さを多少柔らかくした、新しい形の植民地主義と言うべきかもしれない。

第二段階に分類されているのが中央アフリカで、もっとも遅れた第三段階が南西アフリカと南太平洋諸島である。ちなみに第一次世界大戦で戦勝国となった日本は第三段階にある南太平洋諸島の委任統治国となった。これらが独立したのは日本が第二次世界大戦に負けたあとのことで、日本としては統治を委任された先進国としてこれらの島々の住民を教育して独立させようとした形跡はない。あくまで第一次大戦参戦の報酬として得た植民地だったにすぎない。

その二二条を基礎とするパレスチナ委任統治決議は二八条からなるが、前文のほとんど冒頭に次のような文がある。

主要連合国はこの委任統治が元来英国政府によって作成され、列強がそれを承認した一九一七年一一月二日の宣言を実行し、パレスチナにユダヤ人のナショナルホームを設立することに責任を負うべきである。それはパレスチナに存在する非ユダヤ人コミュニティーの市民的、宗教的権利を不利にすべきではなく、他の諸国に居住するユダヤ人の権利と政治的地位を不利にすべきではないとはっきり了解されている。

この「一九一七年一一月二日の宣言」とは先に述べたバルフォア宣言のことであり、委任統治決議は前後関係に合わせる以外は同宣言を一字一句コピーしている。しかしその領域については「列強がそれを定める」としており、はっきり決まってはいない。イギリスに荷担して対オスマン・トルコ戦を闘ったハシム家三男のファイサルはマクマホン書簡の了解事項にしたがってシリア国王になるはずだったが、フランスがそれを受け入れなかったため、イラク王となった。イラク王になるはずだった次男アブダッラははじき出されてしまった。そこでイギリスはパレスチナの東部（約七四％）をバルフォア宣言にしたがってユダヤ人のホームランドを作るはずだった地域から外して、アブダッラを国王とするトランス・ヨルダン王国（現ヨルダン王国）を作り上げた。イスラエル右派はそう主張する。だから百歩譲ってもヨルダン川の西はすべてユダヤ人国家であるべきだと主張し、さらに現在のヨルダン王国領土も本来イスラエルに含まれるべきであるとする大イスラエル主義者も存在する。

こうした列強による戦後処理だけでことが進んだわけではない。ヨーロッパで一九世紀に始まった民族主義が数十年遅れて第一次大戦後の中東にも到着したからである。前述したように、ハシム家がそれまでバラバラだったアラブを糾合して戦争に参加したのはこの民族主義の芽生えであったのかもしれない。アメリカのウィルソン大統領は第一次世界大戦後の処理の基礎に民族主義・民族自決を据えたが、それは時代の要求でもあった。もっとも、広大な領土に恵まれてほとんど植民地を持たず、持つ必要もなかったアメリカだからこそ、正論を押し通せたとも言える。

パレスチナにはバルフォア宣言にも委任統治決議にも触れられている「非ユダヤ人コミュ

ーニティー」、つまりムスリムを中心とするアラブ人コミューニティーが存在し、その人口はユダヤ人よりはるかに多かった。この二つの民族間の争いは委任統治が始まるとほぼ同時に表面化せざるを得なかった。〝近い将来の独立〟を約束された両民族は、それまでに条件をよくしておくことで新しく生まれる国家の主導権を取れると考えたからだ。その争いは委任統治府が置かれたエルサレムが焦点となった。エルサレムは十字軍以来数百年ぶりに政治の中心となったのである。結局どちらの民族も独立できないままに第二次大戦が終結、一九四五年に結成された国際連合が国際連盟当時の委任統治をそのまま引き継いだために、一九四八年まで基本的には同じ状態が続く。

委任統治の困難

ドイツに荷担して第一次世界大戦に突入したオスマン・トルコ帝国は敗戦の結果、帝国としての地位を奪われ、小アジアに押し戻されて、まもなく共和制になった。かわってエルサレムを獲得したのはイギリスである。

生まれたばかりの国際連盟による委任統治という新しい形の植民地を得たイギリスは、統治を開始して驚かされた。イギリスが直面したのはユダヤ人とアラブ人の民族抗争である。それを押さえつけることを期待されたイギリスの国力は第一次大戦のために疲弊していた。

第一次世界大戦ではそれまでにない数の死傷者が出たからである。イギリス軍は一九一六年夏のソンムの闘いの初日だけで死傷者五万七四七〇人（うち死者は一万九二四〇人）を出したのである。五ヵ月半続いたソンムの闘いでイギリス軍は五〇万人を失った。戦争全体を見ると、死者は一〇〇万人、負傷者は一七〇万人にのぼった。当時の人口の六％に近い。太平洋戦争で失われた日本の死者が約四％であったことを見てもその損失の大きさはわかる。そのイギリスに大兵力を必要とするパレスチナの委任統治は重荷だった。

パレスチナでは、三〇年と比較的短いイギリスの統治期間に三回（一九二〇―二一年、一九二九年、一九三六―三九年）も大規模な民族闘争が起きている。第二次世界大戦直後の一九四六年にはユダヤ側の過激組織エーツェル（国家軍事組織イルグン・ツヴァイー・レウミの頭文字。イスラエルの外ではイルグンの方がよく知られている）が総督府の中心的機関があったキング・デーヴィッド・ホテルを爆破するという暴挙に出た。これは明らかにテロ行為だろう。そのテロリストの頭目メナヘム・ベギンは、のちにイスラエルの首相となり、エジプトと平和条約を結んだ。

委任統治時代はエルサレムの近代化が推し進められた期間でもある。初めて都市計画が造られた。それによって当時使われ始めたコンクリート造りの建物も外壁は石で覆うように定められ、現在の統一感のあるエルサレムの姿を作り上げる基礎となった。ちなみにヨルダンのアンマンも同じ石を外壁に使っているために、勘違いするほど似た町並みがある。

また有史以前から常に問題だった水の供給も解決された。水の豊富な海岸地帯からの水道管を基礎とする近代的水道ができた結果、冬の雨季に降った雨を地下に蓄えて渇水期に使う必要がなくなった。当然、家の作り方も変わってくる。大学、ホテル、博物館、比較的規模の大きい発電所などの近代的インフラが作られたのもこの時期である。

一九二六年にはヘブライ語紙『ダヴァール（言葉）』が発刊された。オードリー・ヘップバーンの代表作『ローマの休日』の最後の場面で、王女が各国記者団に紹介される時一人が「テルアビブのダヴァールです」と答えている。その二年前にはエルサレムにヘブライ大学が設立されたが、最初の記念講義はアインシュタインが行った。また委任統治府はその首都をエルサレムに定め、高等弁務官事務所もここに置かれた。そのためユダヤ、アラブ双方もその政治活動をエルサレムに集中した結果、パレスチナの中心としての存在を確立した。

イギリスが委任統治でもっとも苦労したのはユダヤ移民をどれだけ認めるかという点だった。ユダヤ人は移民枠を大きくしてほしがった。特に一九三三年にヒットラーがドイツの政権を取り、三五年にユダヤ人の公民権剝奪を骨子とするニュールンベルク法ができたことで、パレスチナへの脱出に拍車がかかった。当時ほとんどの国が移民枠を極端に減らしており、ドイツのユダヤ人にはパレスチナ以外に行くところはなかったのである。一方、パレスチナのユダヤ人人口が増えれば、アラブ人は困る。典型的なゼロサムゲームと捉えられていた。イギリスでは、ユダヤ人を優遇すればアラブ全体を怒らせるという考え方が優勢だった。

伝統的に反ユダヤ主義が強かったロシア、ポーランドなど東欧からの移民の波が止まらない上にナチス・ドイツによる新しい波が加わったのを放置すれば、いずれパレスチナの過半数をユダヤ人が占めるようになってしまうかもしれない。一九三二年にパレスチナ全人口の一五％（一九万二一三七人）だったユダヤ人に加えて、三四年には四万二〇〇〇人、翌年には六万一〇〇〇人が主としてヨーロッパから流れ込んだのである。一九三六年には三〇％を目前にするまでになった。イギリス政府は一九三九年にユダヤ移民の蛇口を閉めにかかった。その裏には一九三六年から一九三九年に起きた大規模な〝アラブの反乱〟があった。それとともにユダヤ側のテロも始まった。合法的移民が禁止されれば、非合法移民が増えることになる。英海軍の艦船が不法移民船を追いかけ始めた。

一九三九年、イギリス政府はユダヤ人にとって致命的な白書を発表した。それによると一九四四年までの移民枠を七万五〇〇〇人（緊急の場合にはさらに二万五〇〇〇人）とした。表向きの根拠とされたのは、パレスチナの経済的基盤が支えられる人数を勘案したことになっている。もっとも現在は一〇〇〇万人がパレスチナに住んでおり、後述するピール卿が主張したように、ユダヤ人移民が経済規模を拡大したためにパイが大きくなったのだが、白書はそれを考えなかった。

委任統治府の人口調査によると、一九三九年のアラブ人人口は、一五〇万一六九八人、ユダヤ人は四四万五四五七人で二三％だった。白書が実行されれば、ユダヤ人は少数派に甘んじるしかない。ユダヤ人社会の右派の中にはこれを不満としてイギリスと対抗しているドイツやイタリアと接触しようとする者がいた。現在から見ると悪いジョークのようだが、ナチス・ドイツがイギリスを破れば、ユダヤ人国家建設を認めてくれると考えたのである。もっともアラブ側の指導者ハジ・アミン・フセイニもイギリスと対立してドイツに期待をかけ、戦時中はベルリンに滞在した。

この白書は、一九一七年のいわゆるバルフォア宣言と矛盾するものだった。これ以降、イギリス政府の中には〝宣言派〟と〝白書派〟とでも言うべき勢力が存在し、終始〝白書派〟の方が強かった。〝宣言派〟の代表格はウィンストン・チャーチルである。

かつての超大国イギリスは見る影もなくなり、大国としての役割を果たす意思も能力も失いつつあった。一九三六年に始まった大規模なアラブの反乱はイギリスの自信をさらに失わせた。そこで同じ年にピール卿を団長とする王立調査団をパレスチナに派遣した。調査団は二ヵ月の現地調査ののち、翌年パレスチナ分割案をまとめた。ピール委員会の勧告は、パレスチナ委任統治を終了し、アラブとユダヤの二つの独立国家を作るという現実的なものだった。

地図に見るように、ユダヤ領は北西部でアラブ領に比べるとはるかに小さく、約二〇%の五〇〇〇平方キロにとどめられた。ただしエルサレムやベツレヘムだけは委任統治領のままになる。キリスト教ヨーロッパにとってこれだけはあきらめられなかったのだろう。

どんな形でも祖国再建を悲願したユダヤ側はこれを受け入れたが、アラブ側は拒否した。イギリス政府も、来たるべきドイツとの闘いにアラブ全体の反発を怖れて、ピール調査団の勧告を受け入れることはなかった。そのため、イギリス軍は一九三九年に始まった第二次世界大戦を、貴重な戦力をパレスチナに置いたままで戦わなければならなかった。

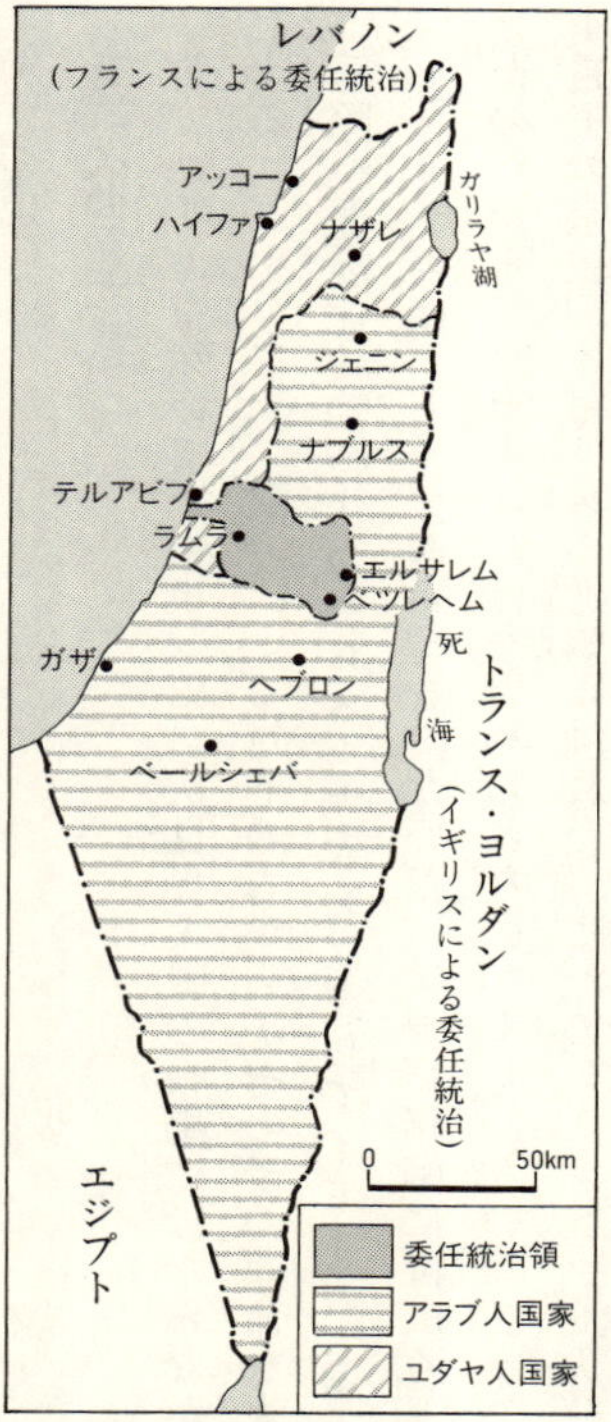

ピール分割案

第二次世界大戦

北アフリカを除いて、中東は第二次世界大戦の戦場にはならなかった。しかしこの戦争に対するユダヤ、アラブ双方による対応のちがいがその後の運命を大きく左右する。

国際連盟委任統治時代のパレスチナ人を代表してイギリスと激しく対立したハジ・アミン・フセイニは、ドイツに希望をつないだ。アラブ諸国には広くドイツに対する親近感があったのだから、フセイニだけを責められないかもしれない。イラク議会は親枢軸決議をして、実質上の宗主国イギリスの逆鱗《げきりん》に触れた。またのちにエジプト大統領になる若い情報士官サダトはリビアの砂漠をナイル河に向かって東進する砂漠の狐、ロンメル将軍麾下のアフリカ軍団を待ち望んでいたが、それがアレキサンドリア西方一〇〇キロのエルアラメインでイギリスのモンゴメリー将軍に阻止されていたく失望した。アラブ側のこうした親枢軸国政策が第二次大戦後のイスラエル独立を助けたといえるだろう。フセイニは第二次世界大戦が始まると、ドイツに潜入し、ボスニアなどのムスリムをナチス・ドイツ軍に編入する努力をした。

一方ユダヤ側ははっきり連合国側についた。一九三三年に政権を取ったナチス・ドイツにおけるユダヤ人虐待が開戦前から明らかだったためもある。フランスがいち早くドイツに降伏してヴィシー政権になると、当然レバノンのフランス軍は枢軸国側になった。大きな戦争にはならなかったが、パレスチナのイギリス軍との間で小競り合いが起こった。のちにイスラエルの政治、軍で中心的な役割を果たしたユダヤ人たちがこの対フランス戦に参加している。またパレスチナのユダヤ人のうち約三万人が英軍に参加して軍事訓練を受けたが、それが終戦から三年後に始まる第一次中東戦争で大きな意味を持つことになった。

しかし第二次大戦がエルサレムに対して一番大きな影響を与えたのは、ホロコーストとよばれるユダヤ人虐殺だった。戦後明らかになったその実体は恐るべきものだった。ドイツ南部ミュンヘン郊外のダハウ強制収容所を解放したのは日系人部隊だ。その縁でエルサレムを訪れた元隊員たちに会ったことがある。彼らは、ホロコースト生き残りの人たちとの会合で一人ずつ解放時のダハウの情景を話したのだが、何人かはぼろぼろ涙をこぼし、声を詰まらせて何十年も前のことを語った。連合国にとってホロコーストは負い目になった。その負い目が一九四七年の国連決議、翌年のイスラエル独立を大きく後押ししたのである。エルサレム西部にヤド・ヴァ・シェム（記念と神）と名付けられたホロコースト記念館がある。元隊員たちはそこでも涙を流した。

第二次大戦後にできたばかりの国際連合は翌一九四七年一一月二九日にパレスチナの分割決議を通し、ユダヤ国家とアラブ国家を作ることを決意した。その決議によると、ピール調査団の勧告と同じように、エルサレムは国連が統治する国際都市になるはずだった。地図を

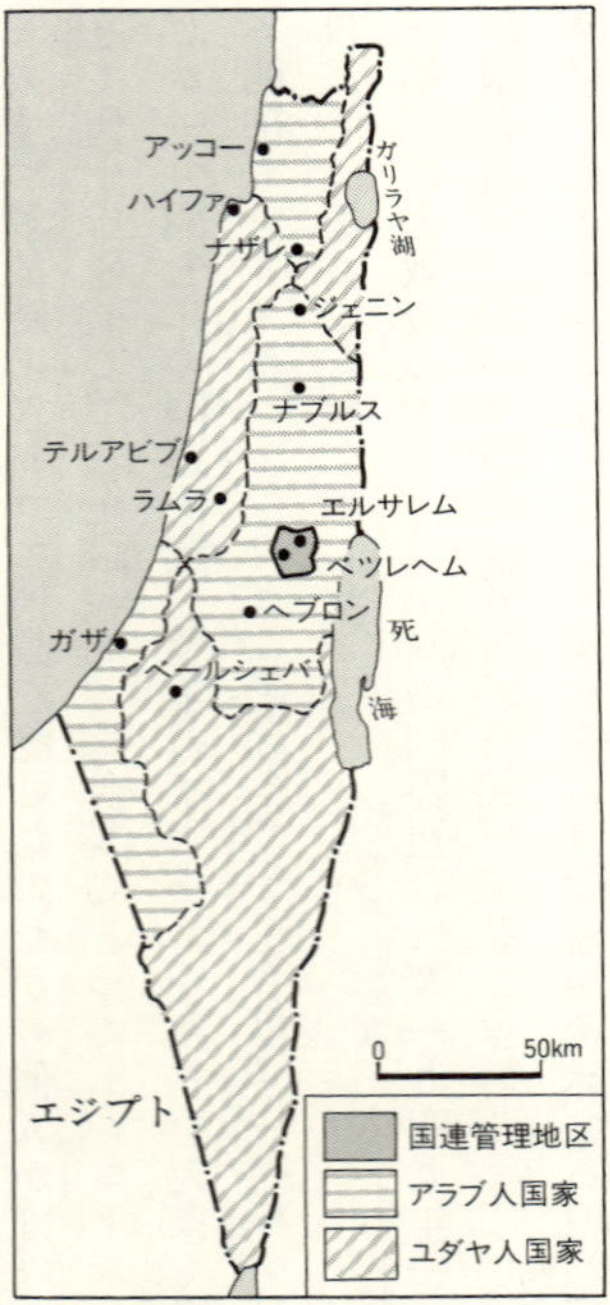

国連決議181号分割案

見てもわかるように、ピール案に比べるとアラブ側の取り分は激減した。国連総会での評決は賛成三三、反対一三（エジプト、ヨルダン、イラク、シリア、レバノン、サウジアラビアのアラブ六ヵ国、アフガニスタン、イラン、パキスタン、トルコのイスラム四ヵ国、キューバ、ギリシャ、インド）、棄権一〇で可決されたが、エルサレムではユダヤ人もアラブ人もほぼ全員が雑音の多い短波放送の実況に耳を傾け、国名のそばに○×△をつけた。賛成に○をつけるか、×をつけるかは属する民族による。可決が伝えられた瞬間、ユダヤ人たちは外に飛び出し、自然に踊りの輪ができた。

しかしその翌日からパレスチナ人による攻撃が始まり、そのまま第一次中東戦争になだれ込んでしまった。第一次中東戦争は正式にはイスラエルが独立を宣言した一九四八年からだが、その前の、パレスチナに住んでいたアラブ人とユダヤ人による戦闘を忘れてはならない。

第二次大戦後、エルサレムの人口は急増した。委任統治が終わる一九四八年には一六万五〇〇〇人になっていたが、そのうちの一〇万人はユダヤ人で、相変わらずアラブ人よりも多かった。多くなった理由の一つが戦後すぐから始まった違法移民の流れだ。イスラエルの独立までに約四万人がパレスチナに向かったのである。戦後ヨーロッパは、ユダヤ人たちに定住先を提示できなかった。かといって戦前に住んでいたところに戻るのも不可能だった。ポーランドなど東欧では収容所を出て故郷に帰ったら、家を占拠していた人に殺されたという事件がいくつもある。またナチス・ドイツが敗れたからといって反ユダヤ主義が消えたわけではない。不法移民を運ぶ船は無事に着くこともあり、難破することもあった。イギリス海軍に捕捉《ほそく》されれば、パレスチナやキプロスにもうけられた難民キャンプに幽閉されたり、ヨーロッパに送り返されたりした。友人の一人の出生証明書には「キプロス生まれ」と記してある。一九四八年二月にはユダヤ難民の流入が自由になったために、ヨーロッパからの流れが急増した。

コラム　安息日に救急車は呼べるか

ハスモン家のマタテアのおかげで、命を救うためには安息日規定が排除されることになった（八一～八二ページ参照）。ユダヤ教は法律概念と言ってもいい面があるから、紀元前二世紀の戦争中に下された新解釈「生命の危険は安息日の規定を排除する」は「命の危険とはなにか？」という議論を引き起こし、それは現在まで続いている。たとえば、妊婦が安息日に産気づいた場合、電話で救急車を呼ぶことは許されるのだろうか。電話は電気を使い、自動車は内燃機関で動くのだから、安息日には使用を禁止されている。

当事者から聞いた話だが、ある人の奥さんが安息日に産気づいた。彼は宗教法規を遵守しており、そうした人たちが住んでいる居住区の住民だ。彼の家には電話がなかったので、隣家に借りにいった。産婦のご主人は、お産が迫っていることは生命の危険である、と解釈したから電話を借りようとしたのだ。しかし、電話の持ち主には別の解釈があった。今でこそお産は病院ですることが多いのだが、少し前まではお産婆さんが来て自宅でやるのが普通だった。したがって産気づいたというのは生命の危険に当たらない、というものだ。

これほど切迫していない場合にも異教徒としては目をまわさざるを得ないことがよくある。ある安息日の夜、つきあいのない近所の人がどう見てもユダヤ人ではない筆者をよびに来た。話を聞いてみると、友人たちをよんで夕食会をするという。宗教規定を守っているこの人は金曜の日没前までに料理を終え、冷たい料理は冷蔵庫に、暖かい料理は保温器に入れた。ところが、冷蔵庫の扉を開けると灯《とも》る電球のスイッチを切るのを忘れてしまった。そこで異教徒の筆者に、冷蔵庫を開けてスイッチを切ってほしいと依頼したわけだ。覗《のぞ》いてみたら、扉を開けると点灯するようになっているのだが、それを働かないようにする装置がついていた。

電気についての最大公約数的安息日規定解釈はこうだ。自分で点灯・消灯することは安息日規定違反であるが、サーモスタット、タイムスイッチなどによって機械自身が点灯・消灯するのは違反にならない。この解釈のおかげで高層ホテルが安息日規定を破らずに営業できるようになった。外国在住のユダヤ人たちの〝里帰り〟は観光業界の重要部分だが、普段は宗教規定を守っていなくても、聖地に来たら守りたくなるものらしい。そうなると、二〇階に部屋を取ったら食堂に降りるのにエレベーターが使えない。長い階段を下りなければ食事ができない、というのは生命の危機とは見なされない。そこで、勝手に各階に止まるエレベーターが考え出された。これなら客は扉が開いた時に乗り込み、目的の階で降りれば、自分でスイッチを押して通電させる必要はない。時間はかかるが、宗教規定違反なしに食事にありつけるわけだ。大きいホテルだと、偶数階用、奇数階用がある。安息日規定を気にしない客は急行エレベーターに乗って行き先のボタンを押せばいい。

もっとも安息日規定が何を禁止しているかは出身地によってちがう。イスラエル南部にあるインド出身者の村を訪ねたことがある。そこの住民全員が一世、二世のちがいはあってもインド西部の出身者だ。そこでは安息日規定が実に厳格に守られていた。ところがこの村では電気が安息日規定に入っていない。だから食事の支度ができるまでテレビを見ており、食事中は消すのも可能だし、寝る前に照明を消すのも問題ない。出身地の村では電気がなかったので、それが規定に入らなかったのだという。ただし停電しても、ランプやろうそくは使えない。

しかし多くの宗教的ユダヤ人にとって電気の点滅は規定違反だ。そこで工夫が凝らされる。前述した冷蔵庫内の電球もそうだ。エルサレムの自宅の前の住人は、宗教規定を守っていたらしく、家中の電気を制御するタイムスイッチがついていた。金曜の夜に電気を切り、土曜の夕方に入れるようになっていた。

第Ⅲ部　イスラエル建国ののち

12　一九四七年から一九六七年まで――ヨルダン王国時代

テロと戦闘

第一次中東戦争はテロで始まった。テロはアラブ側からもユダヤ側からも起こった。ユダヤ側の軍事組織は、中道左派のマパイ党が中心となって作り上げたハガナ、左派マパムを中心とするパルマハ、右派によるエーツェル、極右のレヒ（シュテルン・ギャングとして知られる）に分かれていた。主力はハガナで、主としてテロに傾いたのはエーツェルとレヒの二組織である。

テロが一段落すると、闘いは道路に移った。ユダヤ側は長年、可能なところならどこでも入植地を作るという方針だったために、相互間の距離が遠いところがあり、アラブ人としては各個撃破が可能だと考えた。その最大のものがエルサレムである。

パレスチナのアラブ人の中心的存在だったのはハジ・アミン・フセイニである。彼は、一九三六年のアラブの反乱を成功させてイギリスを追い詰めたほど政治的な能力は高かった。しかし軍事的な経験も才能もなかった。彼はイギリスの委任統治府と敵対する中でドイツに望みをつなぎ、戦時中はベルリンに滞在していた。戦犯としてフランスで拘束されていたが、脱走してカイロにいた。アミンは同じカイロに滞在していた甥のアブデル・カデル・フセイニをパレスチナ人不正規軍の司令官に起用した。アミンの甥であり、エルサレムの名家出身のアブデル・カデルはパレスチナのアラブ人に広く受け入れられた。

アブデル・カデルは、遠隔地のユダヤ人入植地に攻撃をかけたが、成功したものも失敗したものもある。彼は一九四八年四月にエルサレムに目をつけ、テルアビブと結ぶ街道を封鎖するという作戦をとった。それさえできれば、エルサレムにいる一〇万人のユダヤ人を屈服させることができる。海抜〇メートルのテルアビブから八〇〇メートル強のエルサレムに通じる街道は、その中間点ラトルンからバブ・エル・ワドの急な上り坂になり、当時のトラックは低速でしか上れなかった。しかもその急な上り坂は狭く、木を倒してしまえば遮断できる上に、途中には兵力の源泉であるアラブ人の集落が点在している。イギリス軍は日に一度この街道にパトロールを出していたので、それが通りすぎたあとで木を切り倒せばいい。撤退を目前にしたイギリス軍には真面目に道路の安全を守る気はなく、パトロールが通過できればそれで満足したからである。エルサレムのユダヤ人の生存を支える物資を運んで、ノロノロ走るコンボイは絶好の獲物だった。依然〝国民〟としての自覚のなかったパレスチナ人にとっても、コンボイに対する攻撃と積み荷の略奪は魅力だった。

ユダヤ側はコンボイに自家製の装甲車で護衛隊をつけることにした。この装甲車はトラックのまわりを木の板の両側に鉄板を貼り付けたもので囲ったことから、サンドイッチとよばれた。この装甲で重くなったために、コンボイのスピードはさらにおち、攻撃がしやすくなった。しかも少年兵としてこのサンドイッチに乗った友人によると、銃弾が装甲を簡単に突き抜けたという。待ち伏せで壊れた装甲車が、現在は広くなった道路の脇に記念として置かれており、現在でも独立記念日には花や国旗で飾られる。

自給ができないエルサレムに一〇万人ものユダヤ人がいたことが弱みとなってしまった。当時パレスチナにいたユダヤ人の数は約六〇万人弱だったから、実に六分の一である。しかもエルサレムが持つ象徴的意味も大きい。ユダヤ人の経済活動の中心だった海岸地方からの道路が効果的に封鎖され、水道管が破壊されてしまったために水・食料・兵器に窮するようになった。補給が途切れれば、一〇万人は降伏するしかない。まだ生まれてもいない国家が人口の六分の一を失ってしまったら、未来はない。

アブデル・カデルはそれまでの活躍で英雄となり、彼のおかげで戦利品稼ぎが可能になったアラブ人に慕われはしたが、自宅から日帰りで〝稼ぎ〟に来る不正規兵たちはエルサレムを屈服させるには至らなかった。エルサレムから西へ一〇キロ足らずの高台に十字軍時代の小規模な要塞跡カステルがある。ユダヤ側は分割決議から三ヵ月半後の四月初めにここを占領した。アブデル・カデルは、街道を見下ろすこの高台を押さえれば、まわりの集落の攻撃参加に頼らずに少ない兵力でエルサレムを干し上げることができるのに気がついた。そこで彼は全力をあげてカステルに攻撃を集中した。ユダヤ側も、少数の守備兵を助けようとエルサレムから増援を送り込んだが、パレスチナ側が有利だった。その戦闘の最中にアブデル・カデルが戦死したのだが、死体が見つかったのはアラブ側が猛攻の結果カステルを占領した直後だった。するとパレスチナ人たちは戦場を捨てて、彼の遺体をエルサレムに担ぎのぼって葬儀に参加してしまったのである。そのため簡単に再占領したユダヤ側はカステルの守備を強化する時間的余裕を得られた。これで街道をめぐる戦闘は事実上終了し、瀕死のエルサレムは救われた。アブデル・カデルの墓はウマルのモスクのすぐ脇にある。ムスリムとしては最大の栄誉ではあるが、司令官としては失格だろう。

カステルをユダヤ側が押さえた四月九日、そこからほど近いアラブの村ディル・ヤシンでも闘いがあった。エーツェルとレヒの連合軍が攻撃したのである。しかしハガナに比べて少数で、都市でのテロまがいの闘いの経験しかなかったために、石造りの家にこもる頑強な防衛に手を焼いた。そのためもあったのだろう、攻撃側は暴走して、正確な数は不明だが一〇〇人から二五〇人ほどの女子供を含む村人を虐殺してしまった。妊婦の腹がさかれたという話も伝わっている。この事件はイスラエルで現在までその経緯と正当性が議論されている。犠牲者の人数をどう見るかはその人の政治信条を示す。しかしこの虐殺の効果は絶大だった。ディル・ヤシン事件は話に尾ひれがついてアラブ人の間に伝わり、「ユダヤ人が攻めてくる」という噂だけで逃亡する村が続出したからである。

もちろん、エルサレム自身も戦争から逃れられなかった。一九四八年の初め、エルサレムの南一五キロあまりのエッィオン・ブロックにまとまっていた四つの入植地がアラブ側に包囲された。エルサレムの大学生を中心に三五人が救援に向かったが、全員が途中で殺されてしまった。この四つの入植地は陥落するが、死んだ三五人を記念してネティブ・ラメド・ヘイ（三五人の小道）という名の入植地が新たに作られた。

二月には英字新聞の『パレスチナ・ポスト』紙（現在の『エルサレム・ポスト』紙）の本社が爆破された。このテロを実行したのはパレスチナ側につくために脱走したイギリス兵だった。ディル・ヤシンの影響か、エルサレムの西部でユダヤ人が多い地区からはパレスチナ人住民が逃げ出した。一方、ユダヤ人は指導部の強い要請で自分の住居にとどまったため、西部にユダヤ人、東部にアラブ人と住み分けが次第にはっきりしてきた。

独立宣言から戦争へ

委任統治の終了、イギリス軍の撤退が迫ってくるにつれて、ユダヤ側は困難な決定を迫られた。いつ独立を宣言するかという問題だ。独立を宣言すれば、アラブ諸国軍が戦争に参加するのは自明である。一九四七年一一月末の国連によるパレスチナ分割決議以来半年近くにわたって続いた戦争は厳しいとは言え、地元の不正規兵相手のものだ。空軍、戦車・大砲を備えた正規軍とは格がちがう。独立を宣言したとたんに鎧袖一触《がいしゅういっしょく》、敗戦になる危険は現実のものだった。

のちにイスラエル初めての女性首相となるゴルダ・メイールは、変装してヨルダン川を越えて、アブダッラ国王と戦争回避の方法を探りにいったが、交渉は不調に終わった。頼りのアメリカは、マーシャル国務長官が中心となって、パレスチナを再度、できたばかりの国際連合による信託統治領とする案を出し、独立宣言を見合わせるよう勧告した。ユダヤ側はそれを認めず、一九四八年五月一四日に独立を宣言し、新国家をメディナト・イスラエル（＝イスラエル国家）と名付けた。イギリス軍が委任統治を終了して撤退したのは翌五月一五日である。その日がユダヤ教の安息日にあたっており、宗教的な人々が独立宣言書にサインできなかったために見切り発車したのである。安息日に字を書くことは禁止されている。

それまでは委任統治区内の民族対立による内乱であったものが、翌一五日にはアラブ五ヵ国軍（エジプト、シリア、ヨルダン、イラク、レバノン）が参加する本格的国際戦争にエスカレートした。それが見えていただけに、アメリカはイスラエルの独立を遅らせようとしたが、ユダヤ側はそれを拒否したのである。アラブ諸国の連合軍は、ヨルダンのアブダッラ国王を総司令官に選んだものの、有機的な共同戦線はできなかった。そもそも、パレスチナと境を接したヨルダン、エジプト、シリアはパレスチナに領土的野心を持っていたようで、大事なのはアラブ連合軍の勝利ではなく、自国軍の勝利だったからだろう。そのため、ちぐはぐな戦闘がそこかしこに起こって、新生イスラエルを助ける結果になった。

その日のうちにエジプト空軍がテルアビブを爆撃、イラク軍がヨルダン川を渡河、シリア、ヨルダンも軍を送り込んだ。レバノン軍が介入したのは二日後である。新生イスラエル軍は、どの戦線でも質量ともに優勢な敵の圧迫を受けることになる。エルサレムには南からエジプト軍が迫っていた。同市南部のキブツ、ラマト・ラヘルは二度エジプト軍に奪われ、二度イスラエルが取り返した。ラマト・ラヘルに通じる道路には郵便ポストを大きくしたようなトーチカが現在でも残っている。

エルサレムのもう一つの戦場は、旧市街のユダヤ地区をめぐるものだった。嘆きの壁の西側に広がるこの地区には約二五〇〇人のユダヤ人が居住していたが、ほとんどが宗教的な人たちで、防衛する戦力は微々たるものだった。それが当時のアラブ世界では最強と言われたヨルダンのアラブ軍団の攻撃を受けて降伏に追い込まれた。

さらにエルサレムの西方三五キロのラトルンにある警察署がアラブ軍団兵に占領されたため、テルアビブとエルサレムの街道は再び封鎖された。これを突破するために大規模な攻撃が行われたが、あまりに拙速で大きな損害を出して失敗した。さらにもう一度突破が試みられて再度失敗したが、休戦直前に迂回路が造られて、細々ながらエルサレムへの補給を続けることができた。しかしそれ以上に、この迂回路のおかげで、エルサレムが飛び地にならなかったのが大きい。

六月一一日から七月八日まで休戦に入るが、それまでにイスラエルが占領した地域は、ほとんど人の住んでいない南部を別にすると、国連による分割案とほぼ同じ大きさの地域を守った。しかしこの休戦期間中に生まれて一ヵ月も経たないイスラエルが危うく空中分解する事件が起きた。開戦後まもなく、それまで対立はしないまでも独立した存在だった右派の軍事組織エーツェルがイスラエル国防軍の指揮下に入ることになり、軍が一本化された。しかし六月二〇日、フランスから移民を乗せてきたアルタレーナ号がエーツェル用の兵器を搭載していた。エーツェルの指導者で一九七七年に首相になるメナヘム・ベギンが沖合で乗船したが、その兵器を国防軍に引き渡すのを拒否した。そのため、テルアビブの海岸で国防軍との射撃戦が始まったのである。結局アルタレーナは炎上、沈没して貴重な兵器は失われたものの、分裂の危機は回避された。

休戦は七月八日に終わり、一〇日間にわたって戦争が再開された。エルサレムでは旧市街の北側での攻勢、旧市内のユダヤ地区の奪回が試みられた。ヘブライ大学の物理学者が、円《えん》錐《すい》形の爆弾を作り、頂点に向かって爆発を起こせば厚さ数メートルの城壁に穴を開けられるはずだと考えた。そのため特殊な爆弾が作られ、南西部にあるシオン門に担ぎ上げられた。爆発はしたものの、期待した効果はなかった。シオン門のすぐそばの城壁にはその時の跡が残っている。

七月一八日から一〇月一五日まで続く二回目の休戦が宣言された。イスラエルはこの長い休戦期間を外国で買い付けた兵器を運んでくることに費やした。そのため、休戦明けからの戦闘では状況はだいぶ変わってきた。休戦中の九月一七日、国連の調停官だったベルナドッド伯爵がエルサレムでレヒのメンバーによって殺害された。それを命じた一人がイツハク・イセルニツキーだが、彼はのちにイツハク・シャミールとヘブライ語風に改名し、首相になった。ベルナドット暗殺事件はレヒのメンバー二五〇人の逮捕につながり、国防軍編入後もある程度の独立性を保っていたエーツェルの解体にもつながった。中道左派と右派の対立は軍事面では終結したものの、政治的な対立は現在まで続いている。

エルサレムもその全域が戦場となったが、特に激しかったのは城壁の中にある旧市街のユダヤ人居住区だった。一九四八年五月二八日、旧市街全域はヨルダン軍の手におちた。一九四九年七月、最終的な休戦になった時にはエルサレム市域の八〇％がイスラエル、二〇％がヨルダンとなった。しかし城壁に囲まれた歴史的エルサレムはヨルダン側となる。ヨルダンは東エルサレムを含むヨルダン川西岸地区を一九五〇年に併合した。しかし東エルサレムは孤立してしまった。西側をイスラエル領エルサレムにふさがれ、南北に通じる道路の一部がイスラエル側に入ってしまったためにベツレヘム、ヘブロンなどとの交通が困難となっただけではなく、エルサレムが首都アンマンを脅かす存在に育つことを怖れたヨルダンが、意図的にその発展を止めたからである。そのためヨルダン側エルサレムの人口は六万から七万人の間で安定し、増加しなかった。当時の高い人口増加率を考えると、人口の安定は流出を意味する。

一方、イスラエル側の西エルサレムも、東南北を包囲するヨルダンに突きだした半島の先に残される形になってしまった。それでもイスラエルはエルサレムを首都とし、政府（国防省だけはテルアビブ）、議会、最高裁、大学を置いたために、都市としての発展を進めることができた。そのため第三次中東戦争（一九六七年）前夜の人口は一九万八〇〇〇人と、独立以来の二〇年間にほぼ倍増した。しかしその地理的制約から経済活動の中心はテルアビブで

党名	得票率(%)	獲得議席
マパイ（中道左派）	35.7	＊46
マパム（左派）	14.7	19
統一宗教戦線	12.2	＊16
ヘルート（右派）	11.5	14
汎シオニスト党	5.2	7
進歩党	4.1	＊5
スファラディ党（アラブ圏出身者）	3.5	＊4
マキ（共産党）	3.5	4
ナザレ民主党（アラブ人）	1.7	＊2
戦闘者党	1.2	1
女性シオニスト機構	1.2	1
イエメン連合党	1.0	1

＊は連立政権

第一回クネセト総選挙の結果

あり、主要諸国がエルサレムを首都として認めず、大使館のほとんどもテルアビブに置かれた。エルサレムは官庁と大学の町としてイスラエル全体の発展から取り残されてしまった。

この戦争の結果、イスラエルがパレスチナ全体の五五％（二万四五〇〇平方キロ）を占領したため、アラブ側には四五％（一万一一〇〇平方キロ）しか残らなかった。しかもパレスチナ領はヨルダン川西岸地区とガザとの飛び地になってしまった。東西の飛び地で独立したパキスタンが、結局バングラディッシュの独立で二つの国になったように、ヨルダン川西岸地区はヨルダンに併合され、ガザはエジプトの軍事管理地区になり、最初から別の道を歩まざるを得なかった。また、二〇一〇年現在のパレスチナは事実上二つの国になってしまった。ガザはイスラム原理主義のハマス支配で、ヨルダン川西岸はファタハが支配しており、両者は対話すらままならない状態だ。

まだ南部で戦闘が続いている中、一九四九年一月二五日、第一回クネセト（議会）総選挙が行われた。最大政党となったのは暫定首相として戦争を指導したベングリオンが率いる中道左派のマパイで、それを中核とする連合政権が結成され、ベングリオンを首相とする最初の内閣が始動した。選挙を民主的にしようとする意図で、全国一区の完全比例代表制とした。しかも有効投票数の一％（のちに一・五％に改正）得票すれば一議席を得られたために、一二政党もできてしまった。そのため、第一クネセトから二〇〇九年に総選挙が行われた第一八クネセトに至るまで単独で過半数を取った政党はない。最高は第七クネセトで五六議席を得た労働党（マパイの後身）だから、どの内閣も連合政権たらざるを得ず、キャスティング・ボートを握る小政党のエゴがまかり通る体質ができてしまった。二〇〇九年の第一八クネセトでは第二党で二七議席（得票率二一・六％）しかないリクードを中心とする連立政権になっている。とは言え、極端に不安定というわけではなく、独立から三〇年後の一九七七年にリクード（ヘルートの後身）が政権の中核になるまで、マパイとその後身がイスラエルの政治を担った。

アラブ人難民の波

イスラエルの独立はユダヤ人難民の問題を解決した。しかしそれは新たな難民問題を生み出したのである。ディル・ヤシン事件がアラブ人の避難をもたらしたのはもちろんだし、アラブ諸国軍がユダヤ人国家を潰すまで危険の少ないところに逃れようとしたのも事実だろう。しかし、戦争中にイスラエル軍が組織的にアラブ人を逃亡に導いた部分は忘れてはならない。結果として数十万人の難民が発生した。この問題を解決しようと、国連は一九四九年一二月八日に国際連合パレスチナ難民救済事業機関（United Nations Relief and Works Agency for Palestine Refugees in the Near East：UNRWA）を設立した。現在、難民問題は国際連合難民高等弁務官事務所（Office of the United Nations High Commissioner for Refugees：UNHCR）が扱う。一九五四年と一九八一年にノーベル平和賞を受けた評価の高い機関だが、この組織はUNRWAのちょうど一年後に作られた。だから難民の中でもパレスチナだけは別扱いになっている。

UNRWAは活動を開始した時の難民の数を七五万人としている。難民の子孫は難民と規定されることから、現在の難民の数は四七〇万人を超える。この難民の数がのちの中東和平を困難なものにした。人間がいなくなれば、その人間がいた土地が空く。イスラエルは三〇

居住国	難民キャンプ数	キャンプ内人口	登録難民数
ヨルダン	10	341, 494	1, 983, 733
レバノン	12	226, 533	425, 640
シリア	9	127, 831	472, 109
ヨルダン川西岸	19	197, 763	778, 993
ガザ	8	502, 747	1, 106, 195
合計	58	1, 396, 368	4, 766, 670

登録難民数と居住地域（2010年１月１日現在。UNRWA）

〇〇〜四〇〇〇〇平方キロのアラブ人の土地を収用し、ユダヤ人の所有にした。

独立したばかりのイスラエルは、際限なく流れ込むユダヤ難民の吸収に全力をあげた。流れはヨーロッパからだけではない。〝ユダヤ対アラブ〟という構図の中で戦われた第一次中東戦争は、数百年もアラブ諸国に居住していたユダヤ人に対する認識を変えざるを得なかった。もっともモロッコはイスラエル建国後もユダヤ人に対して寛容だったが、その場合にはイスラエルの方が積極的に移民を推し進めた。そのため、独立から二年後の一九五〇年までに約六〇万人の移民を受け入れた。一九四八年のユダヤ人人口が六〇万人だったから、二年で倍になったことになる。またその年には旧パレスチナ全体でもユダヤ人人口が半数を超えた。この時期の一番大きい移民集団はイラク出身者で、一二万人を超えた。イラク在住のユダヤ人一三万人のほとんどがこの時期に出国したことになり、一五〇〇年続いたイラク（バビロン）のユダヤ人社会は消滅した。

一番ユニークだったのはイエメンのユダヤ人だろう。イスラエル建国の知らせとともにほぼ全員の五万人近いユダヤ人が即座に一〇〇〇年以上続いたイエメンでの生活を捨ててイスラエルに向かい始めた。イスラエルはあわてて飛行機便を手配した。彼らは非常に原始的な生活をしていたのに、迎えに来た飛行機にはまったく驚かなかったという。

（主は）弱い者に力を与え／活力のない者に力を増やす／若者は疲れ、弱る／青年はつまずく／主に頼む者は力を回復し／鷲のように翼で上昇する／走って疲れず、歩いて弱らない（イザヤ書四〇：二九－三一）

という聖書の記述があったからだ。しかし、離陸してしばらく立つと、お茶を入れるために機内で焚《た》き火を始めそうになって乗務員をあわてさせたという。どういうわけか、イスラエルの歌手にはイエメン出身者が多い。生活の中に音楽が生き生きしているからだろうか。ヨーロッパに行く飛行機の中でイエメン出身者の団体と一緒になったことがある。後ろの方で音楽が始まった。振り返ると、数人の男女が通路で踊り、男性二人が石油缶を肩に担いで打楽器にしていた。

どんな国であれ、二～三年で人口が二倍になるような移民を受け入れることは悪夢だ。現在の日本がアフガニスタン、台湾、南北朝鮮の全人口を数年のうちに受け入れるのとほぼ同じことになる。イスラエルは国中が一大テント村と化した。運のいい者はブロック壁にトタン屋根の小屋を得たが、夏の日差しは強く、とても中にいられるものではなかった。海外のユダヤ人の助けやアメリカからの借款もあったとは言え、ほぼ一〇年でテント村が消えたのは奇跡だ。しかもこれら移民のかなりの部分はイスラエルを目指したわけではなく、教育程度も低く、公用語のヘブライ語が話せず、イスラエルが目指した西側に沿った国作りにまったく経験のない者たちだった。

その後も移民の波は続く。五〇年代半ばには北アフリカを中心に一七万人、六〇年代前半にも北アフリカから一八万人の移民を受け入れた。最近の移民の波は九〇年代のロシア、東欧で、短期間に一〇〇万人近くが流れ込んだ。同時期にエチオピアからの移民が六万人あったのも忘れてはならない。エルサレムでも空き地のあるところにはプレハブ村が出現し、ロシア人とエチオピア人の子供たちが共通の言葉がないままに遊んでいた。

こうした移民の結果、イスラエルの人口は、二〇〇九年末には七二〇万人を超えた。うちユダヤ人は七六・四％である。筆者がイスラエルに留学した一九七〇年には三〇〇万人に届かなかったのだから、四〇年間に二・五倍以上になったことになる。エルサレムの人口も、この町の持つ様々な障害はありながら、増加した。一九四八年に一〇万人だったエルサレムのユダヤ人人口は一九六七年には一九万五七〇〇人と倍増している。

13　一九六七年から二〇一〇年まで——イスラエル時代

第三次中東戦争

一九六七年六月五日に第三次中東戦争が始まった。六日間しか続かなかったためにイスラエルでは〝六日間戦争〟とよんでいる。イスラエル側の大勝利だったことと、創世記第一章に記されている神の天地創造も六日間だったところからいささか神秘的な解釈もされた。アラブ側でこの戦争に参加したのはエジプト、シリア、ヨルダンの三国であるが、さらに多くの国々からの義勇兵が戦場に流れ込んだ。

第三次中東戦争はいつ始まったのだろうか。〝最初の弾丸〟が撃たれたのが一九六七年六月五日午前七時四五分、イスラエル空軍機がエジプトの空軍基地を爆撃した時であることははっきりしている。その三週間前の五月一五日、エジプトのナセル大統領はカイロなどでの大デモをバックに、七個師団にスエズ運河を越えさせた。これが五日後にイスラエル国境沿いに集結した。開戦一七日前の五月一九日、一九五六年の第二次中東戦争以来両国の休戦ラインで監視していた国連軍が撤退した。ナセル大統領の要請から二日後である。五月二二日、国際水路でイスラエルの南への唯一の出口であるティラン海峡が封鎖された。クウェート、アルジェリアなどのアラブ諸国は義勇軍を派遣した。したがって開戦は五月一五日から六月五日早朝までのどこかだろう。

短かったが激しい戦争は、当時の最新兵器を使って行われた。戦略的に見れば、広大なシナイ半島をエジプト軍から奪ってスエズ運河に到達し、シリア軍をゴラン高原から敗退させてダマスカスに迫り、イスラエルを二分しそうに張り出していた西岸地区からヨルダン軍を押し返した事実こそ、第三次中東戦争がイスラエルにもたらした成果だったろう。しかし、広大な占領地にもまして国民を熱狂させたのは一平方キロしかないエルサレム旧市の占領だった。城壁に囲まれた旧市街は歴史そのものだ。伝説的な理想王ダビデがイスラエルの統一を行い、その子のソロモンが神殿を建てたのもこの地域である。ユダヤ民族主義シオニズムの〝シオン〟もエルサレムを指す。

イスラエルによるエルサレム併合

エルサレムでの戦争は六月五日午前一一時、ヨルダン軍による攻撃で始まった。道路一つ隔てて両軍が対峙するエルサレムでは大砲はおろか、小銃でも有効な攻撃ができる。ヨルダン軍は旧市街から二キロほど南方で国連休戦監視委員会がいる旧国連委任統治府を攻撃した。これは双方が認めた非武装地帯にあった。このヨルダン部隊はヒッティン旅団の一個大隊だったが、この名はサラハディンが十字軍に大勝利したイスラエル北部の地名にちなんでいる。旧市北側でも激しい戦闘が行われた。

開戦早々、ヨルダン空軍が壊滅したため、エルサレムと西岸の制空権は完全にイスラエルの手におちた。人口稠密《ちゅうみつ》である上にたくさんの聖地を抱えるエルサレムでの空爆は禁止されたが、周辺のヨルダン軍基地、ヨルダン川東部からエルサレムに向かった増援部隊はイスラエル空軍に動きを押さえられてしまった。エルサレム旧市街が完全に包囲されたのは開戦二日目の六月六日深夜だった。翌日の午前八時半から旧市街そのものに対する攻撃が始まったが、ヨルダン軍はすでに撤退していた。イスラエル軍は東側にあるライオンの門（キリスト教ではステファノ門）から城内に入ったが、散発的狙撃《そげき》以外の反撃はなく、午前一〇時には西の壁に到着した。

戦争の一ヵ月前、五月一五日にイスラエルは一九回目の建国記念日を祝っていた。当時エルサレム市長だったテディ・コレックは、イスラエル放送が数年前から独立記念日に開催していた歌謡フェスティバルのテーマをエルサレムにするよう依頼した。二〇世紀になってからエルサレムをモチーフにした歌は数曲しかなく、一九四八年に分断されたあとで作られた曲は一つもなかったからである。そこで、イスラエル放送は当時人気のシンガー・ソング・ライター、ナオミ・シェメルに曲作りを依頼した。彼女は『黄金のエルサレム』の作詞作曲を行い、ほとんど素人だった女性兵士のシュリ・ナタンがこれを歌った。一九四八年の分断の結果、イスラエル人が行けなくなったエルサレム旧市を懐かしむこの歌は爆発的な成功を収めた。のちに首相としてパレスチナ人との和平を推進したラビンは参謀総長としてこの歌謡フェスティバルに招かれていたが、中座を余儀なくされた。エジプト軍がカイロで大軍事パレードを開始したとの知らせが届いたからである。イスラエルが戦争を覚悟して予備役の召集を開始したのはその数日後である。

　六月五日に始まった第三次中東戦争三日目の七日、エルサレムが〝解放〟された。ユダヤ教最大の聖地、嘆きの壁の前で精鋭の降下兵たちが期せずして『黄金のエルサレム』を歌い始めた。『黄金のエルサレム』は戦中、戦後を通じて大ヒットを続けた。第二の国歌とも言われるほどである。しかし、この詩に詠われる旧市街は〝人気《ひとけ》がなく、神殿の丘やエルサレムからエリコに下る道にも人影が見られない〟。「そこにはパレスチナ人がいるではないか」

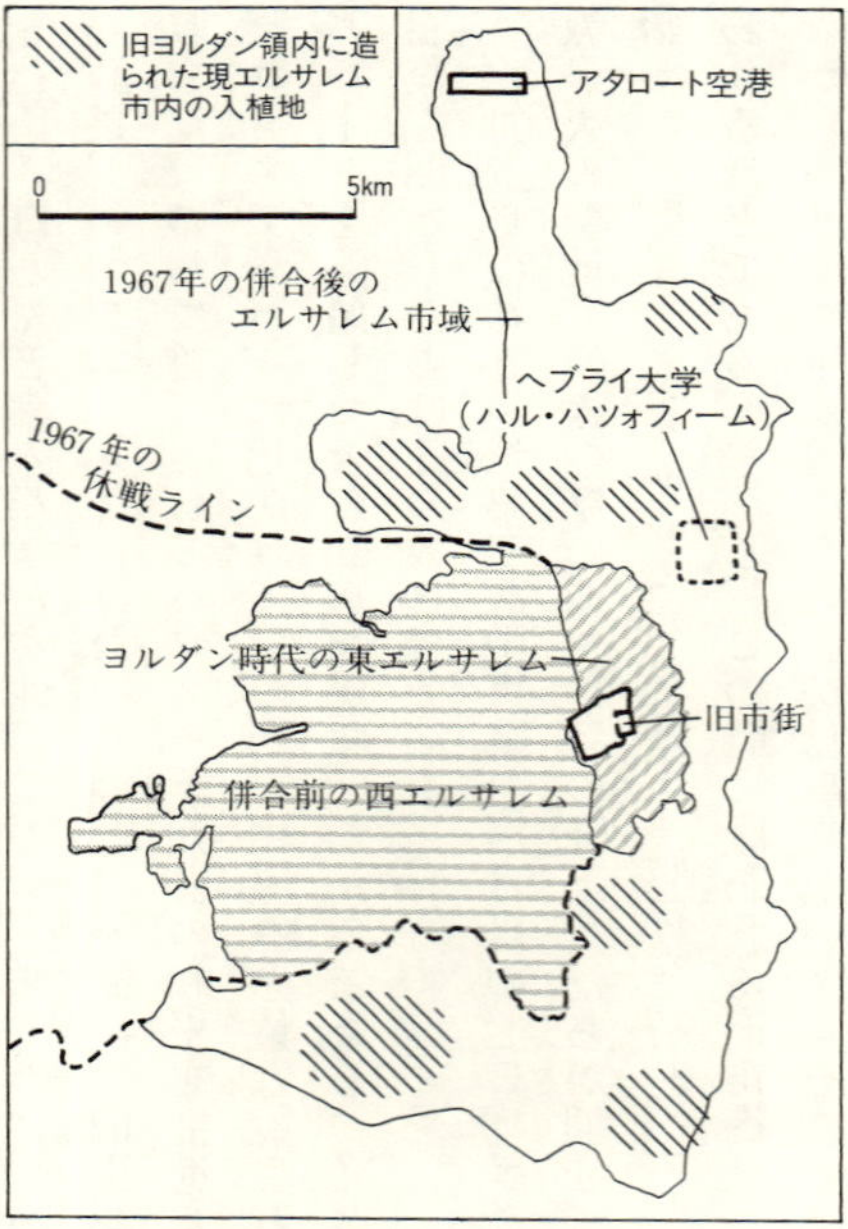

併合されたエルサレムの市域

という議論が起こり、この歌の支持・不支持は国家のあり方を問うものともなった。

エルサレムをめぐる戦闘は二日半で終了した。イスラエル議会は戦争直後に東エルサレムの併合を決議してエルサレムは大幅に拡大した。併合した地区はヨルダンが一九五〇年に併合した時のエルサレム市域よりはるかに大きく、南北に細長い妙な形をしているが、これには意味がある。北に延びているのはそこにある飛行場を含むためである。東西に狭いのは拡大されたエルサレム市に含まれるアラブ住民の数を最小限にしたかったからだ。ヨルダン時代の東エルサレムは六平方キロにすぎなかったが、併合された旧ヨルダン領は東エルサレムを含んだ七〇平方キロになり、エルサレム以外に二八の地方自治体が統合された。その結果東西エルサレムは一〇八・三平方キロと戦前の三倍近い広さになった。

この併合は国際社会の非難を喚起し、四〇年以上たった現在でもエルサレムを首都として認めている国はほとんどない。さらに一九八〇年には憲法にかわる基本法に、統一エルサレムを首都とする条項が加えられた。国連安全保障理事会はこれに激しく反対し、それまでエルサレムに置かれていた一三ヵ国の大使館もテルアビブに移動した。二〇一〇年六月現在、エルサレムに大使館を置く国は一つもない。

イスラエルは戦争の翌年から新しく併合した部分に官庁街を作り、全国警察本部も移し、独立以前から大学のあったところに新しいキャンパスの大建築を行うなど、エルサレムを手放す気はないことを明らかにした。さらに東エルサレムでは空いた土地にいくつもの新しい居住区が作られ、道路が引かれるなどエルサレムの変貌は著しい。その財源のほとんどはイスラエル国家からだ。それに対して東エルサレムのパレスチナ人居住区に対する投資はほとんど行われなかった。そのためパレスチナ人地区とユダヤ人地区の差は歴然としている。

東エルサレムのパレスチナ市民は第三次中東戦争直後にほかの西岸の住民とは別の資格が

与えられ、彼らの権利・義務はイスラエル人とほぼ同じようになった。大きなちがいは国政選挙に参加できないこととイスラエルのパスポートが与えられないこと、徴兵されないことくらいである。彼らは望めばイスラエル国籍を得ることができるが、パレスチナ民族運動のためもあってそうする人は多くはなかった。したがって多くの住民は元からのヨルダン国籍を有している。

しかし八〇年代にヨルダンがPLOとの力関係から西岸、エルサレムから手を引き始めると事態はさらに複雑になった。九三年のオスロ合意によってパレスチナ自治政府が発足すると、東エルサレムのパレスチナ人はパレスチナの国政選挙とイスラエルのエルサレム市議会に対する選挙権、被選挙権を持つという妙な事態になった。しかし政治的理由から、エルサレム市議会選挙は大半が棄権している。これもパレスチナ地区がなおざりにされている理由の一つである。また同じ市に属していながら、東エルサレムのパレスチナ人の教育は九〇年代前半まではヨルダンの制度、教科書で、それ以降はパレスチナ自治政府のそれで行われている。

二〇〇一年末のパレスチナ人人口は二一万五四〇〇人、全市の三二・一%で、一九六七年の併合時の六万七〇〇〇人、二六%に比較すると大幅に伸びた。二〇一〇年一月には、バルカット市長が「二〇年前、エルサレムの人口の七〇%はユダヤ人だったのに、現在では六五

％になり、アラブ人人口が三五％である。これはエルサレムの戦略的脅威と見なすべきだ」と警告の声をあげている。とは言え、問題はユダヤ人同士にも存在する。宗教的な人々と非／反宗教的（世俗的）な人々の間の葛藤《かっとう》である。宗教的な人々はエルサレム人口の約三分の一を占めており、全国平均よりはるかに高い。避妊が許されない彼らの人口増加率は高く、将来その比率はさらに多くなるものと見られている。まったくちがう世界を生きる彼らと世俗的な人々の間にはほとんど接点がなく、その距離は世俗的ユダヤ人とパレスチナ人との間より大きいくらいだ。それが世俗的なイスラエル人のテルアビブ海岸地方への移住を促進している。

またエルサレムの貧しさは発展の足かせとなっている。パレスチナ人と、普通の意味での経済活動をしていない宗教的な人たちの所得水準は低い。しかも世俗的な人々の多くも給与の低い公務員、大学関係者である。筆者の恩師は「テルアビブにいってエルサレムで使っているのと同じ貨幣が通用するのにはいつもびっくりする」とよく言っていたほど、二つの町は性格がちがう。そのちがいのかなりの部分は所得水準による。エルサレム市が発表した統計（二〇〇四年）によると、エルサレムの人口がイスラエル全体に占める割合は一〇・二七％だが、貧困人口における割合は一九・二九％とほぼ二倍になる。エルサレムの貧しさは現在も続いている。

エルサレムの人口が急増した理由の一つは、イスラエルが国をあげて新たに併合した部分に住宅地を建設したためである。東エルサレムとその周辺のまとまった空き地には次々と団地が造成された。〝弾薬の丘〟とよばれるヨルダン軍の陣地があった向かいにはラマト・エシュコルという名の大団地ができた。一棟のマンションの前には放棄された大砲の砲身がオブジェのように置いてある。そこから徒歩で一〇分もしないところにフレンチ・ヒルができた。これは職場の大学に近かったので、筆者はほぼ一〇年間ここに暮らした。

アラブ側はこうした住宅地を〝違法入植地〟とよんで反対した。国際法上、戦争の結果得た占領地を併合したり、そこに居住したりすることは禁じられているのだから、違法にはちがいない。しかしイスラエルはそんな反対は一顧だにしなかった。ヨルダン川西岸、ガザにおける入植地建設、拡大はイスラエル国内でも議論になり、反対運動が起こったものの、拡大エルサレム内の建設に反対する者はほとんどいない。自他共に左派と認める友人が多くおり、彼らはパレスチナ国家独立に賛成し、共存こそ取るべき道と考えているが、彼らの中の少なからざる部分が拡大エルサレムに住宅を求めるのに矛盾を感じてはいない。

テレビの取材で郊外住宅地造成の現場でアラブ人の建築労働者に会ったことがある。彼は自宅の近くで仕事ができたし、大規模造成なので仕事がかなり長く続きそうなのを素直に喜んでいた。しかしカメラを向けると「入植反対」と紋切り型の反応だった。もっとも同じような反応は、イスラエル人の目にも入植地と見える建設現場でも見られたのだが。

そんなイスラエルもイスラムには気を遣った。エルサレム観光の目玉はいくつもあるが、その一つがウマルとアルアクサの二つのモスクであることはまちがいない。イスラエル人もまた観光客として押し寄せた。しかしムスリムでない者の見学時間は、イスラムの祈りの時間ではない時だけに限られた。ユダヤ人でも宗教的な人たちは訪れない。入り口には、ユダヤ人に対する警告が何ヵ国語かで書かれている。

この地域にはかつて神殿があった。その神殿の一番奥は至聖所になっており、大祭司が年に一回だけ入ることを許されていた。ところが神殿が破壊されてしまった現在、至聖所がどこにあったかはわからない。発掘でもすれば、ソロモンの神殿はともかく、紀元前一世紀に建てられた神殿の基礎は出てくるだろう。しかし、イスラムにとってメッカ、メディーナについで重要なアルアクサのある地域を掘り返したら、国際的なスキャンダルになるのは目に見えている。だから、もし神殿の丘を歩きまわっていたら、間違って至聖所に足を踏み入れて神の怒りを買い、撃ち殺されるかもしれない、という理屈である。

遠慮はイスラムに対してだけだ。聖墳墓教会では教会内の聖所を巡回する神父たちが巡礼、観光客をかき分けている。

第三次中東戦争その後

一九六七年の第三次中東戦争でイスラエルは大勝した。エジプトからはシナイ半島を奪い、シリア領のゴラン高原の大部分をも占領した。さらにヨルダン領の西岸地区、エジプトが管理していたガザもイスラエルの手におちた。イスラエルの占領地は本体の一・五倍にもなったのだから、これは大勝と言っていいだろう。しかし広大な占領地にもましてイスラエル人に感激を与えたのが東エルサレムの占領だった。

イスラエル議会（クネセト）は第三次中東戦争休戦から六週間後の一九六七年七月二七日に二つの法律を通過させ、「エルサレムとその周辺」をイスラエル法に組み込むことを決定した。ユダヤ人が最大の聖地とする嘆きの壁は城壁に囲まれた旧市街の中にある。イスラエルは東エルサレムの併合を考えたが、六平方キロだけでは将来起きるかもしれないエルサレム攻防戦に著しく不利であると考えた。その東側が山になっており、非常に守りにくい。また旧市街の北東の山頂には第一次中東戦争でイスラエルの飛び地になった元来のヘブライ大学と大学病院がある。それが〝周辺〟の持つ意味だった。結局、イスラエル側のエルサレム三八平方キロにヨルダンのエルサレム六平方キロ、〝周辺〟約七〇平方キロを統一エルサレムと宣言した。

この時点から〝東・西エルサレム〟という言い方が定着した。イスラエルの宣言は戦争の結果得た地域を併合するという行為で、国連はこれに強く反発した。国連安全保障理事会が第三次中東戦争に対して一一月二二日に全員一致で行った最初の決議が二四二である。もっともこの前に決議案が複数提出されたが、どれも決議には至らなかった。二八九語しかない短いこの安保理決議がそれ以来現在まで続く和平を求める動きの基礎となっている。しかし当初この決議は当事者には評判がよくなかった。二四二は

＊イスラエル軍の占領地からの撤退
＊交戦状態の終結、安全かつ承認された境界の中で平和に生存する権利
＊国際水路航行の自由
＊難民問題の公正な解決

からなる。この「占領地からの撤退」は英語では“Withdrawal of Israel armed forces from territories occupied in the recent conflict”となっている。イスラエル側は、「この〝領土〟に定冠詞がついていないのは〝全領土〟ではないからだ」と主張した。しかし同じく正式文書であるフランス語ではこれが“des territoires”と定冠詞がついており、アラブ側は当然この方を支持した。しかしこの不毛な議論は、後述するように、一九九一年以降中東和平交渉が煮詰まるにつれて消えてしまった。アラブ側はもちろん〝全領土〟からの撤退を要求した。それ以上に問題だったのは二つの重要な条項、すなわち「撤退」と「安全かつ承認

された境界」のどちらが先行すべきかを二四二が定めていないことにあった。アラブ側は前者を、イスラエルは直接交渉による平和条約に基づく国境の決定を主張した。PLOはパレスチナ問題を「難民問題」としたことに強く反対する。しかしエジプト、ヨルダンは一九六八年五月一一日に、イスラエルはその四日後にこの決議を受諾した。

二四二はパレスチナに関する多くの安保理決議の最初でも最後でもなかった。安保理は、戦争が始まった翌日の六月六日から一四日までに五つの決議（二三三、二三四、二三五、二三六、二三七）を出しており、二四二はその年に出た六本目の決議にすぎない。翌六八年には二四八、二五〇、二五一、二五二、二五六、二五八、二五九、二六二と決議が出たが、その年に出た安保理決議一八のうち半数近い八を占める。国連安保理がいかに中東に腐心したかがわかる。このあとも一九六九年には一三本中四本、七〇年には一六本中三本と相変わらずイスラエル関係の決議が続く。七一年には一六本のうち一本だけだったが七二年には一七本中三本と〝復活〟、翌七三年には第四次中東戦争になり、国連はさらに中東にかかわり続けざるを得なかった。

安保理決議二四二はそれ自身が何らの進展も引き起こさなかったという点で空文だった。しかしこれ以降、中東の和平を語る場合の出発点が二四二になったという意味では確固たる基礎を作ったと言えるだろう。

第三次中東戦争もまた〝終戦〟ではなく、〝休戦〟で終わった。国連安保理決議二四二にもかかわらず、イスラエル軍の占領地からの撤退も和平交渉も実現しなかったために、イスラエルの占領はそのまま固定化された。エルサレムの併合も、国連をはじめとする世界世論の反発にもかかわらず、既成事実になっていった。第三次中東戦争前にも、日本を含む多くの国は、エルサレムがイスラエルの首都であることを認めず、大使館を置かなかった。しかし戦後には少数残っていた大使館もすべてがテルアビブに移転して、イスラエルの一方的併合を非難した。

併合後の市民たち

市政は統合されたが、新たにエルサレム市民となったパレスチナ人は市議会選挙への参加を渋った。そのため、東西エルサレムの合併というよりは、ヨルダン領の東エルサレムが西エルサレムに吸収される形になった。一九六七年の統合当時、東西エルサレムのインフラ整備の差はすさまじいものがあった。一人あたりのGDPがイスラエルとヨルダンでは数倍の差があったので、この格差は当然である。しかし問題は、その後四〇年以上のイスラエルによる併合・占領下にこの差が埋まらなかったことにある。たしかに東エルサレムの状況は比較にならないほどよくなったが、それでもなお西側とは大きな差がある。

東エルサレムがイスラエルによって〝解放〟された結果、旧市街はイスラエル人であふれかえった。人が動けば、金も動く。またこの戦争の大勝利は、外国、特にアメリカにいるユダヤ人に大きな影響を与え、イスラエル訪問が流行になった。観光で生きるしか方法がない旧市街は急に景気がよくなった。観光ブームはキリスト教徒にも広がった。それまでイスラエルにある目玉はイエスが育ったナザレだけだったが、それにイエスが生まれたベツレヘム、死んだエルサレムが加わったのだから、それまでヨルダンに行っていた巡礼はイスラエルに流れた。

この時期から一九七三年の第四次中東戦争まで、現在から見ると妙な現象が起きた。〝アラブ人シオニスト〟とでも呼ぶしかしかたのない人々が出現したのである。イスラエル国籍のアラブ人は、他のアラブ諸国から完全に切り離された上、イスラエル国内ではユダヤ人国家での二級市民の悲哀を味わっていた。ところが第三次中東戦争の結果、西岸とガザがイスラエルの占領地になり、いつでも行けるようになった。ガザは言うまでもなく、西岸もイスラエルに比べて大いに貧しかった。それは二級市民のイスラエル国籍アラブ人よりも貧しかったのである。彼らは急に優越感に浸ることができた。それが、戦争でイスラエルに大敗したアラブ諸国に対するショーウィンドーになったのである。

第四次中東戦争間近の一九七二年、筆者は家族と南部のリゾート地、エラトに遊びに行った。そこの屋外カフェで、ウェイターの不手際からジュースを浴びせられてしまった。するとボーイ長が飛んできて、「このウェイターは占領地出身であり、プリミティブであるから大目に見てもらいたい」と謝った。彼はかなり流暢《りゅうちょう》なヘブライ語をしゃべったのだが、明らかなアラビア語訛りがあった。聞いてみると、彼はイスラエル国籍のアラブ人だった。彼としては、自分の下のクラスが出現したことで優越感に浸ることができたのだろう。イスラエル国籍のアラブ人は、西岸を通じてアラブ諸国の現実を知った。知ってみると、孤立していた時にあこがれていたほどのことはないのに気がついた。

たしかに西岸はかなり惨めな状態だった。第一次中東戦争のあとで同地を併合したヨルダンがジレンマに悩まされていたからだ。第一世界大戦の直後にアラビア半島から出てきたハシム王国を支えていたのはベドウィンなのだが、人口の過半を占めていたのはパレスチナ人である。そこへ西岸のパレスチナ人が加わったのだから、王家としては危機感をおぼえざるを得なかった。それでもヨルダン川東岸のパレスチナ人は独立以来の数十年のうちにある程度同化されていたが、一九四八年に併合された西岸は話がちがう。初代のアブダッラ国王は、併合に怒ったパレスチナ人に暗殺されてしまった。したがってヨルダン時代の西岸は、よく言っても冷遇された。

アメリカのユダヤ人の間では、子供たちがイスラエルに留学するのがブームになった。留学先の一番人気はなんといってもエルサレムのヘブライ大学だった。筆者がこの大学に留学したのは、第三次中東戦争から三年目の一九七〇年だったが、アメリカ人学生であふれかえっていた。多くの学生は籍を本国の大学に置いたまま、三年次をエルサレムで学び、一年後にはアメリカに戻るのが普通だった。しかし学生の中には、当時のイスラエルの、自信に満ち、アメリカに比較するとはるかに貧しく、克己的な生活に魅力をおぼえ、永住を決意した者もいた。数代前に、ヨーロッパからアメリカに移住してやっと落ち着いた豊かな生活を手に入れた親たちにはそれが理解できなかった。そうした親たちには、子供たちを新興宗教に奪われたような気がしたのだろう。〝子供返せ〟運動にも似たものが発生したし、親たちの〝治療〟グループがいくつも立ち上がった。もっとも永住を決意したアメリカ人の学生の多くは、いつまで経っても英語訛りが抜けない、「アメリカ人」とよばれる、ヘブライ語で問いかけても英語で答えるなど、なかなか社会に溶け込めなかった。アメリカ人学生が多すぎたために、彼らだけの社会が成立していたこともイスラエル人社会に溶け込むことには妨げとなった。一九七〇年当時にはまず見ることのない日本人である筆者は、アメリカ人の友人たちにうらやましがられたものだ。失望して帰国する者もあり、イスラエル人と結婚して本当に永住する者もいた。

第四次中東戦争

第四次中東戦争は、イスラエル側ではヨーム・キプール戦争、アラブ側では一〇月戦争とよばれる。

一九七三年五月、二五回目のイスラエル独立記念日は大がかりだった。六年前、第三次中東戦争の大勝利は依然として色あせておらず、イスラエル中を包み込んだ栄光感はますますふくれあがっていた。最大の敵エジプトとの間にはスエズ運河があり、戦車を渡すことは非常に困難だ。当時の国防相ダヤンは「最良の対戦車壕《ごう》」と呼んだ。シリアとの休戦ラインはそれまでとちがって高度差がなく、首都ダマスカスへはだらだらの登りになっているだけで自然の障害はない。戦争の帰趨《きすう》を決める空軍は彼我に圧倒的な差がある。これだけの条件がそろったイスラエルは、自国の守りが鉄壁であることになんの疑いも抱かなかった。

イスラエルは、そうした雰囲気の中、独立記念日にエルサレムでの大規模な軍事パレードを計画した。併合された東エルサレムの北部を出発点にしてエルサレムの中心街を通る軍事パレードは、歩兵はもちろん、戦車、自走砲や兵員輸送車を含むものだった。沿道は市民の人垣が何重にもなり、黒煙をあげながら四車線の道路を圧倒して走る戦車に見ほれた。筆者も、第三次中東戦争の年に生まれた息子を肩車して見物していた。

その五ヵ月後の一〇月六日に第四次中東戦争が起きた。ユダヤ暦では一日は夕方に始まり、夕方に終わる。五日の夕方から六日の夕方までが新年から一〇日目のヨーム・キプールにあたった。ユダヤ教の伝承によると、神は新年からその年に死ぬ者を決め始め、一〇日目に決定する。したがってその大事な日には断食して神に敬虔なところを見せ、その年の死を免れようとする。その日には普段宗教に興味を持たない者も断食することが多い。車を走らせる者もほとんどいない。ヨーム・キプールには放送すら止まるのだが、毎年のように最後の放送で「救急車には石を投げないでください」と訴えるくらいだ。

六日の午後二時、東のシリアと西のエジプトが同時にイスラエルに攻撃をかけた。イスラエルの公式見解では、その日の早朝までまったく攻撃を予期しなかったという。ところがその前夜に奇妙なことが起きた。筆者が住んでいたユダヤ側のエルサレムはヨーム・キプールの始まる五日の午後からあらゆる活動を停止してしまう。夕方、家族で外食しようとアラブ側の東エルサレムに出かけた。イスラムにもキリスト教にも何の意味もない普通の日だ。食事が終わって旧市街に向かってぶらぶら歩いていると、軍用ジープが走りまわっていた。ヨーム・キプールに変だなと思いながら、旧市の北側について、ダマスカス門の上に登ってみようとすると、普段は昼夜いつでもあいている門の登り口に数人の兵隊がいて、登るのを禁止された。腑《ふ》におちないまま自宅に帰る道でも何台もの軍用車を見かけた。帰宅すると、近所のお嬢さんが軍服を着て迎えの車を待っていた。戦争が終わったあとで聞くと、彼女は予備役部隊を召集する役であったという。翌日の午後早く、サイレンが鳴って開戦が告げられ、六日の夕方まで停止しているはずのラジオが放送を始めた。開戦の事実が告げられた他は「火の舌、圧力鍋……」などと部隊によって決まっている符牒《ふちょう》が繰り返され、予備役の将兵に出頭をよびかけた。

第四次中東戦争はイスラエルが経験した初めての軍事的大失敗だった。しかもいくつもの失敗が続いたのであるが、根本的な原因は第三次中東戦争の大勝利によるおごりだった。前回は打つ手すべてが当たったことから、自分の都合にしたがって相手を理解しようとすることになんの疑いも持たなかったのである。六年前の戦争で壊滅状態のアラブ諸国の空軍はいくらソ連が援助しても一九七五年までは元に戻らない、だからそれまでは戦争が起こるはずはないとの固定観念から抜けられなかった。だから攻撃の兆候が前線の情報将校から報告されても、耳に入りはしなかった。

前回の完璧な戦勝は軍を特別な地位に押し上げてしまった。そのため、各社とも腕利きをそろえた軍事記者たちも軍に対する批判は一切書かなくなっていた。大学の友人は戦車隊の予備役将校だったが、ヘブライ大学の寮にいた彼もまた開戦の六日に緊急召集され、エジプト戦線に向かうべく南方のベールシェバ近郊にある基地に向かって愕然としたという。基地の戦車はいつ出動してもいいように整備されていたのだが、砲弾も機関銃弾も搭載されていない。弾薬庫は先行した部隊が空にしてしまった。弾薬と言えば、個人用の自動小銃のものしかない。しかもゴーグルがなかった。砂漠の中を走ればもうもうとした砂塵《さじん》が立つ。視界を確保するために危険を覚悟で半身を砲塔から出している戦車長はゴーグルがなければ目に砂が入って何も見えない。近所のスポーツ用品店を開けてもらって調達した。もっと悪いことに戦車を輸送するトラックがなかった。戦車はキャタピラが弱い上にリッターあたり三〇〇メートル程度とやたらに燃費が悪いために、戦場近くまではトラックで運ぶのが普通だ。しかたがないので、弾薬はあとから届けるという約束を頼りに自力で走り出した。戦後になってわかったことだが、各紙の軍事記者は準備ができていないことを知っていた。しかし、軍が聖域になってしまったためにそれを書かなかった。

戦場から遠いエルサレムでは、開戦直後にはほとんど情報がなかった。あまりの劣勢に報道管制をしていたためもある。第三次の時には嘘ばかり言っていたアラブの放送の方が今回ははるかに正確だった、というのは戦後の評価だった。スエズ運河沿いに作られた陣地のほとんどがエジプト軍に制圧された事実が報じられたのは開戦から二、三日目だった。状況を知ったとたんにエルサレムの雰囲気は暗くなった。スエズ運河沿いの最前線に展開していたのはエルサレム出身の予備役将兵だったからである。

アラブ側の出版によると、エジプト・シリアの連合軍が一〇月六日を開戦の日と選んだのはスエズ運河の潮流、月齢などを根拠とした結果だという。しかし、ヨーム・キプールにイスラエルの防御が最低水準におちることが考慮に入っていなかったとは考えにくい。前線では、必要不可欠な人員以外は休暇で自宅に帰るし、前線の兵の中にも断食する者が多い。ヨーム・キプールはイスラエル軍のガードがもっとも下がる日だ。前述したようにユダヤ教の伝承では、神は正月元日（西暦では九月末から一〇月はじめにあたる）から一〇日の間にその年に死ぬべき人々のリストを作り、一〇日目のヨーム・キプールに完成したリストに署名することになっている。だからその日には国中の活動はほぼ全面的に休止する。そこをアラブ軍が突いたのである。

しかしこのもくろみは失敗した。アラブ側が計算しなかったのは、ヨーム・キプールが普通の祭日ではなく、ほぼ全員が自宅にいることである。攻撃を受けた場合は、少数の現役兵と職業軍人が前線を数日間保持し、その間に召集された予備役兵が敵を押し返すというのが基本だった。ラジオ放送と電話連絡を主な手段とする予備役召集には、ほとんど全員が自宅にいるというのは理想的な条件だった。開戦が一〇日前の新年だったら、国民のかなりの部分が海に山に出かけていて、召集にはるかに長い時間がかかっただろう。

一〇月二六日の国連安保理決議で停戦になるまで二〇日間にわたる戦争は短かったが、激しかった。おもしろいことに、同盟国として参戦したエジプトとシリアでは戦略目標が大きく異なっていた。シリアのアサド大統領にとっては第三次中東戦争の雪辱戦であり、イスラエルに占領されたゴラン高原の奪還こそが戦争の目的だった。しかし、エジプトのサダト大統領にとっては単なる戦争ではなく、ナセル大統領以来のソ連より路線からアメリカよりに方針転換するための触媒にすぎなかった。サダトは、戦前から働きかけて相手にされなかった原因を分析し、アメリカが〝強力な〟イスラエルさえいれば中東は安泰と見ているのに気がついた。それなら、戦争に勝つ必要はない、スエズ運河を渡ってイスラエルの不敗伝説を破ればいい。戦争全体をその一点に集中させたのである。サダトがサウジアラビアなどに働きかけて第一次オイルショックを引き起こしたのもこの目的に沿っている。エジプトとシリアの目標のちがいはイスラエルに有利に働いた。エジプト軍はスエズ運河を渡ったところで前進をやめ、完全な防御態勢を固めた。そこでイスラエル軍はその全力を北部のシリアに向けることができたのである。

第四次中東戦争でどちらが勝ったのかを判断するのは容易ではない。戦争初期にゴラン高原に侵入したシリア軍は完全に押し返され、首都ダマスカスがイスラエル軍の長距離砲の射程内に入った。エジプト軍はスエズ運河の渡河と橋頭堡《きょうとうほ》確保に成功したものの、戦略上のブレから防御の隙を突かれてイスラエル軍の逆渡河を招いてしまった。双方の新占領地を見るとイスラエル側の方が大きいし、エジプト軍にはカイロに通じる道を防衛する部隊もなくなってしまった。だから純粋に軍事的に見れば、イスラエル軍の勝利だろう。人的損害もアラブ側の方がはるかに大きかった。しかしそれでもイスラエルは負けた。自信を失ったのである。

第三次中東戦争の英雄モシェ・ダヤンが国防相だったが、大学院の学生モティー・アシケナジーが一人で始めたデモがきっかけになって引きずり下ろされた。彼は、スエズ運河沿いに配された一六の防御陣地の中で唯一陥落しなかった〝ブダペスト〟の指揮官だった。召集解除で一般市民に戻ったモティーは、たった一人、ダヤン国防相の責任を問う小さなプラカードを持って首相官邸前に座り込んだ。最初はマスコミもなんの反応も示さなかったが、次第に賛同者が増え始め、大きなうねりになるのに時間はかからなかった。首相官邸は筆者の通学のバスからよく見える位置にある。日に日に人が増えるのは印象的だった。アシケナジーは一躍時の人になったが、まもなく大学をやめて木製玩具を作るようになった。

政府はこうした声に押されて、最高裁長官を委員長とするアグラナット調査委員会を設置し、第四次中東戦争敗戦の責任者捜しが始まった。結局、政府の責任は問われず、スケープ・ゴートになったのは制服最高官のエレアザル参謀総長だったのだが、世論は明らかにちがった。建国以前から国を指導してきた左派労働党に対する信頼は大きく揺らいだのである。

戦争から四年目の一九七七年の選挙で建国以来の政権交代が起こり、万年野党だった右派リクードが政権についた背景には、この戦争による自信喪失がある。新政府の首相には英委任統治時代にテロリストの頭目として指名手配になり、委任統治府があったキング・デーヴィッド・ホテルを爆破したメナヘム・ベギンが就任した。万年与党の労働党が、アグラナット委員会の結論にもかかわらず、国民によって敗戦の責任を取らされた形になった。労働党は定員一二〇のうち、三二議席にとどまり、リクードは四三議席を獲得した。

労働党から逃げた票の大部分は新しくできた中道のダシュ党がさらった。その党首は、第一次中東戦争時の参謀総長で考古学者のイーガル・ヤディンである。ヤディンは労働党が第二党になるとは考えていなかった。ヤディンとしては労働党にお灸《きゅう》を据えるつもりが、成功しすぎてしまった。労働党支持者は、このヤディンが副首相として入閣した右派の新政府が新たな戦争を起こすのではないかと怖れた。エルサレムは宗教的な人々が多く集まっていることもあり、右派傾向が強い。選挙から組閣の間、子供たちが節をつけて「ワーイ、何が起きた？ ペレス（労働党党首、二〇一〇年現在大統領）がこけた」とはやし立てた。

エジプト和平——結果としてのレバノン戦争

新政府発足からまもない一九七七年一一月の非常に寒い夜、エジプトのサダト大統領がイスラエルの空港に降り立った。和平の始まりである。貧乏留学生の筆者はあるテレビ局に雇われて、サダトの宿舎になるキング・デーヴィッド・ホテルの前にいた。子供を肩車した若い父親にインタビューすると、子供にこの〝和平〟を見せたいと興奮気味に夢を語った。このサダト訪問は寝耳に水だった。たしか訪問前々日の夕方、スーパーマーケットで野菜を選んでいると、いつもは買い物客のおしゃべりで賑《にぎ》やかなスーパーマーケットが次第に静まり、すぐに静寂に包まれた。ラジオが臨時ニュースでサダト訪問を伝えたのである。環境のせいかニュース中毒のイスラエルではスーパーマーケットでもニュース専門チャンネルを流すのが普通だった。

サダト大統領は、到着の翌日、ベギン首相らとの首脳会談、イスラエル議会での演説をこなした。「戦争はもう十分だ。流血はもうたくさんだ」と言った彼の演説は明日にも平和が来るとの期待を生んだ。その日の午後、サダトは旧市街に入り、アルアクサ・モスクのあるハラーム・アッシャリフで祈りを捧げた。旧市街はそれを歓迎するパレスチナ人であふれかえり、すでに一〇年続いていたイスラエルの占領を終わらせる〝救世主〟サダトを歓迎した。西エルサレムでは、サダトが行く先々でイスラエル人が歓呼の声をあげた。

サダトは戦略眼はあったのだが、和平の歩みは彼が思うほど早くは進まなかった。それでも一九七九年三月には平和条約が結ばれ、サダトとベギンはこの平和条約を見越してノーベル平和賞を受けた。時間はかかったが、サダトの思惑は当たった。これ以降エジプトは西側

ホワイトハウス前庭で平和条約の合意議事録に調印したサダト大統領（左）とベギン首相（右）。中央は立会人のカーター大統領（CNP/PANA）

の国となり、アメリカの援助を潤沢に得るようになったのである。しかし問題がなかったわけではない。一つは、アラブ諸国がそっぽを向いてしまったことだ。「エジプトがアラブから孤立した」という声にサダトは、「アラブがエジプトから孤立したのだ」と答えたが、その時には誰も納得しなかった。またそれまでのソ連流の統制経済から市場経済に移ろうとしたのだが、その混乱が貧しい人たちを苦しめた。その二つの要因が結びついて、一九八一年一〇月六日、サダトは戦勝記念パレードで暗殺された。暗殺したのはイスラム政治運動のジハード団に属する軍人だった。サダト亡きあとは副大統領だったムバラクが継いだが、それ以降現在に至るまで、エジプトはサダトの敷いた路線をそのまま進んでいる。

イスラエルとエジプトは国境のそこここで意見の一致を見なかった。和平以前なら戦車の出番だったのかもしれない。それが国際法廷に提訴して決着したのである。イスラエルの完敗だった。領土返還は一九八二年から段階的に始まり、一九八九年に終了した。

アラブで最強のエジプトとの和平はイスラエルの選択肢を増やした。ベギン首相は和平をさらに広げようとしたのだが、次の目標になったのがレバノンである。以前から、「イスラエルと最初に和平を結ぶ国がどこかはわからない。しかし二番目はレバノンになる」と言われていた。キリスト教徒が多いところから、宗教的な問題がイスラム諸国ほど強くないのが理由の一つだ。民族構成が非常に複雑で国家として意思を決められない、政治より経済が重視されていたなどもその理由であろう。

問題が二つあった。一つはパレスチナ人だ。PLOは一九七〇年にヨルダンで内戦を起こして追放され、レバノン内で国家内国家を作っていた。もう一つはシリアの影響が非常に強い点だ。一九八二年、反シリアのキリスト教徒バシール・ジュマイエルが次期大統領に選ばれた。ジュマイエルはイスラエルの力を借りてでもシリアの影響を振り払い、PLOを無力化しようとしていた。一九八二年、イスラエルはバシールとの密約に基づいて七年間も内戦に苦しんでいたレバノンに攻め込んだ。PLOは追い詰められ、チュニジアに亡命する。このままいけば、バシール・ジュマイエルが大統領になってイスラエルとの和平ができたかもしれない。しかし彼は大統領就任前にテロで爆死した。その報復としてベイルート郊外のパレスチナ人難民キャンプのサブラとシャティーラで虐殺事件が起きた。

この虐殺事件は世界世論を硬化させ、それとともにイスラエルの世論も一斉に反戦に傾いた。いくつもの軍閥が跋扈《ばっこ》するレバノンでの戦争が損害の多いものであったこともある。それより大きかったのは、これが〝義のない戦争〟であるという主張だった。イスラエル人は、客観的にはともかく、主観的には一九四八年以来、〝避けられない戦争〟、〝負ければ国を失う戦争〟のみを戦ってきたと考えていた。それがレバノン戦争は初めて〝選択の戦争〟であると捉えられたのだ。召集解除になった予備役将兵は軍服のままエルサレムの首相官邸前でデモを行った。それまでになかったことだが、若い現役将兵の父母までが声をあげ始めた。第四次中東戦争でのイスラエル軍の死者が約二五〇〇人だったのに比べると、はるかに規模の小さいレバノン戦争での六五〇人の死者は少なくない。それ以上に〝なんのために死ぬか〟が問題だった。義のないレバノンでの戦死は〝犬死に〟と捉えられたのだ。

筆者と同じアパートの向かいに住む家族は、長男がレバノンに出征した。両親はみるみる憔悴《しょうすい》し、まったく宗教と関係のなかった彼らが宗教的生活を始めるまではあまり時間がかからなかった。軍広報部は父兄に突き上げられてレバノン戦争を説明する劇映画を制作した。多くの観客は、客観的に作ろうとしたその映画を反戦映画と見たのである。レバノン戦争はイスラエルにとってのベトナムと化した。

この戦争を計画したシャロン国防相を揶揄《やゆ》した歌が作られ、兵役拒否騒動すら起きるようになった。戦争を指導したシャロン国防相（のちに首相）は引きずり下ろされ、ベギン首相は政治生命を失った。首相を辞任したのは一九八三年一〇月だが、それ以前にすっかり憔悴し、一九九二年にエルサレム郊外の借家でひっそりと死亡するまで公の場所に出ることはなかった。政界を引退したらシナイ半島の入植地に移住して自伝を書きたい、と言っていたのだが、それが書かれることはなかった。

ベギン首相は休日の土曜の夜、首相公邸で聖書研究会を開いていた。ベギンが、長年の政敵だったベングリオンの習慣を久しぶりに復活させたものだった。レバノン戦争前だが筆者はその講師を務めたことがある。古代エジプトと旧約聖書の死生観のちがいがテーマだった。首相という激職にありながら、二時間近くにわたっておよそ現実とは縁のないテーマの議論に食いついてくるベギンは魅力的だった。エジプトとの和平交渉が始まった一九七八年から二五年ぶりに帰国する一九九五年までアルバイトの記者をしていた関係で歴代首相にはよく会ったが、政策を別にすれば、ベギンはおもしろい人だった。

ベギンは入植地を次々と作った。彼は、広大なシナイ半島をエジプトに返還したのだから、国連安保理決議二四二の要求は満たした、と考えていた。したがってヨルダン川西岸もガザも手放すつもりのなかったベギンにとって、そこに入植地を作ることになんのためらいもなかった。労働党時代には、一九四八年以前にユダヤ人が居住していたところの復活が中心だったが、例外はエルサレムである。ヨルダン領の東エルサレムには六ヵ所の大団地が造成された。一九六七年に併合されたエルサレムから撤退する気がない点では右派・左派が一致していたのである。

他にヘブライ大学のキャンパスがある。ハル・ハツォフィームの敷地は一九二五年に大学ができた場所だが、一九四八年の戦争の結果、ヨルダン領内に取り残された飛び地になってしまった。エジプトとの和平が現実になる頃、ここに大キャンパスの建造が始まった。エルサレムの東の端の高地を圧するように建てられたキャンパスは一九八一年に完成し、文系、社会科学系が移転した。全体が一つの建物の連なりであり、稜線をそのまま生かしたために構造は複雑を極めた。直角で交わる壁がほとんどない建物はいささか異常だ。このキャンパスに一四年間いたので、文系の部分はわかるようになったが、あまり用のない社会科学系の棟では行くたびに迷ったものだ。移転した頃、「これは大学ではなく、東からヨルダン軍が迫ってくる時の防衛拠点だろう」とよく言ったものだ。それは冗談にしても、ヨルダン領の東エルサレムを手放す気はない、との決意を形にしたものだった。

研究室は六角形だった。狭いところにたくさんの部屋を作るために蜂《はち》にならって六角形にしたらしい。筆者が割り当てられた部屋は旧市街を眼下に見る恵まれたものだった。夕方になると、パレスチナ側エルサレムにたくさんあるモスクがそれぞれ祈りの時間を告げるムアジンの声が響いた。ハル・ハツォフィームとは「見晴らす山」という意味で、二〇〇〇年前にティトゥスが率いるローマ軍がここに駐屯し、反乱したユダヤ人のエルサレムを見晴らしたことにちなんでいる。現在はヘブライ大学がパレスチナ人を見晴らしている。

第一次インティファーダ

一九八七年一二月八日、イスラエル人の業者がガザの市場でプラスチック製品の仕入れ交渉に当たっていた。後ろから近づいた一人のパレスチナ人がこのイスラエル人を刺し殺した。一九八二年のレバノン戦争以降、イスラエルとパレスチナの感情がギクシャクし始めてからは非常に珍しいという事件ではなかった。

その翌日の夕方、日中はテルアビブで働いているガザの労働者が乗り合いタクシーで自宅に向かっていた。ベンツのボディーを長くして八人乗りにしたものである。占領地のパレスチナ人は許可を受けてイスラエル国内で働くことはできたが、正式、もぐりの例外はあるものの、宿泊は許されていなかったからである。このタクシーがもうすぐガザの検問所というところで、イスラエルの大型タンクローリーと衝突して乗っていた八人のうち四人が死亡した。交通事故が多いお国柄なので取り立てて目を引く事故ではなかった。

しかしガザでは事故直後から、「四人の死亡は前日ガザで殺されたイスラエル人の仇討ちだ」との噂が広まった。

噂とともに、ガザのあちこちにあるイスラエル軍の駐屯所に大勢のパレスチナ人が押し寄せ、投石が始まった。軍は基本的に武装した敵と戦うように装備・訓練されている。銃弾や砲撃の破片を想定しているヘルメットは投石対策には重すぎるし、投石に有効な盾や顔を覆うフルフェイスのヘルメットは装備されていない。とは言え、非武装で石を投げる人々に実弾を発砲するのはためらわれる。イスラエル軍は完全に不意を突かれた。瞬く間にガザ全体に広がった投石の嵐に虚を突かれたのはイスラエル軍だけではない。レバノン戦争でベイルートを追放され、PLA（パレスチナ解放軍）という武装勢力と引き離されて、政治部門だけチュニスに押し込められたPLOにとってもこの急な展開は想定外だった。

ガザで始まったこの反イスラエル運動は瞬く間に西岸地区に広がり、イスラエルが一方的に併合したエルサレムもその例外ではなかった。市内東部のパレスチナ地区では投石が繰り返され、商店のストライキも始まった。途中からインティファーダとよばれるようになったこの運動がいつ終了したのかはよくわからない。しかしその間にパレスチナ人の平均収入は約三〇％低下したと言われる。人々の経済力がみるみるおち、店の売り上げもおちる中で、人の流れが途絶えないのは貴金属店だった。アラブ世界では広く見られる習慣だが、蓄えを金の装身具に変えて女性が身につけるのだが、それを売って生活費に変えようとしたためだ。

普段は観光客で賑わう旧市街にもストライキは広がった。シャッターをほんの少しだけ開けて客を中によび込む店もあったが、インティファーダが激しくなるとともに観光客の姿も消えた。それでもストライキ破りはある。ある両替店は火炎瓶を投げ込まれ、店主は焼死した。ストライキ破りは〝イスラエル協力者〟と見られたのだ。

投石は走行中の車をも見逃さなかった。筆者も運転中に投石を受けたことがあるが、屋根に当たったこぶし大の石が立てる音は予想以上に大きく、ギクリとする。それでも金属部分に当たる石はともかく、ウィンドーに当たれば運転を誤って非常に危険だ。特に危険を感じたのは入植地の住民だった。多くの入植者の職場はイスラエル国内にあり、通勤には車を使うのが普通だ。投石が始まってしばらくすると、死傷者も出た。そこで新商売が始まった。ウィンドーの強化である。これには二つ種類があって、一つはウィンドーの外に金網をつけるもの、もう一つはガラスの代わりに強化プラスチックをはめこむものだ。強化プラスチックはかなり厚いために、慣れないと少し青い色のついた見え方の癖が気になる。また投石は防ぐことができても、細かい傷は防げないのでしばらく経つと曇りガラスのようになってしまうという欠点がある。金網の方も丈夫さを保証するためか針金が太いので、視界がよくない。当時は車を見れば、入植地に住んでいるかどうかが一目でわかったものだ。

エルサレム以外のパレスチナのナンバープレートは色が違うので、間違えてパレスチナ人の車に投石する可能性は高くない。しかし夜が問題だ。実際、パレスチナ人の車が投石された例もある。そこで工夫を加えた。ヘッドライトの片方だけをハイビームにするというものだ。ヘッドライトが左右そろっている車だけがねらわれた。

大学に、顔にひどい火傷《やけど》を負い、両手の指八本が焼け落ちてしまった学生がいた。彼の家を訪ねると、火傷する前の写真が大きく引き延ばして壁に掛けてあった。ハンサムな軍服姿の青年は現在の顔からは想像もつかない。彼は自分の部隊を率いてパレスチナ人の村をパトロールしていた時、乗っていたジープの屋根に火炎瓶が投げられた。その炎はジープの幌《ほろ》を焼き切り、彼の頭に降り注いだ。彼によると、ガソリンに砂糖が混入されていたために粘性が高く、ヘルメットをかぶっていた頭以外は焼けただれ、火を消そうと手で叩いたために指を失ったという。

それからまもなく、占領地に出動するジープの屋根は金属製のものに替えられた。プラスチック弾、ゴム弾（直径一センチほどの金属のボールに薄くゴムをかぶせたもの）、催涙ガスなども導入された。ある程度の距離があれば致死性でないとは言え、至近距離で発砲されて死んだ者も、無防備な顔に当たって失明した者もいる。

インティファーダが引き起こしたもの

当時の国防相はラビンだったが、彼はのちに首相としてパレスチナ和平につながると期待されたオスロ合意をまとめてノーベル平和賞を受賞した。国防相時代のラビンは兵士たちに、パレスチナ人の「骨を折れ！」と発言した。普段から弁舌のたたない彼の発言の真意は、銃で撃てば殺してしまうかもしれない、だから棍棒《こんぼう》で打てということだったらしい。

その直後、アメリカのテレビ局と契約しているイスラエル人のカメラ・クルーが、二人のイスラエル兵に捕らえられたパレスチナ人の姿を望遠レンズで撮影した。カメラを三脚に据えたわけではなし、距離もあったので鮮明な画像とは言えないが、二人のイスラエル兵が完全に押さえ込んだパレスチナ人の腕の骨をわざわざ折っているのは明らかに認められた。この映像が世界中で放映された反響は大きかった。イスラエルは、非武装で投石しか手段を持たないかわいそうなパレスチナ人を迫害する悪玉として記憶された。

ＰＬＯからの指導がない中で、兵器の使用が最小限であったのは評価しなければならない。イスラエル軍の戦車に石を投げる少年の姿は第一次インティファーダのイメージを決定づけた。ＰＬＯの指導があった一九九〇年以降の兵器を使用した第二次インティファーダで死傷者の数が倍以上になり、イメージも第一次ほど高くならなかったのを見ると、民衆の智恵が感じられる。

たしかな統計があるわけではないが、第一次インティファーダの数年間で殺されたパレスチナ人は約二〇〇〇人だったと推定される。その半数はパレスチナ人同士の犠牲者だったらしい。罪名は常に〝イスラエル協力者〟であった。一方イスラエル人の死者は一六〇人くらいであり、この方はほぼ正確な数字である。一九九〇年に始まった第二次インティファーダでは五〇〇〇人以上のパレスチナ人が殺され、イスラエル側には一〇〇〇人の死者が出た。そのうち約三分の一が、第一次の際にはほとんどなかった兵士、警官であるのを見ると兵器使用の結果がはっきり見える。

もう一つインティファーダが引き起こした問題は、パレスチナ人のイスラエルへの出稼ぎである。果樹園経営者がパレスチナ人労働者に殺される事件が何度か起きた。事実かどうかは別として、パレスチナ人によるサボタージュの噂もあった。エルサレム郊外の知人の家では、新築まもないマンションの玄関でガスのにおいがした。掘り返してみると、ガス管がずれていた。しばらくはまわりのセメントがガスを押さえていたのだが、時間とともにそれが漏れてきたのだ。下水管が詰まり、掘り出してみると管の半分くらいがセメントでふさがっていたという例も頻発した。はじめは問題なく流れているのだが、時間とともにそこにものが引っかかってついには下水管をふさいでしまう。こうした問題が工事の手抜きか、意図的なサボタージュによるものかを知る方法はない。しかし設計、監督、営業はイスラエル人でも、現場の労働者はほぼ全員がパレスチナ人という事実は誰でも知っている。

インティファーダが続くにつれて、パレスチナ不信がつのってきた。しばらくすると、建築現場からアラビア語が消えた。九〇年代初め、冷戦後の東欧は経済的に破綻してしまっていた。そこからイスラエルへの出稼ぎが始まり、パレスチナ人を駆逐したのである。アラビア語が、ユーゴスラビア、ルーマニア、ブルガリア語に変わり、まるでバベルの塔状態になった。息子がマンションを買ったのがその時期だった。建築現場では言葉の通じないイスラエル人の監督が身振り、手真似で説明する。イスラエルの家の床は二〇〜三〇センチ角くらいのタイルを貼るのが普通だが、割れてロスが出るので、一〇%くらい多く買う。ところがバベルの塔状態の現場では、ロスがパレスチナ人時代の数倍も出た。

友人の実家はオレンジ栽培と養鶏に従事していた。普段の仕事は家族でやっているのだが、オレンジの収穫時にはとても人手がたりない。そこでガザのあるパレスチナ人と長年にわたって契約していた。パレスチナ人の収穫請負業者は年に一度収穫時に一族郎党を引き連れてきて短期間に仕事を終える。その家族との関係は長く続いていたので、インティファーダになっても頼むつもりでいたのだが、できなくなってしまった。そのパレスチナ人のイスラエル国内での労働許可が更新されなかったのだ。頼りにしていた収入の道が途絶えたパレスチナ人も困っただろうが、収穫できない農家も困った。政府はボランティアをつのり、兵隊を収穫に派遣したが、パレスチナ人業者のやっていた効率は望むべくもなく、その年の出荷量は激減した。インティファーダは〝ルーズ・ルーズ〟の関係を生み出してしまった。

しかしインティファーダはパレスチナ人を大きく成長させた。それまで漫然とイスラエルに出稼ぎに行っていた人々が、自分の置かれた位置を考え始めたからである。インティファーダ二年目の一九八八年、のちに首相になった宇野宗佑《うのそうすけ》が日本の外相として初めて難民キャンプを訪れた。ベツレヘムのすぐ南、街道沿いにあるデヘイシェである。宇野外相はデヘイシェに集会所を建設することを約束した。当然、キャンプ代表がお礼の挨拶をしたが、それが三〇代前半の若者だった。長幼の序が重視される傾向のあるアラブ人社会では珍しい現象だ。聞いてみたら、この若者はインティファーダを通じて台頭してきた世代の代表だという。

このデヘイシェ・キャンプはエルサレムとヘブロンを結ぶ街道に面しており、走る車に対する投石が激しかった。そのため軍と何度も衝突し、いわばブラック・リストに載っていたのである。キャンプ内からの投石を防ぐために街道沿いに四〜五メートルの高さがある比較的細かい目の金網が張られた。入り口には、遊園地にあるような、金属製の腕がまわって一度に一人しか通れない設備が備えられ、道路封鎖や投石にキャンプから出たパレスチナ人がすぐには帰れないようにしてあった。訪ねた家の居間にある窓ガラスには小さな穴があいており、その先の壁にはいくつもの弾痕があった。一家の主人は流れ弾に当たってその居間で亡くなったという。キャンプの若者で逮捕された経験のない者はほとんどいなかった。

ロシア移民とエチオピア移民

冷戦後の世界情勢は、共産圏、特にソ連のユダヤ人の出国を可能にした。冷戦に敗れたソ連とその後のロシアには、それまで強力に反対していたユダヤ人の移民に反対する理由がなくなってしまった。折からソ連／ロシアは古い体制が崩壊し、新しい体制はまだできていないという苛酷な過渡期にあった。バルト三国や中央アジア諸国の独立すら認めざるを得なかったのだから、外国への移住を望む国民を止める余裕はなかった。ところが移民を受け入れる用意のある国は少なく、少数の選ばれた人間以外に出国する望みは薄かった。唯一の例外がイスラエルである。ユダヤ人国家イスラエルでは、外国でユダヤ人であるために迫害されている人々を救済するために、無条件ですべてのユダヤ人の入国を認めていたのである。そのためモスクワなどの大都市では、偽物のユダヤ人証明書が数千ドルで売り買いされたという。

一九八九年に一万三〇〇〇人と細い流れで始まったものが、すぐに奔流となった。翌年には一八万人以上となり、その翌年には一五万人弱が流れ込んだのである。世界中からプレハブ住宅が買い集められ、空き地という空き地は移民の住居と化し、多くのホテルが一時収容のために借り上げられた。二年間で人口が五％増えたが、それで止まったわけではない。

町には急にロシア語が氾濫《はんらん》し、ロシア語の新聞が何紙も発行され、ロシア語の本屋が店を開いた。仕事を見つけるのが大変で、「元モスクワ大学教授が道路掃除」といった見出しが連日新聞を賑わした。ロシアの演奏家にはユダヤ人の率が高かった。そこでイスラエルのオーケストラはどこも有能な人材に恵まれた。コンサートに行くと、休憩時間にはタキシード姿の演奏家がロビーでロシア語を話していた。逆に、ロシアの有名なオーケストラでは欠員が大量に出て、臨時のオーディションを行ったという。数年すると、客席の側でロシア語が聞こえるようになった。移民が経済的にある水準に達し、コンサートに行こうという精神的な余裕を得た証だろう。

筆者の住んでいたアパートの一部は賃貸だったが、そこにロシア人一家が入った。離婚した女性、その母と叔母、中学生の息子の四人暮らしである。ひどいロシア語訛りで片言のヘブライ語をおぼえた女性はなんとか仕事にありつき、息子は瞬く間にほとんど訛りのないヘブライ語を話すようになったが、お年寄り二人は数語のヘブライ語以外はおぼえられなかった。その家を訪ねると、テレビはロシアのテレビ局に合わされ、テレビの上にはサモワールが置かれており、そこはまったくロシアだった。

この大量移民の吸収は成功例としてあげられるだろう。彼らはシオニストではなく、選択権が与えられるならイスラエルではなく、アメリカ、オーストラリア、カナダなどを移民先に選んだにちがいない。彼らの多くは純粋な経済難民だったのだから、条件のいい方に行きたがるのは当然だ。そのため、建国前後のような克己精神は求めるべくもなかったし、時代もちがう。

それから少し遅れてエチオピア移民が始まった。伝承によれば、エチオピアのユダヤ人はシバの女王とソロモン王の息子メネリクについてエチオピアに渡ったユダヤ人の子孫である。もっともエチオピアのユダヤ教は、キリスト教徒が集団で改宗したもののように見える。かなり色濃くキリスト教の要素を残しており、イスラエルがそれまで知っていたユダヤ教とは極端にちがっていた。第一、世界中のユダヤ教はヘブライ語聖書を元にしているのに、彼らはヘブライ語を知らず、エチオピア正教のゲエズ語聖書をそのまま使っている。エチオピア北部のゴンダル地方で原始的な農業に従事していたこれらユダヤ人たちにとって、エチオピアからイスラエルへの旅は三〇〇〇キロ近い地理的移動のみならず、数百年の時間的移動でもあった。

しかも、それまで黒人がほとんどいなかったイスラエルに突然出現したエチオピア人（いわゆる黒人ほどは黒くないが）は、ロシアからの移民に比べてはるかに少数なのに、ひどく目立った。その彼らに、偽ユダヤ人が混じっているロシア移民に対してより、厳しい目が向けられたのである。その最たるものは、彼らのユダヤ性に対する疑義だった。「たしかにユダヤ人かもしれないが、象徴的割礼（男性性器の先に針を刺す）をさせてくれればもっと安心できるのだが」という言葉ほど彼らを傷つけたものはない。ユダヤ人であるためにキリスト教国のエチオピアで差別されてきたのに、ユダヤ人国家に移ったらユダヤ人であることを疑問視されたのである。

ある町で、同じ団地にロシア移民とエチオピア移民が一緒に住むようになった。子供たちは屈託なく外で遊んでいる。その親に「子供たちが将来結婚すると言い出したら」という質問をすると、エチオピア人の親は「それは子供たちが決めること」と答えたが、ロシア人は「それは難しい問題だ」と語るのみだった。長年人種差別に悩んだユダヤ人の間にも人種差別は存在する。

湾岸戦争時のエルサレム

一九九一年一月一七日、湾岸戦争が始まった。前年の夏、イラク軍が突然クウェートに侵攻した時からこの時が来るのはわかっていたものの、世界は衝撃を受けた。その中でもイスラエルの受けた衝撃は特に強かった。イラクのサダム・フセイン大統領が、「もしアメリカ軍がイラクに攻め込むならイスラエルの半分を焦土にする」とすごんでいたからである。ソ連製の地対地ミサイル、スカッドを改良してイスラエルを射程に収めていること、そのミサイルは毒ガス搭載が可能であることを明らかにしていた上に、核兵器開発もにおわせていた。戦争前、イスラエル軍は外国人記者相手に毒ガスの特性を説明し、全国民に行き渡るガスマスクの用意があることを発表した。アルバイト記者の筆者もガスマスク倉庫を取材した。そこには数十個のマスクを入れた大きな段ボール箱が延々と続いていた。一九九〇年の秋頃から地域別にガスマスクの配布が始まった。

外国人の筆者がごく簡単な説明を受けて小さな箱を入手したのは、開戦までまもない寒い日だった。中にはガスマスク、それに装着する円筒形のフィルター、注射器が入っていた。注射器には神経ガスの中和剤アトロピンが入っており、緊急の場合はそれをズボンの上から太ももに強く打ち付けるように指導された。するとバネに押されて針が出て、アトロピンが注入されるという。緊急の場合だから、消毒なんかかまっていられないというわけだろう。

続々入国する外国人記者は空港でガスマスクを受け取った。イスラエルの建物には必ず地下防空壕が用意されているが、ガスは空気より重いからそれは勧められない。なるべく窓の小さい部屋にビニールで目張りしてシェルターにしてほしいとの指示もあった。

最初のミサイル警報が出されたのは開戦翌日の一八日夜だった。一九七三年の第四次中東戦争以来の空襲警報にベッドから跳び起き、娘と猫二匹を目張りした寝室に入れ、テレビをつけた。情報は何もなく、軍スポークスマンが「水を一杯飲みましょう。落ち着きましょう」と繰り返すだけだ。結局ガスマスクをつけたまま待つこと三時間ほどで警報は解除されたが、うっとうしかった記憶がある。ガスマスクは顔に密着しなければならないので、眼鏡はかけられない。眼鏡なしにはまったく不自由なので、マスクの上に眼鏡をかけたが見にくい。その姿で契約していた通信社に記事を送って受話器を置くとすぐ、次々に日本のマスコミから電話がかかってきた。どこで電話番号を知ったのだろう。様子を聞かれるのだが、まったく外の様子はわからない。テレビもラジオも情報らしいものが皆無では、質問されても答えようがない。

あとになってわかったのだが、警報が出た時にはミサイルはとっくに届いていた。米軍の衛星が発射を捉え、それがオーストラリアの米軍基地に伝わり、とまわり道をしている三〇分ほどのうちにミサイルが着弾していたわけだ。ミサイルは発射から着弾まで四、五分しかかからないのだから無理もない。発射から数分以内に警報が出るように改善されるには数日かかった。その頃入国していたエチオピア移民の中には、言葉がわからないために警報解除を知らずに朝までマスクのままこもっていた例があったという。早速翌日からテレビ画面のスーパーにアムハラ語が加わった。

結果からいえば、この毒ガスミサイルはほとんど効果がなかった。建物の被害はあり、着弾の衝撃による負傷者は出たが、直接の死者は一人だけだったし、毒ガスの中毒患者も報告されていない。たった一人の死者となった人は一戸建ての家に住んでいたが、自宅の防空壕に入ろうとした時に近くにミサイルが着弾し、鋼鉄製の重い扉がとんで彼を押しつぶしてしまった。しかし、間接的死者は多かった。悲劇的だったのはある少女の場合である。マスクをつけられたものの、ゴム臭さと緊張からマスクの中に吐いてしまった。それがフィルターを詰まらせたのである。苦しがる少女の親は、毒ガスのためと思ってマスクを強く押しつけた。フィルター保護のゴムの板がついたままマスクをつけて窒息死した例もある。戦後わかったのだが、三月三日までの戦争中、心臓発作で死んだ人の率が異常に高かったという。

開戦から戦争後しばらくの間、安息日入りを知らせるサイレンは休止した。緊急車両のサイレンも空襲警報と間違えるといけないということで鳴らなかった。戦後一ヵ月くらいして初めて救急車のサイレンを聞いた時、脈拍が急に速くなるのを感じた。戦争中は忙しく取材しており、途中からはミサイルも毒ガスもまったくといっていいほど効果がないのがわかったため、ある意味非日常を楽しんでいたと思っていたのだが、ストレスは意外なところにかかっていたようだ。このガスマスクはまだエルサレムの自宅においてある。

専門家によると、本当に毒ガスが来たら、あの程度のビニール張りシェルターやガスマスクではなんの役にも立たなかったという。しかしあの時期にマスクが配布されなければ、国民はパニックを起こしたにちがいない。筆者のマスクは西ドイツ製だったが、秘密裡《り》に数百万個のマスクをそろえるにはかなりの時間がかかっただろう。

イラクは、パレスチナ人を攻撃することはない、と言明していたが、無理に射程を伸ばしたスカッドはどこにおちるかわからないものになってしまった。それもあって、パレスチナ人のうちには「俺たちにもガスマスクをくれ」と要求した者もいれば、警報が鳴ると屋上に上がってミサイルを応援し、お祝いする者もいた。

このミサイル攻撃はイスラエルを無力な状況に追い込んだ。反撃を望んだのだが、許されなかった。アメリカはサウジアラビアなどアラブ諸国をも糾合した多国籍軍を構成したのだが、イスラエルが攻撃に加わればもろい枠組みは簡単に壊れてしまう。結局イスラエルは攻撃を自重した。アメリカとオランダは、イラクのスカッドを撃ち落とすためにパトリオット・ミサイル部隊をイスラエルに送り込んだが、ほとんど役には立たなかった。建国以来、外国軍の駐屯が一度もなかったエルサレムのカフェでオランダ人将兵を見るのは、イスラエル人にとって癪《しゃく》の種だったらしい。やたらに話しかけたがるイスラエル人も、彼らのことは放っておいた。イスラエルにとって、殴られて殴り返せない状況は初体験だった。

マドリード会議

一九六七年以来、エジプト・イスラエル関係を除いて、凍結状態だった事態が動き始めるのは一九九一年である。第二次大戦後の世界を規定していた冷戦構造が一九八九年に崩壊し、早くもその年の末には冷戦の象徴だったベルリンの壁が倒されて「アメリカが唯一の超大国」という新しい秩序の到来は誰の目にも明らかになった。その新しい秩序を中東に導入したのが一九九一年の湾岸戦争である。この戦争は、良くも悪くも中東を大きく変えるきっかけとなった。その変化は二〇〇一年九月一一日にニューヨークとワシントンで起きた同時多発テロを経てアフガン戦争、イラク戦争に続いており、まだ出口は見えていない。

アメリカは新秩序を具体化しようと、一九九一年秋にマドリードで中東包括和平会議を開いた。参加者は国連、米、ソ連、シリア、ヨルダン（パレスチナを含む）、レバノン、イスラエルである。ヨルダン代表団に付属する形であったとは言え、パレスチナの代表がこうした会議に参加した意義は大きい。ところがパレスチナの参加はひどく変則的だった。まずPLOの直接参加は認められなかった。これまたイスラエルの反対で、東エルサレムの住民は代表になれない。東エルサレムはすでにイスラエルに併合しているから、というのがその理由だった。ところがエルサレムは第一次大戦以降、パレスチナ人にとって文化・経済活動の中心となっている。そこで非公式ではあるが三段階からなる代表団が結成された。表面に出るのはエルサレム以外の占領地の代表で、ガザ在住の人望ある医師のシャーフィーが〝交渉団‐A〟の団長になった。しかしその上にはのちにパレスチナ自治政府の閣僚になるフセイニなどが作るエルサレム出身者の〝交渉団－B〟がマドリードのホテルに控えている。さらにこの〝交渉団〟の上にはチュニスに本部を置いていたPLOが実質的な決定権を持つ〝交渉団－C〟としてマドリードとの間でファックスをやりとりして遠隔操作した。

マドリードは〝お祭り〟だったから、この間接交渉の弊害が明らかになることはなかった。しかし舞台をワシントンの国務省に移して実質的な交渉が始まると、三段階交渉ではどうにもならないことが明らかになった。表面に出てイスラエルと直接対峙している交渉団にはなんの決定権もなかったからである。もう一つ問題だったのはシリア、ヨルダン、レバノン、パレスチナと四つの対イスラエル交渉が並行して行われていたが、イスラエルはそれを個別交渉と見ていたのに、アラブ側は一つのものと見ていたことに関係する。しかもレバノンは一九七五年以来の内戦に疲れ切って、シリアの〝植民地〟となって平穏を買う道を選んだばかりだった。四つの代表団の中でもっとも強力なシリアが間接的に主導する形で行われた交渉は進むはずがなかった。シリアとしては四つの代表団がまとまることでイスラエルから最大の譲歩を引き出せると考えたのである。

しかしパレスチナは深刻な事情を抱えていた。マドリード会議のガイドラインとして、国土も主権も持たないパレスチナ問題の解決は自治、和平と二段階になることが了承されていたからである。シリアが主張するように一緒にゴールに入る方式だと、シリア、ヨルダン、レバノンは交渉が終了した段階で平和条約調印になるが、パレスチナは自治権開始で止まってしまう。つまり、その後の独立に向けた交渉は独力でやらなければならない。その時にアラブ諸国が有効に働いてくれるという幻想はパレスチナ人にはなかった。

オスロ合意

そこで苦肉の策として出てきたのが一九九三年のオスロ合意に至る方式である。マスコミの注視の下でのワシントンでの交渉はうまくいかなかった。それなら内緒で交渉しよう。三段階交渉団では進まない。それならPLOと直接交渉しよう。そう考えたのはホルスト外相を中心とするノルウェー外務省だったが、実際に働いたのはテリー・ラルセンとモニカ・ユール夫妻である。イスラエルからは新聞記者のロン・プンダクと大学教授のヤイール・ヒルシュフェルト、パレスチナからは実業家のアブ・アラなどが出席して交渉が始まった。スパイ映画もどきの隠密作戦で、オスロを中心に毎回のように場所を変えての交渉が行われた結果、オスロ合意がまとまった。

この成功の裏には二つの事情があった。一つはイスラエルの政権交代である。一九九二年、労働党のラビン内閣が成立した。ラビンはイスラエルが大勝した第三次中東戦争時の参謀総長であり、国民の人気は高かったが、労働党内政治では常にペレスの後塵を拝していた。当時はペレスが牛耳る党の中央委員会が党首＝首班候補を決めていたのである。ところがその年の選挙にあたって右派リクードが「より民主化を」をスローガンに党首を党大会で決定することにした。労働党も不承不承それにならった。一〇万人近い党員を組織することはできない。結局ラビンがペレスを下して党首になり、政権をリクードから奪い返した。

軍人出身のラビンはイラクからミサイルを撃ち込まれた湾岸戦争の教訓もあって、占領地が与えてくれるはずの縦深が安全保障の役に立たないこと、また一九七三年の第四次中東戦争での経験から入植地が国防の役に立たないことを知っていた。また宗教心のないラビンは、西岸地区に点在する旧約時代の遺跡に対する執着も薄かった。

さらに一九八七年に始まった第一次インティファーダ時代に国防相として終わりのない闘い、撃破すべき敵部隊のいない戦争に解決策を見出せなかったことが、最終的に彼をしてPLOとの交渉の道を探らせた。インティファーダとよばれる、パレスチナの反イスラエル運動は怒濤のように占領地のパレスチナ人はおろか、イスラエル国籍のアラブ人をも呑み込んだ。そのパレスチナに対する妥協を拒否したリクードはこれを武力で押さえつけるしかなかった。投石とストライキで戦うパレスチナ人に銃や戦車を向けるイスラエルは世界世論を完全に敵にまわした。イスラエル人の間でもパレスチナ人の声を支持する者が声を出し始め、ラビンはオスロ交渉直前に、PLOメンバーと会うだけで犯罪になるというそれまでの法律を廃止している。リクード政権が続いていれば、オスロ合意はなかっただろう。

第二の要因はPLOの困窮である。アラファトはイラクのクウェート侵攻でつく相手を間違えた。一九九〇年夏にイラクがクウェートに侵攻した時、イラクはパレスチナの救世主に見えた。一九七七年まではエジプトがアラブの主勢力であったのだが、そのエジプトは自国の利益を優先し、パレスチナを見捨ててイスラエルと平和条約を結んでしまった。確証はないが、イラクのサダム・フセイン大統領がPLOの支持の代償として一五億ドルを三回払いで支払うと約束したとの説もある。しかしこの賭けは高くついた。五ヵ月後の湾岸戦争でイラクが完敗したからである。当然のことながら、イラクが約束した金も入っては来なかった。それまでPLOは収入のほとんどをクウェート、サウジアラビアなどのアラブ産油国からの寄付に頼っていた。パレスチナは、そのクウェートに侵攻し、サウジアラビアを脅かしたイラクに味方したのである。クウェート、サウジアラビアが激怒したのは当然であろう。当然金の流れは止まってしまった。

エルサレム旧市の東に南北に走るオリーブ山の稜線にパレスチナのアルムカッセド病院がある。PLOからの金で経営していたこの病院は失敗した賭けのあおりを受けて薬のストックがなくなり、事実上機能を停止してしまった。チュニスのPLO本部も困窮を極めた。のちにガザに帰還したパレスチナ人に聞いたところ、自宅の電話料金が払えなくなり、電話が止められてしまったという。

オスロ合意に至る前段階の手続きとして、PLOがイスラエルの生存権を認め、イスラエルがPLOをパレスチナ人の代表と認める必要があった。ところがそれまでの経緯からすると、ラビンとアラファトが同席して調印することは不可能だった。そこでまずアラファトがチュニスで署名し、ノルウェー外相がその文書をエルサレムに運んでいってラビンが署名することになった。アラファトは、こうした場合の約束事にしたがって高級万年筆でサインした。それを受けたラビンは内ポケットから日本製の使い捨てボールペンを出してサインした。その光景がテレビで世界中に中継されたのである。アラファトはひどく傷ついたと見えて、その後にイスラエルとの合意書に署名する際に、側近が出した高級万年筆を断って安いボールペンでサインしたことがあった。ラビンが使ったボールペンの輸入会社は、「平和をもたらしたペン」と宣伝することになる。イスラエルで使い捨てのボールペンが大々的に宣伝されたのはこの時だけだ。

オスロ合意の調印式は、ノルウェーの努力で達成されたにもかかわらず、一九九三年九月一三日、ワシントンのホワイトハウス前の庭で行われた。外交上の得点を必要としていたクリントン米大統領が手柄を横取りした形である。この合意で翌一九九四年のノーベル平和賞はパレスチナのアラファト議長、イスラエルのラビン首相、ペレス外相に与えられたのだが、

ホワイトハウスで行われたオスロ合意の調印式。ラビン首相（左）、アラファト議長（右）とクリントン大統領（AFP＝時事）

クリントン大統領には声もかからなかった。これで一九九四年五月からパレスチナ暫定自治が発足する環境が整った。

調印の日、筆者はエルサレム東部のパレスチナ人地区からベツレヘムに行った。イエスが生まれたというベツレヘムはエルサレム南方にあるパレスチナ人の町だ。それはあたかもパレスチナが独立を祝う日のようだった。パレスチナ人がクラクションをならしっぱなしの乗用車の窓枠に腰を下ろして、大きなパレスチナ〝国旗〟を振り、完全武装のイスラエル兵がそれをニコニコ眺めている姿は、

狼は羊と住み／豹《ひょう》は子山羊と伏す／子牛と若獅子はともに太り／子供がそれらを導く／雌牛と熊が餌《えさ》を食《は》み／その子らはともに伏す／獅子は牛のように藁を食べる／乳飲み子は毒蛇の穴の上で遊び／乳離れした子は蝮《まむし》の穴に手を伸ばす（イザヤ書一一：六－八）

という預言そのままの光景だった。しかし長くは続かなかった。エルサレムがこの高揚感を砕いてしまったからだ。ユダヤ教にとってもっとも重要である一方、イスラムにとってもメッカ、メディーナに続く三番目の聖地であるエルサレムをどちらの主権下に置くかは容易に妥協できない難問である。

パレスチナの抜け駆けはシリアを怒らせた。もっとも注目されるパレスチナを抱き込んで自国に有利に交渉を進めようとしていたシリアの思惑を破ったからだ。一方、一九五〇年に併合して以来自国領だったヨルダン川西岸地区がパレスチナとして〝自立〟してしまって、イスラエルとの争点がなくなったヨルダンは一九九四年に同国との平和条約に調印した。シリアを怒らせ、ヨルダンに見捨てられたパレスチナはさらに孤立を深める。

パレスチナ独立は時間の問題、と考えられていた頃、エルサレムでは奇妙な現象が起きた。東エルサレムに開かれている内務省の出先機関が大混乱になったのである。出張所はイスラエル国籍を申請するパレスチナ人であふれた。一九六七年以来続いたイスラエルのパレスチナ占領時代、東エルサレムの住民には特典が与えられていた。国政の選挙権などを除けば、その権利はイスラエル国籍を持つ者に近かったのである。国中どこでも特別な許可なく仕事に就ける、イスラエル内での宿泊可能、申請すればイスラエル国籍の取得可能などである。第一次インティファーダの前には、東エルサレム以外の占領地居住のパレスチナ人の宿泊などの条件違反は事実上黙認されていた。ガザの住民がテルアビブで職に就き、雇い主が用意する宿泊施設に泊まり込むことも可能だった。ところがインティファーダ以来、事情は変わった。そうなると、東エルサレムに住んでいるかどうかは、大きな問題となる。反イスラエル運動は運動として、越境住民が増えてきた。もちろん東エルサレム居住にはいろいろと条件があるのだが、意志あるところ方法はあるものらしい。

それがオスロ合意で状況が変わった。すぐにもパレスチナが独立すると考えられたのである。東エルサレムがどちらに所属するのかはまだ不明だったが、もしパレスチナになれば住民は〝職場〟のイスラエルから切れてしまう。イスラエルとパレスチナでは経済力に大きなちがいがある。一人あたりのGDPで比べれば、比較的豊かな西岸でも一〇分の一以下にすぎない。当然、同じ仕事をしても報酬はちがうし、貧しい所では仕事そのものがない。そのため、愛国心はさておいてイスラエル国籍取得に走ったのである。

パレスチナ自治のつまずき

一九九三年九月一三日にホワイトハウスでPLOとイスラエルの間で調印されたオスロ合意に基づいてパレスチナ自治が始まった。第一段階として自治政府の支配に入ったのはガザとエリコ地区である。予定としては順次自治区を拡大し、その間に五年後の最終合意に至る交渉が行われることになっていた。アラファトPLO議長が生まれ故郷のガザに入ったのは一九九四年である。七月に彼が大統領、議会議長、パレスチナ解放軍総司令官となった自治政府が結成された。最初の大統領・議会選挙が行われたのは二年後の一九九六年だった。

アラファトがまず手をつけたのはパレスチナ警察隊だった。イスラエルとの合意で重武装の軍を持つことができなかったために、これが事実上のパレスチナ軍となる。中核となったのは歴戦のパレスチナ解放軍（PLA）だったが、ほぼ一〇年前にベイルートを追い出されて以来、イエメンなどの遠隔地で逼塞している間にみんな歳を取ってしまった。そこでガザでリクルートが始まった。ガザの実業家で元PLA砲兵隊将校の友人はリクルートの中心となったが、その基準は「アラファトに対する個人的忠誠心」であると明言した。国家作りの第一歩から誤ったように思われる。個人に対する忠誠が国作りの根幹に置かれるのが危険なのは言うまでもない。

国際的人権団体のアムネスティ・インターナショナルは早速、パレスチナ警察は被疑者の人権を守っていない、と声をあげた。すべてが長年外国で亡命生活を送ってきたアラファトとその側近の手に握られたため、ガザを中心にインティファーダの中で育ってきた新世代と対立せざるを得なかった。PLO内部での不満もさることながら、第一次インティファーダ開始直後にガザで結成されたイスラム政治運動ハマスとの摩擦は時間を経るにしたがって激しいものとなる。

さらに大きな問題となったのは自治政府の腐敗だった。五〇年代末からＰＬＯの中核ファタハの議長として独裁状態にあったアラファトとその周辺は、腐敗を政治文化の一部として内蔵してしまった。自治政府発足後、イスラエルが定期的に送金する付加価値税（消費税）の送り先がアラファトの個人口座であったのはその一例であろう。ハマスが急速に力を伸ばし、ついにはガザからＰＬＯを追放してしまった背景にはこの腐敗がある。

ハマスは、政治運動としてのほかに、自治政府が取りこぼした社会保障の面を担当した。イスラエルに逮捕されたり、殺害されたりした家族の生活、授産所、食糧配給などでハマスの活躍はすばらしく、潤沢とはいえないイランやアラブ産油諸国からの非公式援助を最大限に生かした。それに対して自治政府に入る国連や西側諸国からの援助は多額ではあったが、必ずしも有効には使われなかった。実際に腐敗は存在したのだろうが、住民がそう理解したことの方が大きな問題だった。ガザの住民としては、待ちわびた救世主に裏切られたのである。自治政府発足直後から、地中海を見晴らす一等地に、閣僚になったＰＬＯ幹部の邸宅が次々と建てられたが、そのどれもがガザの現実とはかけ離れて豪華なものだった。チュニスでのＰＬＯが破産状態であったことを考えると、それが腐敗の結果ではないといっても説得力はなかった。

自治政府は、パレスチナの貧しさをイスラエルによる占領のせいにした。「ゼロからの出発ではない。マイナスからの出発である」というアラファトの主張は正しかったが、長年民族解放運動を指導していたPLOには国家作りのプログラムはなかった。何度か訪ねたアラファトの執務室の前には大きな待合室があり、筆者を含めてアラファトに会いたいものは側近におよび込まれるまでそこで待つ。大げさに言えば、近所のもめ事までが大統領に持ち込まれる。アラブ社会で伝統的なマジュリスである。村長から国王まで、人の上に立つ者はこのようにして訴えを聞き、解決を与える。今日、多くのアラブ諸国ではマジュリスという言葉は議会を示す。

アラファトは仕事人間で、毎日長時間執務していた。主観的には超人的な努力だったにちがいない。しかし、こうしたやり方では能率は上がらない。しかも個別に対処しているのでは不公平にならざるを得ない。税金も問題だった。イスラエル占領下では、税金を払わないことが反イスラエル運動そのものだったが、国家建設となれば税金の位置づけも変わらなければならない。しかしその意識の切り替えがうまくいかなかった。しかも自治政府にコネのある者は税金に手心が加えられた。それは貧乏人ではない。一応予算案も作られるのだが、金を握っているのはアラファトで、彼のサインがなければ予算が付いていても金はでなかった。そのサインも数種類あり、どのサインかによって金の付き方がちがったという。

長年解放戦線の指導者だったアラファトは、権力委譲を嫌い、ナンバー・ツーを育てるのを怖れたのがこうなった理由だと思われる。アラファト旗揚げの頃からの協力者が二人いた。アブ・ジハードとアブ・イヤードである。彼らならアラファトの行き過ぎを止められたかもしれない。ところが対イスラエル軍事作戦の中心だったアブ・ジハードは一九八八年にチュニスの自宅でイスラエルの特殊部隊に殺害された。PLOはクウェートに侵攻したイラクを支持したが、それに反対したアブ・イヤードは湾岸戦争直前の一九九一年一月、イラクに殺害された。こうしてアラファトは歯止めを失ってしまったのである。

自治政府が第一に求めたのは国家としての自負である。それは正しい。一度も独立したことがなく、一九六七年以来二七年間にわたってイスラエルの占領下にあったパレスチナ人にとって欠けていたのは自負だからだ。しかもイスラエルによる占領の前には一九年間にわたってエジプトの軍政下にあり、さらにその前は三〇年間イギリスの委任統治だった。これでは国家としての自負など育つわけがない。しかしアラファトは自負を成立させるための国家に至る道筋を提示できなかった。そのため、反イスラエルだけがレゾンデートル（存在の理由）になってしまったのだ。交渉相手に対する反感を育てるだけでは望ましい出発点とは言えない。

そうした中でもイスラエルを踏み台に力をつけようとする人々もいた。自治が始まった頃、イスラエルのコンピューター・ソフト会社が一斉に同文のメールを受け取った。「技術力はあるから、下請けさせてほしい」という、ガザにできたばかりのベンチャー企業からのメールだった。パレスチナ人のある友人はPLA将校としてイスラエル軍の捕虜になり、出獄後ガザに帰った。彼は一台のミシンを買い、妻と縫製の仕事を始めた。最盛期にはガザの小さな縫製工場に三〇台以上のミシンを並べ、イスラエルのジーンズ会社の下請け縫製をした。「俺の作ったジーンズがロンドンのマークス&スペンサーに並んでいる」というのが彼の自慢だった。下請けで力をつけて、いずれ自社ブランドを立ち上げたいとの夢はあったのだが、果たせないうちに借金の保証人になったのがきっかけで倒産してしまったのは残念だ。自治政府は彼らのような雄飛の前提である雌伏ができなかった。

ラビン暗殺

和平進展を阻害したもう一つの理由は、それまでのイスラエルの行き方を捨ててオスロ合意をまとめたイツハク・ラビンの暗殺だった。一九九五年九月二八日、ラビンとアラファトはワシントンでオスロ合意のあとを受けた新しい合意(「西岸及びガザに関する中間合意」で「オスロII」とよばれる)に調印した。この合意は一九九四年と九五年にイスラエルとパレスチナ自治政府の間で調印された三つの合意を総括し、その後のヘブロン議定書(一九九七年)、ワイ・リヴァー合意（一九九八年）、平和へのロードマップ（二〇〇二年）などの基礎となるものだった。オスロⅡは、パレスチナの選挙、段階を追ってのイスラエル軍の撤退を定めたものである。

クネセト（イスラエル議会）は一〇月はじめにオスロⅡを批准したが、賛成六一、反対五九の僅差だった。議会外での反対運動はこれまで例を見ないほど激しかった。ラビンに対して、「ナチス」、「父祖の地を売り渡す裏切り者」、「テロ協力者」、「国家を自殺に導く者」などの悪口が浴びせられた。しかしオスロⅡは同じ頃アンマンで開かれた中東・北アフリカ経済会議にはよい影響を与え、イスラエルと、多くはイスラエルを承認していないアラブ諸国の間での共同事業がいくつも企画され、外国からの投資も期待された。筆者もその会議に参加したが、熱気あふれるもので、イスラエルからは閣僚数人も講演した。それをパレスチナ人はもとより、サウジアラビアの実業家が聞いている姿は将来の中東を暗示するものとの幻想を与えた。

これに危機感をおぼえた野党リクードのネタニヤフ党首は一〇月二八日にエルサレムで大規模な反対集会を開いた。それに対してラビンは、オスロⅡ推進キャンペーンを一週間後の一一月四日にテルアビブで開いた。この二つの集会は、テルアビブでは左派が強く和平賛成、エルサレムでは右派が強く和平反対という二つの町の性格をはっきりと浮き出させた。ラビンはこのテルアビブ集会で和平の必要性を強く訴え、集会の終わりに「平和の歌」に加わった。公共の場でラビンが歌う姿が見られたのはこれが最初で最後になった。歌の直後に壇から降りて車に向かう途中で射殺されたからである。ラビンはセキュリティーの勧めを退けて防弾チョッキを着ていなかった。殺害したのはイーガル・アミールという宗教的国粋主義者の大学生だった。彼にとっては、ラビンが西岸をパレスチナに売り渡すのは民族に対する裏切り以外の何ものでもないのだから、その殺害は神の求めるところである。

エルサレムで行われたラビンの葬儀は、クリントン米大統領を含む多くの国家元首が参加した。その年の三月に二五年ぶりに帰国した筆者は、葬儀の中継を挟んでの特別番組でNHKのスタジオにいた。英語のスピーチに混じってヘブライ語のスピーチもあり、同時通訳も頼まれたために、落ち着いて葬儀を見られなかったのが残念だった。国民感情を考慮してアラファトは欠席だったが、二日後に弔問のためラビンの私邸に未亡人を訪ねた。

着実に動き始めたかに見えた和平はラビンとともに葬られた。一九九六年初めからパレスチナの自爆テロの嵐が起こり、ラビンの跡を継いだペレスの立場を弱くした。弱さをカバーするために、ヒズボラの攻撃に呼応してレバノンに侵攻した。しかもレバノンのカナ村では民間人の防空壕を誤爆し一〇〇人以上の犠牲を出してしまった。

五月末に行われた選挙で初めて首相公選制が導入されたのも和平には災いだった。ペレスの率いる左派労働党は三四議席、ネタニヤフの率いる右派リクードは三二議席を獲得した。首相公選制の前ならペレスが首相候補になるはずだったし、ラビンなら首相公選でネタニヤフに勝っただろう。しかしペレスは僅差でネタニヤフに敗れた。そこから歯車が狂い始めた。

	ガザ	西岸	イスラエル
GDP	12億ドル	33億ドル	1054億ドル
一人あたり GDP	1060ドル	2050ドル	18300ドル
第一次産業	33%		2%
第二次産業	25%		17%
第三次産業	42%		81%

各地区のGDPとその内訳

ネタニヤフ政府はパレスチナとの交渉に消極的になり、旧ヨルダン領の東エルサレムなどに大規模な入植地を作り始めた上、西岸からの撤退計画でもオスロⅡから一方的に大きく後退した。パレスチナ人の反発は強まり、それはテロ強化につながった。一方イスラエルもそれに対抗して占領地からの出稼ぎを禁止し、関税・付加価値税などのうちパレスチナ自治政府分の送金を停止した。こうしてイスラエルとパレスチナの相互信頼は確実に、かつ迅速に失われていった。

その間イスラエルとパレスチナの経済力の差は開くばかりだった。テレビも聴取できるすぐ隣の住民が自分の一〇倍も豊かで、それに追いつく道は見つからないという感覚は相互信頼を強めはしない。パレスチナ人がイスラエルで働く可能性はほとんどなくなり、その代わりに東欧、トルコ、タイ、フィリピンなどからの出稼ぎ労働者の数は増えるばかりだった。前ページの表は一九九九年の数値である。

一九九九年に総選挙が行われ、労働党を中心とする「一つのイスラエル」党首のエフド・バラクが首相になったが、党自身は一二〇議席中二六議席しか獲得できなかった。多くの小政党を集めた連立政権ができたものの、その政権基盤は脆弱だった。軍人出身のバラクは「労働党の隠し球」と期待されていたが、力量を表す舞台は与えられなかった。唯一彼の功績と考えられるのはレバノンから撤退したことだろう。二〇〇一年の選挙でバラクが負けた時、「バラクはレバノンから撤退しただけって言うの？　それだけでもたいしたものよ」と言う中年の婦人の姿がテレビ・キャンペーンで使われたのは、負けを認めた姿としか思えなかった。

第二次インティファーダとシャロン政権

二〇〇〇年になってもイスラエルのレバノン占領は終わらなかった。イスラエル軍はベイルートからは撤退したものの、依然として南部を実効支配していたのである。レバノンで最強の勢力はシリアである。レバノンは一九七五年から一五年にわたる凄惨な内戦を経験した後、名目はともかく、実質的な独立をあきらめてシリアの〝植民地〟になることで平穏を買ったのである。イスラエルはそのシリアと何らかの合意に達するためもあってレバノン占領を続けていたのだが、和平交渉でPLOに裏切られたシリアにその気はなかった。シリアと協力関係にあるイランが同じシーア派の軍事組織ヒズボラを支援していた。結局バラク首相は何も得ることなく二〇〇〇年五月末までに撤退せざるを得なかった。将兵のみならず、その父兄も成果のないままに損害ばかり出すレバノン占領に嫌気がさし、バラク首相に撤退を迫ったのである。しかし右派はバラクの弱腰を責め立てた。そこを右派リクード党首のシャロンが突いたのである。翌年初めに首相公選・総選挙が行われるのを見越した行為だったろう。

二〇〇〇年九月末、当時の野党リクード党首のアリエル・シャロンは一〇〇〇人もの警官隊に守られて神殿の丘の視察を強行した。パレスチナ側も事前にこれを知っており、大勢の若者たちが投石用に手頃な石を用意してハラーム・アッシャリフで待ち構えていた。ちょうどハラーム・アッシャリフでパレスチナ人による発掘が行われていたために、石ならいくらでもあった。シャロンが入ってくるのは、ハラーム・アッシャリフの南西部、アルアクサ・モスクのすぐ脇である。激しい衝突はそこで起こったが、石しか持たないパレスチナ側は、四人がイスラエル警官隊に射殺された。そのため、この日に始まった反イスラエル抗争を第二次インティファーダとか、アルアクサ・インティファーダとよぶようになった。

一九八七年に始まったインティファーダは一九九〇年頃から下火になり、オスロ合意（一九九三年）で完全に消滅した。一九九三年には対立する理由がなくなってしまったからだ。イスラエルもパレスチナもそう思った。しかしオスロ合意で始まったパレスチナの自治交渉が行き詰まるのに時間はかからなかった。双方のフラストレーションは次第に高まり、それが二〇〇〇年九月に爆発したのである。イスラエルの人権団体、ベツェレム（「陰で」の意味）がまとめた二〇〇〇年九月二九日から二〇〇八年一二月二六日までの死者数は恐るべきものだ。ベツェレムは、これら一件一件の名前、状況を調査公表している。

第二次インティファーダは瞬く間に全占領地に広がった。その触媒になったのはシャロン事件の翌日、九月三〇日に起きた悲劇である。その日、ガザでパレスチナ人父子がイスラエル兵とパレスチナ人警官の銃撃戦の真ん中に取り残されてしまった。この銃撃戦で一二歳のムハンマド・アッドゥラは死亡し、父親は重症を負った。ロイター、AP、フランス第二チャンネルの三台のカメラがこの光景を撮影していた。第二チャンネルのパレスチナ人契約カメラマン、アブ・ラフメの撮った映像は現場にいなかった著名なジャーナリスト、アルデルランのナレーションで何度も世界中で放映された。それによると、無力なムハンマドを射殺したのはイスラエル軍である。

ところが二〇〇四年になってフランスのメディア・レイティングというサイトの管理者カルセンティが、この第二チャンネルの映像は〝やらせ〟だった、と主張した。彼は第二チャ

	占領地			イスラエル領内	合計
	ガザ	西岸	小計		
イスラエル軍、警察に殺されたパレスチナ人	3000	1791	4791	69	4860
イスラエル市民に殺されたパレスチナ人	4	41	45	2	47
パレスチナ人に殺されたイスラエル市民	39	200	239	492	731
パレスチナ人に殺されたイスラエル将兵、警官	97	146	243	89	332
パレスチナ人に殺された外国人	10	7	17	37	54
イスラエル軍、警察に殺された外国人	4	6	10	0	10
パレスチナ人に殺されたパレスチナ人	470	135	605	0	605
合計	3624	2326	5950	689	6639

2000年９月29日〜08年12月26日。ベツェレム調査

ンネルに名誉毀損で訴えられ、敗訴した。しかし二〇〇七年末に第二審が開かれてこの判決は覆る。判決は二〇〇八年五月に出た。それによると、この映像のかなりの部分は〝やらせ〟であり、ムハンマド・アッドゥラを〝殺した〟弾丸はイスラエル軍のものではなく、パレスチナ側のものだとした。カルセンティはさらに、殺されたはずのムハンマド・アッドゥラと父親は演技をしたのであり、ムハンマドとして葬られた子供はまったく別の子供だと主張している。実際に何が起こったかは藪の中だ。しかし、この事件が第二次インティファーダに火をつけたのはまちがいない。ベツェレムの資料ではア

ッドゥラ少年はイスラエル軍の銃撃で殺された。

第二次インティファーダでは六〇〇〇人近いパレスチナ人と一〇〇〇人以上のイスラエル人が殺された。これは第一次よりもはるかに多い数だが、反響という点では第一次の方が大きかった。第二次の場合も当初は大きな反響を呼んだが、ちょうど一年後の九月一一日にニューヨークとワシントンに対する旅客機を使った同時多発テロが起こってブッシュ政権で反テロの気運が高まった時、インティファーダも国際テロの一環として認識されてしまったからである。これはイスラエルのPR活動の勝利である。また第二次インティファーダではその初期から銃器が使われたことが国際的同情を薄くしたようだ。

二〇〇〇年一二月になって、二期目の大統領職終了を目前にしたクリントン米大統領は、イスラエルのバラク首相とパレスチナ自治政府のアラファト議長をキャンプ・デーヴィッドに招いて膝詰めで和平をまとめ上げようとしたが、失敗した。当然、どちらが悪かったのかの議論が巻き起こったが、クリントンはその回顧録でアラファトに交渉失敗の責任を負わせた。二〇〇一年に入ってもイスラエルとパレスチナの交渉は続いたが、クリントンの圧力を欠いた交渉がまとまる可能性はなかった。

占領地で激しい暴動が起きれば、イスラエル軍が出動する。今回はパレスチナ側も兵器を持ち出しはしたのだが、その戦力はイスラエル側とは比較にならない。一八歳で召集されてまもなく、占領地での治安維持や暴動鎮圧に絶対の強者として臨む新兵たちの精神的ストレスは大きかった。それは軍と軍がぶつかる戦争とはまったく異なる。こうして占領地における暴力の行使者としての若者は、週末に自宅に帰る環境にも暴力を持ち込んだ。盛り場での暴力沙汰《ざた》が増加し、ディスコの割り込みにナイフが登場するようになる。一方、良心的兵役拒否者が現れる。国民の義務としての兵役そのものを拒否するのではなく、占領地への出動任務には応じないというものである。友人の息子は出動任務を拒否して軍刑務所に入り、除隊後にアメリカに行ってしまった。

二〇〇一年二月に行われた首相公選でシャロンが六二・六％と空前の支持を受けて首相となったが、インティファーダがその後押しをしたのはまちがいないだろう。同時に行われた総選挙の結果、右派リクードが中心となる連立政権が組まれたが、そこには左派から中道、宗教政党も参加した挙国一致内閣となった。しかし第二次インティファーダはますます猛威をふるった。この時期に特徴的だったのが自爆テロである。爆弾を体に巻き付けて特攻攻撃するパレスチナ人たちは〝殉教者〟とよばれ、遺族は周囲の賞賛を受け、見舞金が届いた。闘いで一方だけがエスカレートすることはない。イスラエルは、テロ組織の疑いのあるものを狙い撃ちするようになった。エスカレートはエスカレートをよび、暴力の拡大再生産が続いた。

「和平のためのロードマップ」の死

アメリカのブッシュ大統領はEU、ロシア、国連とともに二〇〇二年六月に、二〇〇五年のパレスチナ国家独立をゴールとする「和平のためのロードマップ」を発表した。当初うまくいきそうに見えた。アラファトが権力の分散を嫌ってずっと拒否していた首相にアッバスが任命され、交渉が始まった。ブッシュは積極的に交渉を引っ張る姿勢を示し、反対するアラファトは事実上排除された。アラブ諸国もロードマップに賛成し、テロへの資金を断つことを約束したのである。しかし、第一次インティファーダ時に結成されたイスラム原理主義運動ハマスはこれに猛烈に反対して自爆攻撃を強化した。イスラエル側の損害はまし、反撃も強化された。イスラエルはヘリコプターからのミサイル攻撃でハマス幹部を狙い撃ちするようになったのである。自爆テロを実行する多くの者を発見捕捉するのは困難だから、その方針を定める源を断とうとしたのである。しかし世界世論の反発は大きかった。

特に大きな反響を呼んだのは二〇〇四年三月二二日に起きたアフマド・ヤシンの殺害である。ヤシンは現イスラエル領のアシュケロン近くで生まれたが、一九四八年に難民としてガザに移住した。一二歳の時の怪我で、首から下が完全に麻痺《まひ》してしまった。彼はイスラムを学び、イスラム法学で頭角を現し、ガザでは誰からも尊敬される存在になった。政治的にはイスラム原理主義の元祖と言うべきエジプトのムスリム同胞団の系統にある。一九八七年に第一次インティファーダが始まった時、高弟たちに促されてハマスを立ち上げた。彼は精神的指導者で、実際の武闘はもちろん、その計画に関係していたわけではない。その朝、早朝の祈りの場から車いすで出てきたところをイスラエルの攻撃ヘリコプターが発射したミサイルで吹き飛ばされた。二人のボディーガードとそばにいた九人もともに死んだ。車いすから立ち上がれない老人の暗殺に世界中からイスラエル非難の声が巻き起こった。しかしイスラエルは方針を変えず、ヤシンの後継者的存在のランティッシが同じ方法で殺害されたのは、ヤシン殺害から一ヵ月も経たない四月一七日だった。ヤシンとともにロードマップも死んだ。ハマスのイスラエル攻撃は世俗派のファタハにも影響を与え、ハマスの戦果をしのぐほどになった。この厳しい状況が続いた二〇〇四年一一月一一日にアラファトがパリの病院で病死した。アッバスがその跡を継いだが、アラファトの影響力は、国際的にもパレスチナ内部でも、死のだいぶ前から失われていた。

イスラエルは自爆攻撃に対抗する手段を持たず、反撃すれば国際世論の批判を受けることから国中に壁をめぐらす策に出た。幅五〇～六〇メートルの場所がとれるところには電子装置のついた鉄条網の柵《さく》、そうでないところには高さ八メートルの壁を建て始めた。すごみのある壁はコストも高いので全体の一〇％くらいだが、市街地に多いためよく目立つ。たしか

エルサレム近郊の分離壁。2004年撮影。（上）壁の右側がエルサレム側（読売新聞社）

にこの分離壁はテロ攻撃を激減させたのだが、国内外で猛烈な批判をよび起こした。エルサレムでも見晴らしのよいところではよく見える。この壁が一九四九年の休戦ラインに沿って建設されたのなら、問題は少なかったかもしれない。しかしイスラエルは占領地に建設した入植地を壁の内側にするためにかなり西岸地区に食い込んだ。全長七二三キロ、エルサレム周辺だけでも一二二キロの壁は、七割以上が完成している。パレスチナ人はこれを〝アパルトヘイト壁〟と呼んでいる。

この分離壁は国連を怒らせ、いくつもの決議が出たが、イスラエルは一顧だにしなかった。ハーグにある国際司法裁判所は分離壁建設の非合法性を明らかにしたが、イスラエルはそれをも無視した。無視できなかったのは、イスラエル最高裁の判定である。二〇〇五年、イスラエル最高裁は休戦ラインから四キロほど旧ヨルダン領に入ったところにある入植地アルフェイ・メナシェをイスラエルと結びつける形で作られた分離壁について、広く取りすぎたためにパレスチナ人の生活を脅かすとしてルートの再検討を命じた。

もう一つシャロン首相の打ち出した奇手はガザからの一方的撤退だった。党内の反対を押し切って二〇〇四年六月に決定した撤退は翌年八月に始まった。軍事基地の撤退は命令が出さえすれば秩序だって行われるが、入植地は問題だ。住民のほとんどは撤退に反対したし、応援も入った。立て籠もる入植者の排除はテレビの中継の中で数日にわたって行われた。排除する将兵の中には入植者に同情して涙するものも少なくなかった。

ずっとタカ派中のタカ派と見られていたシャロンが二一の入植地と軍の基地を撤退させると決めたのはなぜだろう。敵対するパレスチナ人を支配下に置くのは無理だとの結論に達したからではないかと思われる。それはシャロンがガザ撤退問題でリクードを追放され、新党カディーマ（前進）を作った時に明らかになった。カディーマは、イスラエルとパレスチナの二国併存案を前面に出したのである。それは一九三七年のピール案、一九四七年の国連案につながるものである。ラビンにしても、シャロンにしても六〇〜七〇年を経て、結局は同じところに戻った。

二〇〇九年にシャロンのあとでリクード党首として首相になったネタニヤフはシャロン以上のタカ派だが、彼もまた二国併存案に到達するのだろうか。二国案に到達した時、権力の座にとどまっていられるだろうか。ラビンは原理主義者のユダヤ人に暗殺され、シャロンは重度の脳出血で植物状態になってしまった。一九七七年、初めてアラブとイスラエルの和平を実現したエジプトのサダト大統領も暗殺された。

ところがパレスチナは別の道をたどってしまった。ヨルダン川西岸とガザが物理的に分離していること、ガザの方が格段に貧しいことがその理由だろう。ガザは完全にハマスが牛耳っている。前述のように、暫定自治が始まった時には自治政府はガザに置かれたのだが、そこに入ってきたアラファト以下のファタハ幹部は非能率、腐敗でガザ住民をガッカリさせた。一九八七年の第一次インティファーダ以来の苦しい時を助けてくれたのは、地元で育ったイスラム原理主義のハマスである。世界世論を考慮すればイスラエルと交渉せざるを得ないフアタハの姿勢はガザの人々には単なる弱腰としか見えなかった。地方選挙は別として、ハマスが初めて国政選挙に参加したのは二〇〇六年であるが、一三二議席中七六議席を獲得して大勝利となった。ファタハは四三議席を獲得したにすぎない。エルサレムではイスラエルがハマスの選挙運動を禁止したにもかかわらず、ハマスが勝った。そのためもあって次第にファタハとの武力闘争が激しくなり、二〇〇七年にはファタハ勢力をガザから駆逐してしまった。

自治政府からハマスが外され、事実上ファタハの西岸とハマスのガザに分かれた二つの〝国家〟になってしまった。イスラエルも国際社会もハマスを承認していないので、イスラエルは西岸のファタハと交渉するしかないのだが、たとえそこで合意に達しても、ガザはその合意に縛られない。しかしそれ以上に深刻な問題がある。民主的な選挙で、他国（イスラエル）との共存に反対し、その国の滅亡を目的とする政党が勝利した場合、イスラエルはもちろん、国際社会はどう対処すればいいのか。簡単な問題ではない。

ハマスは自家製のミサイルでイスラエルを攻撃した。イスラエルはそれに対して報復する。それが頂点に達したのは二〇〇八年末から翌年にかけてである。ハマスはそれまで一五キロしか飛ばなかった自家製のロケット弾の代わりに、射程が四〇キロの新兵器をイランから得た。四〇キロの射程内にはアシュドド、ベールシェバなどの比較的大きな都市が入り、イスラエルにとっての危険度はこれまでとは比較にならないほど大きくなった。イスラエル軍はそれに空爆で応じた。人口稠密地にあるロケット弾の製造工場、発射地点などを空爆したため、付随被害は甚大なものとなり、国際世論をさらに硬化させた。

旧市街

エルサレムの中のエルサレムと言うべきは城壁に囲まれた旧市街である。現在の城壁は一六世紀に作られたもので、歴史的にはもっと大きかったことも、小さかったこともある。現在の旧市街の面積はほぼ九〇万平方メートルだ。広さの基準によく使われる東京ドーム球場の建築面積が四万六八五五平方メートルだから、旧市の中に一九個入る。しかし神殿の丘や、広場、大きな教会などがあるから人が住んでいるのはその半分の面積だ。一九六七年にイスラエルが占領した時の人口は二万四〇〇〇人だった。それが二〇〇二年には三万四〇〇〇人に増加している。そのうち約七〇%がムスリムだ。ユダヤ人は一九四八年に追放されてから一九六七年に占領するまで一人もいなかった。現在では昔ユダヤ人が住んでいた地域を再開発して約三三〇〇人のユダヤ人が旧市に居住しているが、全体の一割に満たない。キリスト教徒の人口は一九六七年の三〇%から二〇%に低下している。

旧市街はムスリム地区、キリスト教地区、アルメニア地区、ユダヤ地区と四つの地区に分かれている。もっとも境界を示すものは何もない。例外は塀に囲まれたアルメニア地区だ。古代には栄えていたアルメニア人も、第一次大戦当時はトルコ東部を中心とする少数民族になっていた。オスマン・トルコは、キリスト教徒のアルメニア人がロシアに協力して国内の敵になるのではないかと疑心暗鬼になり、犠牲者が数百万人になると言われるほどの大虐殺に出た。現在のアルメニア地区はもともと教会と巡礼宿などがあった。そこへ虐殺を逃れたアルメニア人が多数逃げ込んだのである。教会が管理しているために居住は無料だが、門限などの条件が厳しいために経済的に自立した人たちの多くは城外に住居を持つようになった。現在では、教会と幼稚園から大学までの教育機関が中心で、聖職者の他に居住している人たちは多くない。多くの場合は身寄りのないお年寄りだ。

旧市街の四つの住民区

二人が強く印象に残っている。一人はかなりの年齢の女性で、全盲だった。彼女が語った物語はすさまじい。当時ベイルートの幼稚園に通っていたのだが、ある日トルコ兵が来て園児たちを真夏の海岸に連れ出した。「目をしっかり開けて、太陽を見ろ」と言われた。数日後には網膜をやられて目がまったく見えなくなったという。もう一人は男性だ。彼はトルコ東部の農村に住んでいた。住民は全員がアルメニア人である。トルコ兵が村人全員を大きな納屋に閉じこめて、いきなり機関銃で撃った。彼は気絶したのだろう、もう暗くなって気付くと、前後左右すべて死人ばかりだ。やっとのことで逃げ出したのだが、その村唯一の生存者になった。彼はその話をしてくれた最中、急に胸が苦しくなって話を何度か中断せざるを得なかった。何十年も経ったあとでも、その当時のことを思い出すと苦しくなるのだという。トルコ東部に五〇〇〇メートルを超えるアララト山がそびえている。アルメニア人の伝承によると、ノアの方舟は洪水のあと、この山に到着したという。アルメニア教会の祭壇の後ろにはアララト山が描かれている。

航空券を買いにエルサレムの旅行社に行った時のことだ。そこに働いていた若い女性の言葉がおかしい。ヘブライ語はあまりうまくない。英語は上手だが、明らかに外国人のものだ。けれどどこの訛りかわからない。しかしアラビア語が母国語でないのは明らかだ。「出身はどこ？」と移民国家イスラエルではごく普通の質

一人あたりの建坪（㎡）
9.5
13.3
5.7
16.9
9.5
19.2
10.4
43.6
36.9
39.5
24.4

			人口	人口密度（人／1000㎡）
旧市内	パレスチナ地区	キリスト教	5269	106.4
		アルメニア	2408	63.5
		ムスリム	24098	150.6
	ユダヤ地区	ユダヤ	2328	61.4
	合計		34103	119.5
旧市外	パレスチナ地区	ベイト・ハニナ	21332	19.5
		ワディ・ジョーズ	6740	19.4
		ベイト・サファーファ	1372	5.2
	ユダヤ地区	カタモン	2852	14.4
		レハヴィア	1519	12.7
		キリヤト・ヨベル	1398	9.4

問をすると、「エルサレム生まれ」とのことだ。アラビア語もヘブライ語も母国語でないエルサレム生まれは多くはない。彼女はアルメニア人だった。母国語はアルメニア語で、教育はアルメニア学校で受けたという。その学校ではあらゆる教科がアルメニア語で教えられている。

アルメニア語による教育にこだわっているのは民族性保持のためだ。アルメニア人コミューニティーのスポークスマン役をしているヒントリアン氏は、「ユダヤ人がうらやましい」という。他民族への同化のハードルが高いからだそうだ。アルメニア人の場合、宗教がキリスト教だけに、うっかりするとすぐに同化してしまう。それを防いでアルメニア人アイデンティティを保つ手段の一つが言葉だ。彼と話している時に、大きなアルメニア人コミューニティーのあるシカゴからの客があったが、二人はアルメニア語で話した。

最近はムスリム地区、キリスト教地区にユダヤ人が少数ではあるが進出を始めている。希望が見えない現状に嫌気がさしたパレスチナ人が土地をユダヤ人に売った結果だ。そうした者の中には〝裏切り者〟として処刑された例もある。こうしたユダヤ人の家にはこれ見よがしにイスラエル国旗が掲げてあるので、すぐにわかる。そうした中に、重度の脳卒中の結果、植物状態になってしまったシャロン元首相の家もある。彼は元気だった頃にもこの家に住むことはなく、単に民族主義的プレゼンスのためだけに買った家だ。

表で示したのはエルサレム市が発表している二〇〇二年の数字だが、旧市内ではムスリム地区の居住条件が特に劣っている。そこでは一戸あたり平均七・一人が暮らしている。しかも建物は古いものが多く、保存状態はよくない。中にはハドリアヌス皇帝時代の建物すらあるし、十字軍時代のものは無数にある。ユダヤ地区の建物はすべてが一九六七年以降に建てられているため、状態はよい。また旧市外と比較してみると、城壁外に比較して旧市内の居住条件が劣ることがわかる。にもかかわらず、旧市内の人口が増加傾向にあるが、その理由の一つは、エルサレムをユダヤ人に奪われまいとするムスリムの民族主義の表れではないかと思われる。

併合された東エルサレム

イスラエル人権協会が二〇〇八年六月に発表したところによると、二〇〇七年一二月時点で東エルサレムには二五万六八二〇人のパレスチナ人が居住していたが、それはエルサレム全体の三四％にあたる。一九六七年に併合された時の現東エルサレムの人口は六万六〇〇〇人だったから、四〇年間で四倍になった。貧困家庭はなんと六七％でユダヤ人の貧困家庭の三倍だ。イスラエル国籍のアラブ人の貧困率が四八％だから、それよりはるかに高い。エルサレム市の統計による貧困家庭は一九・二九％なので、市の統計はパレスチナ人を含まないものかと思われる。「貧乏人の子だくさん」という諺《ことわざ》はエルサレムにも当てはまり、七七・二％の子供たちが貧困ラインの下にいる。一体にパレスチナ人は子だくさんで、人口の四七％が八歳以下、中間年齢は一九・三歳と極端に若い。

イスラエルは七〇平方キロの旧ヨルダン領を併合してエルサレムを大幅に拡大したが、それ以来の四〇年間に主として個人所有の土地二四平方キロを収用した。この収用された土地には五万戸を超える住宅が建設され、二〇万人以上が住んでいるが、その五万戸のうちにはパレスチナ人用はほとんどない。その東エルサレムで問題なのは不法に建築された住居の強制取り壊しである。人口が四倍になればそれだけ多くの住宅が必要になるが、建築許可を申請しても許可が出るには時間がかかるし、出ないことも多い。イスラエルは東エルサレムを

	2003	2004	2005	2006	2007
西エルサレム	95140	96457	97639	98605	99416
東エルサレムのユダヤ人用住宅	47469	48344	48481	49184	50197
東エルサレムのパレスチナ人用住宅	34509	35410	36107	36575	37557

併合したものの、パレスチナ住民が増加するのは歓迎していない。一九六七年の併合時に二四%だったパレスチナ人人口が三四%に上がっただけでも望ましくない。建築許可が多く出されればそれだけ多くのパレスチナ人が住むことになるだろう。したがって不法建築が増えざるを得ない。二〇〇五年の不法建築数はユダヤ人側で五六五三件が摘発され、うち二六件が取り壊された。一方パレスチナ側では一五二九件の不法建築のうち七六件が取り壊された。ユダヤ側の取り壊し率は〇・五%だが、パレスチナ側では五%になる。ユダヤ側に対して一〇倍も差別されていると見るのか、二〇件摘発されて取り壊されるのは一件にすぎないと見るのか、意見が分かれるところだろう。

表にある「西エルサレム」の住宅の大多数はユダヤ人用だし、一九六七年にゼロだった「東エルサレムのユダヤ人用住宅」が二〇〇七年に五万戸を超えているのだから、エルサレムのユダヤ人用住宅は合計一五万戸になる。つまり人口の六六%のユダヤ人に八〇%の住宅があり、残りの二〇%が人口の三四%を占めるパレスチナ人用ということになる。

東エルサレムでは七〇キロの下水本管が不足しており、郵便局はイスラエル側の五〇ヵ所に対して七ヵ所しかない。こうした数字を見るだけでも東エルサレムが差別されているのはよくわかるが、エルサレムを西から東に車で走るだけでその差は歴然だ。さらに一六万人は上水道につながっていない。一五〇〇クラス分の学校の施設が不足しており、そのためか五〇%の生徒がドロップアウトする。学齢前の教育はさらに悲劇的である。三、四歳の子供は約一万五〇〇〇人いるが、幼稚園に通うのは一〇%強にすぎない。公立幼稚園は二ヵ所だけで定員は五五人だ。約一九〇〇人が数十ある私立幼稚園に通っているが、費用は高い。イスラエルでは一九九九年以降、三、四歳の子供の義務教育が一〇年がかりで進められており、貧しい地区から先に幼稚園が作られることになっているのだが、貧しい東エルサレムの子供たちはその恩恵に浴していない。公園の数は東では一二、西には一四二三、公立図書館は三に対して三六、スポーツ施設は二七対二五八であり、その差は歴然だ。住民の三四%がパレスチナ人なのだから、彼らがエルサレム市議会の選挙に参加すれば問題のかなりの部分は解決に近づくと思うのだが、彼らの投票率は著しく低い。

東エルサレムのパレスチナ人住民は、アメリカのグリーン・カード保持者のような資格を持つ。つまり、特別な許可なしにイスラエルで職を得ることができるし、年金、健康保険、市議会の選挙権などの恩恵を受けることもできる。だからいろいろと手を使って西岸から東エルサレムへの〝越境〟を図るケースが多いのだが、理由を知らされることなくその資格が剝奪されることもある。東エルサレム以外の人との結婚も問題だ。アリ・サラスレはベツレヘムに住む四〇歳の男性だが、一九九二年に東エルサレムに住む女性と結婚して三人の子供ができた。アリは妻と一緒に東エルサレムに住もうとしたが、許可されなかった。そのため夫婦はエルサレムの妻の実家とベツレヘムにある自分たちの家を往復していた。子供が生まれた時、その出生はイスラエル当局に届けられたが、それはイスラエルの健康保険を得るためだった。やがて子供たちはエルサレムの学校で学び始める。二〇〇五年にベツレヘムとイスラエルの間に分離壁の建設が始まり、一年後には分離壁通過に時間がかかるようになった。現在では妻と子供たちは、週日はエルサレムに住み、休日の金曜に一家そろって過ごすために木曜の午後にアリの住むベツレヘムに向かい、翌日の午後にエルサレムに帰るという変則的な生活を強いられることになった。この分離家族問題は妻と子供たちがベツレヘムに引っ越せば解決するのだが、解決できないのは、東エルサレムで得られる特権を手放すのは惜しい、というところに起因している。差別はされても、東エルサレムに住み続けることで得られるイスラエル並みの健康保険、教育などはベツレヘムでは手に入らない。その魅力は、分離した家族関係を続けるほどに強いものらしい。

二〇〇二年から建設が始まった分離壁は西岸の住民に大きな問題となったが、エルサレムのパレスチナ人にも新しい問題を突きつけた。旧市外の南東にアブ・ディスという名のパレスチナ人居住区がある。広さは二八平方キロと大きく、一万二〇〇〇人ほどが住んでいる（二〇〇六年。パレスチナ自治政府統計局）。住民のうち三人に一人は東エルサレムの住民として登録されており、あとの二人は自治政府の管轄だ。一九六七年にイスラエルがアブ・ディスの一部だけを併合したためである。東エルサレムの住民資格を持っていても住居がないために西岸側に住んでいる人もいる。そこに分離壁が築かれてしまったために大きな問題が起きた。西岸側の住民は歩ける距離の東エルサレムの病院に行けなくなり、四〇キロ離れたエリコの病院だけが頼りだ。東エルサレムにある学校の教員のうち八〇人はアブ・ディスの住民だが、通勤が困難になった。パレスチナのアルクッツ大学のメイン・キャンパスはアブ・ディスにあるが、エルサレムにもキャンパスがある。教員も学生も大学の一部しか使えなくなってしまった。

混迷の将来

エルサレムはイスラエルとパレスチナの双方が自国の首都として主張している。この町がユダヤ教、キリスト教、イスラムと三つの一神教のすべてにとって聖地であることが問題をさらに複雑にしている。世界では、二〇世紀後半から二一世紀にかけても多くの民族・宗教問題が起きた。ルワンダ、ソマリア、エリトリア、スーダンなどアフリカに多いが、スリランカ、アイルランド、旧ユーゴスラビア、トルコ、アフガニスタン、イラク、中国など枚挙にいとまがない。しかし、イスラエルとパレスチナの和平問題ほど長期間にわたって欧米、特にアメリカの外交政策の中心部分を占めてきた問題はない。キリスト教の影響の強いアメリカでは、隣の州都を知らない人はいてもエルサレムを知らない人はいない。ニューヨークでの殺人事件は、よほど大きなものでなければサンフランシスコの新聞には載らないが、エルサレムでテロがあれば犠牲者が少なくとも全米の新聞がそれを伝える。

二〇〇九年に就任したオバマ政権も、二〇一〇年になってからこの和平問題に本格的に取り組み始めた。しかしその手法は、結局は失敗したクリントン政権やブッシュ政権時代と変わらない。パレスチナ側の当事者として接触するのはファタハであり、ガザを支配するハマスへのパイプはない。それればかりか、そもそもハマスをテロ集団と規定して交渉相手にしようとしていない。ハマスがガザを支配している現状が続く限り、たとえイスラエルとファタハの間で交渉がまとまったとしてもその合意が実行されることはない。パレスチナは、イスラエルが入植地建設を停止しなければ直接交渉しないと主張している。シャロン元首相による撤退以来ガザには入植地がないが、西岸ではあちこちで入植が続いている。その中でも一番問題になるのはエルサレムの入植だ。ところがイスラエルのネタニヤフ首相は「(併合した東）エルサレムでの建設はテルアビブでの建設と同じ」として、停止する姿勢を見せていない。それどころか、ネタニヤフ首相が二〇一〇年三月に訪米したのに合わせて東エルサレムのシェイフ・ジャラッハで新しい入植が始まった。交渉条件が成立しないうちに東エルサレムのユダヤ人人口は二〇万人をはるかに超えてしまい、交渉はますます始めにくくなっている。

長い歴史の中でエルサレムは支配者を次々に替えた。そのほとんどが戦争の結果である。武力以外の方法でエルサレムに平和をもたらしたのは、一三世紀のフリードリッヒ二世一人だけだ。その点で我々は中世のこの王に及ばない。当時エルサレムを支配していたアユーブ朝が弱体化していたから、というのは理由にならない。現在のパレスチナだってファタハとハマスの二つに割れて弱体化しているではないか。フリードリッヒ二世は、十字軍の暴力がなにか積極的な結果をもたらすとは考えず、アユーブ朝のアルカミル王と交渉してエルサレムの一部、ナザレ、ベツレヘムにキリスト教の主権を確立した。教皇は、十字軍結成の命令を無視して外交交渉で同じ効果をあげたフリードリッヒを許せずに破門した。フリードリッヒ二世はこの和平に来世を賭けたのである。

あとがき

一九七〇年九月はじめ、紅海北端の港町エラトに到着した。横浜からイスラエルの貨物船で四五日かけて東シナ海、インド洋をへた航海の終点である。船賃代わりの機関室助手の日々、船員相手に現代ヘブライ語を習い始めた。エラトからエルサレムは、船員たちが金を出し合ってプレゼントしてくれた空の旅だった。はじめて乗る飛行機は地上の灯火もまばらな暗い中で降下をはじめた。東京で生まれ育った筆者にとって夜の町は光を意味する。だが空港から町の中心に向かうバスが終点に着いた時でさえエルサレムは暗かった。当時、人口二五万人くらいだった田舎町はえらく淋しい。一年もしないうちに退屈する、というのが、それから二五年住んで二人の子供を育て、第二の故郷となった町の最初の夜の感想だった。

筆者がエルサレムのヘブライ大学に留学した一九七〇年当時に二五〇万人だったイスラエ

ルの人口は二〇一〇年には七二〇万人を超え、独立時（一九四八年）の一二倍になった。オレンジが主要輸出品目だった国が二〇一〇年にはスロベニア、エストニアとともにOECD加盟を承認された。OECD内において豊かさの点では下位三分の一に、二〇％の貧困率はトップクラスにいるので、イスラエルの『ハアーレツ』紙は「OECD中最貧国」と報じた。加盟にあたって超宗教的人々とアラブ人の貧困問題を解決するよう要請されたが、それはまさにエルサレムの問題である。そのエルサレムの人口は七五万人で、イスラエル最大の町だが、貧しさでも際だっている。エルサレムは過去も現在も主要都市になれない辺境の町だ。首都でありながら、誰も認めてくれず、たった一つだけあったコスタリカ大使館もテルアビブに移った。

しかしこの町は、中東和平を停滞させる原因になる重要性を持つ。通りを一本隔てると、そこでは言葉がちがい、文化も暮らし方も、暦すら異なる。お互いに通りの向こうを猜疑心なしには見られない。ユダヤ側はパレスチナ人との接触を最小限にとどめるために何本もの道路を建設した。ユダヤ人住民はパレスチナ人をテロリストと呼び、パレスチナ人にとってのユダヤ人は圧制者だ。国際法を犯しての発掘の結果は、科学よりは政治的色彩を帯びる。ありとあらゆるキリスト教の宗派がそろっており、司祭たちはそれぞれ特徴のある僧服で、別々の言葉で神を賛美する。夕方になれば、数知れぬモスクのミナレットからアッラーに祈りを捧げろとのアザーンの声が響き渡る。町全体を統一するハーモニーは存在しない。エルサレムが徹底的に雑然としていながら妙な魅力があるのは、一神教の神々がこの町を聖地と決めたからなのかもしれない。それとも特別な魅力が神々をこの町に誘《いざな》ったのか。筆者も、無数の人々とともにこの町に魅せられた。

帰国して一五年経つが、我が第二の故郷を主人公とした本を書いてみたかった。企画したのはだいぶ前のことだが、生来の怠け癖から完成まで思いの外時間がかかってしまった。中央公論新社の松室徹さんは忍耐強く待ってくれた。最後のまとめでは新書編集部の高橋真理子さんにお助けいただいた。執筆に長い時間をかけたために原稿には無駄な繰り返しや矛盾があったが、ご指摘を受けた。お二人に感謝したい。

なお本文中、旧・新約聖書の引用は私訳を試みた。読者のご批判をお待ちする。

五七七〇年タンムズ月一八日（ユダヤ暦）
二〇一〇年六月三〇日（キリスト教暦）
一四三一年ラジャブ月一八日（イスラム暦）

笈川博一

笈川博一（おいかわ・ひろかず）

1942年東京に生まれる．東京教育大学文学部卒業．同大学大学院修士課程修了後，イスラエルのヘブライ大学に留学．その後，同大学で教鞭もとり，時事通信社通信員，杏林大学社会科学部社会科学科教授等を歴任．専門は古代エジプト言語学，現代中東学．

著書『古代エジプト』（中公新書，1990）
『コロンブスは何を「発見」したか』（講談社現代新書，1992）
『内側から見たイスラエル』（時事通信社，1995）
『湾岸戦争以後の中東を読む』（時事通信社，1996）
『心に残る聖書の人びと』（PHP研究所，1997）
など

物語《ものがたり》 エルサレムの歴史《れきし》
中公新書 *2067*

2010年7月25日初版
2023年11月15日4版

著　者　笈川博一
発行者　安部順一

本文印刷　三晃印刷
カバー印刷　大熊整美堂
製　本　小泉製本

発行所　中央公論新社
〒100-8152
東京都千代田区大手町 1-7-1
電話　販売　03-5299-1730
　　　編集　03-5299-1830
URL https://www.chuko.co.jp/

Published by CHUOKORON-SHINSHA, INC.
Printed in Japan ISBN978-4-12-102067-3 C1222

中公新書刊行のことば

いまからちょうど五世紀まえ、グーテンベルクが近代印刷術を発明したとき、書物の大量生産は潜在的可能性を獲得し、いまからちょうど一世紀まえ、世界のおもな文明国で義務教育制度が採用されたとき、書物の大量需要の潜在性が形成された。この二つの潜在性がはげしく現実化したのが現代である。

いまや、書物によって視野を拡大し、変りゆく世界に豊かに対応しようとする強い要求を私たちは抑えることができない。この要求にこたえる義務を、今日の書物は背負っている。だが、その義務は、たんに専門的知識の通俗化をはかることによって果たされるものでもなく、通俗的好奇心にうったえて、いたずらに発行部数の巨大さを誇ることによって果たされるものでもない。現代を真摯に生きようとする読者に、真に知るに価いする知識だけを選びだして提供すること、これが中公新書の最大の目標である。

私たちは、知識として錯覚しているものによってしばしば動かされ、裏切られる。私たちは、作為によってあたえられた知識のうえに生きることがあまりに多く、ゆるぎない事実を通して思索することがあまりにすくない。中公新書が、その一貫した特色として自らに課すものは、この事実のみの持つ無条件の説得力を発揮させることである。現代にあらたな意味を投げかけるべく待機している過去の歴史的事実もまた、中公新書によって数多く発掘されるであろう。

中公新書は、現代を自らの眼で見つめようとする、逞しい知的な読者の活力となることを欲している。

一九六二年一一月

世界史

2683 人類の起源　篠田謙一
1353 物語 中国の歴史　寺田隆信
2392 中国の論理　岡本隆司
2728 孫子—「兵法の真髄」を読む　渡邉義浩
7 宦《かん》官《がん》(改版)　三田村泰助
15 科《か》挙《きょ》　宮崎市定
12 史記　貝塚茂樹
2099 三国志　渡邉義浩
2669 古代中国の24時間　柿沼陽平
2303 殷—中国史最古の王朝　落合淳思
2396 周—理想化された古代王朝　佐藤信弥
2542 漢帝国—400年の興亡　渡邉義浩
2667 南北朝時代—五胡十六国から隋の統一まで　会田大輔
2769 隋—「流星王朝」の光芒　平田陽一郎
2742 唐—東ユーラシアの大帝国　森部豊

1812 西《せい》太《たい》后《こう》　加藤徹
2030 上海　榎本泰子
1144 台湾　伊藤潔
2581 台湾の歴史と文化　大東和重
925 物語 韓国史　金両基
2748 物語 チベットの歴史　石濱裕美子
1367 物語 フィリピンの歴史　鈴木静夫
1372 物語 ヴェトナムの歴史　小倉貞男
2208 物語 シンガポールの歴史　岩崎育夫
1913 物語 タイの歴史　柿崎一郎
2249 物語 ビルマの歴史　根本敬
1551 海の帝国　白石隆
2518 オスマン帝国　小笠原弘幸
2323 文明の誕生　小林登志子
2727 古代オリエント全史　小林登志子
2523 古代オリエントの神々　小林登志子
1818 シュメル—人類最古の文明　小林登志子

1977 シュメル神話の世界　岡田明子・小林登志子
2613 古代メソポタミア全史　小林登志子
2661 アケメネス朝ペルシア—史上初の世界帝国　阿部拓児
1594 物語 中東の歴史　牟田口義郎
2496 物語 アラビアの歴史　蔀勇造
1931 物語 イスラエルの歴史　高橋正男
2067 物語 エルサレムの歴史　笈川博一
2753 エルサレムの歴史と文化　浅野和生
2205 聖書考古学　長谷川修一
2647 高地文明　山本紀夫
2253 禁欲のヨーロッパ　佐藤彰一
2409 贖罪のヨーロッパ　佐藤彰一
2467 剣と清貧のヨーロッパ　佐藤彰一
2516 宣教のヨーロッパ　佐藤彰一
2567 歴史探究のヨーロッパ　佐藤彰一

現代史

f2

- 2570 佐藤栄作　村井良太
- 2186 田中角栄　早野透
- 1976 大平正芳　福永文夫
- 2351 中曽根康弘　服部龍二
- 2726 田中耕太郎―闘う司法の確立者、世界法の探究者　牧原出
- 2512 高坂正堯―戦後日本と現実主義　服部龍二
- 2710 日本インテリジェンス史　小谷賢
- 1574 海の友情　阿川尚之
- 1875 「国語」の近代史　安田敏朗
- 2075 歌う国民　渡辺裕
- 2332 「歴史認識」とは何か　大沼保昭・江川紹子
- 1900 「慰安婦」問題とは何だったのか　大沼保昭
- 2624 「徴用工」問題とは何か　波多野澄雄
- 2359 竹島―もうひとつの日韓関係史　池内敏
- 1820 丸山眞男の時代　竹内洋
- 2714 国鉄―「日本最大の企業」の栄光と崩壊　石井幸孝
- 2237 四大公害病　政野淳子
- 1821 安田講堂 1968-1969　島泰三
- 2110 日中国交正常化　服部龍二
- 2150 近現代日本史と歴史学　成田龍一
- 2196 大原孫三郎―善意と戦略の経営者　兼田麗子
- 2317 歴史と私　伊藤隆
- 2627 戦後民主主義　山本昭宏
- 2342 沖縄現代史　櫻澤誠
- 2543 日米地位協定　山本章子
- 2720 司馬遼太郎の時代　福間良明
- 2649 東京復興ならず　吉見俊哉
- 2733 日本の歴史問題（改題新版）　波多野澄雄

中公新書

地域・文化・紀行

t1

地域・文化・紀行

t2